検証 平成建築史

内藤廣＋日経アーキテクチュア

NAITO HIROSHI +
NIKKEI ARCHITECTURE

FOREWORD

はじめに

「平成」という時代は、建築界の何を変え、何を積み残したのか——。本書は、建築家の内藤廣氏に実施したロングインタビューと、建築専門誌『日経アーキテクチュア』の検証記事・編集記事により、その答えを浮き彫りにすることを試みたものである。

　日経アーキテクチュアの記者たちでも、歴史検証の書籍をつくることはできる。もしかしたらその方が客観的かもしれない。しかし、本書をどうつくるかを考えたとき、編集部とは異なる視点を加えてくれる"辛口ナビゲーター"として、内藤氏の顔が浮かんだ。この人しかいない、と思ったのは、以下の理由からだ。

| 出世作である「海の博物館・収蔵庫」が1989年(平成元年)竣工で、建築家としての活動の大半が平成の30年間と重なる。
| バブル期に一世を風靡(ふうび)した「ポストモダン」と距離を置いていた。
| 2001年から東京大学で土木分野の教壇に立つようになり、建築と土木の両方に精通している。ほかにも、建築分野外との交流が広い。
| 平成後期の大きなトピックである東日本大震災の復興と、新国立競技場デザイン・コンクールの審査(当初案の選定)に深く関わっている。

　延べ15時間にも及んだインタビューに、内藤氏は根気よく付き合ってくれた。前半は「災害・事件・社会」について、後半は「建築デザイン」について語る構成となっている。インタビュー記事はあえてモノクロページとし、カラーで構成した日経アーキテクチュア執筆・編集のページと明確に分けた。実務者・教育者としての内藤氏の視点と、日経アーキテクチュアの客観性により、複眼的に平成30年間を見わたせるものになったのではないかと思う。

　インタビューの中で内藤氏は、「常に六法全書と国土交通六法を机の横に置いている」と語っている。それと同じように、本書が机の上に常に置かれ、建築実務者の羅針盤となることを祈っている。

日経アーキテクチュア編集長　宮沢洋

内藤廣 | ないとう・ひろし

1950年	神奈川県生まれ
1974年	早稲田大学理工学部建築学科卒業
1976年	同大学大学院にて吉阪隆正に師事、修了。スペイン・マドリードのフェルナンド・イゲーラス建築設計事務所入所
1978年	菊竹清訓建築設計事務所入所
1981年	内藤廣建築設計事務所設立
2001年	東京大学大学院工学系研究科社会基盤学専攻助教授
2002−11年	同教授
2010−11年	同大学副学長
2011年	同大学名誉教授

1993年日本建築学会賞、2000年村野藤吾賞、01年毎日芸術賞、06年および07年土木学会デザイン賞最優秀賞、08年経済産業大臣賞を受賞。06年から東京都景観審議会計画部会専門委員

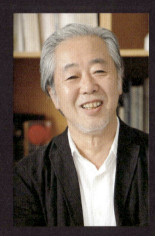

写真：山田愼二

CONTENTS

[目次]

[巻頭とじ込み]	**平成建築年表**	
002	はじめに	
003	内藤廣氏年譜	

008	プロローグ	**平成前夜**
010	**INTERVIEW 1** | インタビュー——1 **1985−1988** | **今の状況は1988年と似ている**	

022	PART 1	**災害・事件・社会 編**
024	**INTERVIEW 2** | インタビュー——2 **1989−1998** | **コンピューターはリスクを高めた**	
024	CAD・CFD解析	
037	環境技術	
042	阪神大震災	

048	**INTERVIEW 3** インタビュー——3
	1999−2008｜暴走し始めたブラックボックス
048	超高層と都市
056	構造計算書偽造事件
061	朱鷺メッセ連絡橋落下
067	建築メディア

070	**INTERVIEW 4** インタビュー——4
	2009−2019｜社会との距離が招いた建築の挫折
070	東日本大震災
078	次の復興に向けて
088	新国立競技場問題
100	大型建築の発注方式

107	**VERIFICATION**
	検証「平成の6大ニュース」
108	検証1｜阪神大震災
	1995｜建築界を一変させた「震度7」
118	検証2｜設計コンペ
	1989−1997｜バブルが招いた黒船の余波
128	検証3｜構造計算書偽造事件
	2005｜性悪説転換でもやまぬ不正
138	検証4｜六本木ヒルズ
	2003｜再開発変えた新興デベの挑戦
148	検証5｜東日本大震災
	2011｜釜石の復興を支えた「建築の力」
158	検証6｜新国立競技場問題
	2013−2015｜集大成としての「世界初」の挫折
168	データで見る平成の変化

CONTENTS

| 172 | PART 2 | **建築デザイン** 編 |

174		INTERVIEW 5｜インタビュー——5 1989—1998｜ポストモダンは進む方向を誤った
174		ポストモダン
184		くまもとアートポリス
189		建築家の領域拡大
198		空間の質
206		再びポストモダン考

208		INTERVIEW 6｜インタビュー——6 1999—2008｜模索のなか「挑戦」が実を結ぶ
208		壁・床の新表現
215		建築と都市
222		建築の境界・極限

226		INTERVIEW 7｜インタビュー——7 2009—2019｜弥生的建築の先に見えるもの
226		「原始的」な建築
231		時代が求める手法
238		30年の進化、この先

| 241 | | ARCHITECTURE
目利きが選ぶ「**平成の10大建築**」 |
| 242 | | 1位　せんだいメディアテーク |

246	2位	金沢21世紀美術館
250	3位	横浜港大さん橋国際客船ターミナル
254	4位	京都駅ビル
258	4位	神奈川工科大学KAIT工房
262	4位	豊島美術館
266	7位	関西国際空港旅客ターミナルビル
270	7位	風の丘葬斎場
274	7位	馬頭町広重美術館［現・那珂川町馬頭広重美術館］
278	7位	東京駅丸の内駅舎保存・復原

282　10 SELECTIONS
これは知ってもらいたい「私の平成建築10選」

282	尾島俊雄		288	松隈洋
283	細田雅春		289	山梨知彦
283	藤森照信		290	磯達雄
284	佐々木睦朗		290	五十嵐太郎
285	内藤廣		291	金田充弘
285	河野晴彦		292	小堀哲夫
286	古谷誠章		293	倉方俊輔
286	千鳥義典		293	豊田啓介
287	菅順二		294	藤村龍至
288	印藤正裕		295	成瀬友梨

296｜エピローグ　建築の未来のために

298　INTERVIEW 8｜インタビュー——8
2019−｜平成の騒がしさは無駄ではない

298	ものづくりの変革
310	平成を総括する

316	あとがき
318	編集を終えて
319	執筆者一覧

プロローグ

1985

INTERVIEW 1 | インタビュー――1
1985−1988 | 今の状況は1988年と似ている

1988

| プロローグ 平成前夜 | PART 1 災害・事件・社会 | PART 2 建築デザイン | エピローグ 建築の未来のために

平成前夜

1985–1988

内藤廣氏インタビュー——1

今の状況は1988年と似ている

INTERVIEW 1
1985―1988

「平成」の検証に入る前に、1980年代後半の建築界の状況について内藤廣氏に聞いた。バブル経済まっただ中のこの時代、内藤氏は、バブルとは無縁の「海の博物館・収蔵庫」(1989年竣工)の設計に没頭していた。そんな内藤氏だが、「自分もバブルの波に本当に乗っていたら、あらがうことはできなかっただろう」と振り返る。

バブル経済

―― 本題に入る前に、今回の企画を引き受けてくださった理由を聞かせてください。

今の日本の状況が、平成に入る前の1988年と似ているという話を最近よくしているんです。当時はまだバブル経済のまっただ中だった。そんなときに日経アーキテクチュアからこの企画の話があって、そうか、平成の30年間で考えてみるのは意味がありそうだな、と思いました。

―― 1988年というと、平成元年(1989年)の1年前ですね。内藤さんは1988年がターニングポイントだったと捉えているということですか。

そうですね。1988年にはいろいろなことが既に予兆として出始めていました。皆、心の中でどこかおかしいなと思いつつも、自分には止められない、この自分の持ち場では止められない、と人ごとだった。

今現在も、いろいろな人と話していると、どこかで「おかしい」という不安を抱えつつも、自分には変えられない、といった感じ。あの頃ととても似ています。

―― では、平成の話に入る前に、それ以前の数年間を振り返っていただくことにします。1986年–88年(昭和61年–63年)あたりは、バブルの前期といわれる時代ですが、内藤さんのプロジェクト履歴を見ると、バブルとは全く無縁に見えますね。

本当に地味ですよね(笑)。

―― 個人住宅がぽつぽつとあるだけで、事務所をどうやって運営していたのだろうと不思議に思うくらいです。そうしたなかで、85年に「海の博物館」の収蔵庫建設の計画がスタートし、89年に完成します。バブル前期の収蔵庫を設計していた数年間、建築界や社会の状況をどう見ていましたか。

単純に言うと、もう建築をやめようかとも思っていたんですよ。建築界にもなじめないし、世の中の風潮もどうも自分の考える方向と違う方に行くし、僕は不適格者なのかな、と。そんな感じでした。

学生時代に書いた「月評」の影響も

―― この頃、住宅ばかり設計していたのは、商業建築やオフィスビルなどを断っていたからですか。

いえいえ、断るなんてとんでもない。頼んでくる人がいなかっただけの話です。僕は聖人君子じゃない。「自分だってバブルに乗りたい」って思っていましたよ（笑）。1回くらいは「ぬれ手で粟」というやつを味わってみたいとか、そういう気持ちは当然ありました。でも、そんな仕事は全く来なかった。バブル不適格者なんでしょうね。

基本構想をつくるとか、そういう仕事はやっていたんです。でも、そこそこ話が進むと、誰か他の建築家がやることになってしまう。バブリーなお金は全然入ってこなかった。

―― どうしてそういう状況だったと分析されますか。

どうしてなんだろうね。学生の頃に「ポストモダン批判」とか書いちゃったりしたからいけないんだよね、きっと。

――『新建築』誌の月評ですね。かなり若い頃に書かれていたと思いますが、いつごろですか。

1974年に声を掛けられました（掲載は1975年1月号から）。大学院生の分際で、月

> 皆、どこかおかしいと思いつつも、人ごとだった。

1985―1988

INTERVIEW 1

内藤氏の出世作となった「海の博物館・収蔵庫」。85年に計画がスタートし、89年に完成。展示棟が完成した後の93年に日本建築学会賞作品賞を受賞する。だが、収蔵庫の設計途中では「設計の仕事をやめよう」とすら思っていたという[写真:吉田誠]

| プロローグ 平成前夜 | PART 1 災害・事件・社会 | PART 2 建築デザイン | エピローグ 建築の未来のために |

建築界になじめず、世の中の風潮も自分の考えとは違った。

1985–1988

INTERVIEW 1

磯崎さんの言っていたことが本当になってしまった。

評に磯崎新さんの批判を書いていた(笑)。

　磯崎さんはアバンギャルドだった。その頃、磯崎さんは、形骸化した状況を変えたいと思っていたんでしょうね。でも1970年代の状況は磯崎さんの方にまだ傾いていなかった。やがて磯崎さんがその頃に言っていたことが本当になってしまったというのが、1985年以降じゃないでしょうか。でも僕は、1975年に月評を書いていた当時から、磯崎さんの言説にかなり違和感があった。

―― 学生時代に書いた文章がその後にそんなに影響を与えるものなのですか。
僕はちょっとその辺がくそまじめなところがあって、文章を書いて雑誌に発表するというのは「言葉を公に出す」ことだと考えていて、書いたことの責任は取らなければいけない、と思い込んでしまう癖があるんですよ。この生真面目さは損なところだね。

　自分が若いなりに一生懸命に考え、生意気盛りで書いたことにも責任を取らなきゃと勝手に思っていたので、あまりその主張は変えていないですね。いまだに変えていないかもしれない。

―― 月評を改めて読み直してみます(第1回は右ページ参照)。
本当に生意気ですよ。嫌なやつだと思う(笑)。

ブームに乗りかけて取り残された

―― 海の博物館を設計していた当時、営業はしなかったのですか。
営業は全くしなかった。建築家のなかには、クライアント候補に会うと次の日には作品集を届ける、っていう人もいるけれど、僕はそういうことは全くやらなかった。

　そもそも送ろうにも作品集もなかったからね(笑)。海外のメディアに資料を送るなんてことも、写真の版権が1枚2万円とか言われると、とても払えないと思ってやらなかった。貧しかったから。海の博物館に関わり始めて、そっちにかかり

新建築1975年1月号「月評」より
（寄稿初回の冒頭を抜粋）

内藤廣
［当時、早稲田大学大学院生］

この仕事を引き受けて以来、どう書き出したものかとあれこれ考えてみたものの、気恥ずかしいやら何やらで結局こういうことになってしまった。あこがれの宮脇（檀）さんとふたりの先生（西沢文隆、高橋靗一）の間にはさまってどんなものを書いたものか……。

あれこれ考えた末、やはり、赤子の一言が大人を黙らせるような、そんなまぐれ当たりのドッキリを1月1回でもいえたらと思っている。

僕個人に関していえば、ここ2年くらいは雑誌にまったく目を通していない。何故、理由は簡単、興味を引くほどのものがなかった……ということか……。今ふたたび雑誌のメディアに目を通してみると、磯崎（新）さんがまだ頑張っていらっしゃった。

「反建築ノートそのⅥ」（「建築文化」）磯崎さんの住宅作品としてはひさびさとのこと。雑誌で見る限り、正直なところ、美しいな……と感じてしまった。「K氏邸」はフレームワークが目立って、造形があまり表面に出てこないので何ともいえないが、「Y氏邸・クリニック計画」のほうはさすがである。カメラワークも手伝って、彼の持つ寒々とした透明さが感じられる。

ヴォールトを表現手段として使っているところに、シンメトリィのつき離すような美しさを感じる。ヴォールトを見て、まず、アルベルティのヴォールトを連想してしまった。時代錯誤を恐れずにいえば、アルベルティの登って行った坂道を、今まさに彼は意欲的に下っているのではないか……。そしてその宇宙を閉じていく作業を登ることにたとえていえば、解体していく作業の下る坂道で、今彼はアルベルティと同一地点にいるような気がしてならない。

ひさびさに見る磯崎さんは、解体作業もだいぶ進んだようで、その無機化していく果てをもはや僕は想像し得ない。むしろそれは無に近い形に近づいていって、われわれの世代、われわれの状況とは無関係になりつつあるのかもしれない。数年前に「a+u」の特集で見た磯崎さんのマニエラは、僕にとってやはり鮮烈であり鮮明であった。それは切り抜けようと思ってもからんでくるツタの怨念にも似た執拗さがあった。しかし今、僕の見る磯崎さんは美しいだけ……である。彼の文脈の中に僕の心をえぐるものはない。

磯崎さん、どうしてしまったのですか……。それにしても、磯崎さんのつくるものが意識的にせよ無意識にせよ、だんだんと土のにおいから遠ざかって行くのは一体どういうわけだろう。

1985−1988

INTERVIEW 1

海の博物館も、ありがちなリゾート開発の流れだった。

きりだったということもあるし。

　もともとは海の博物館も、バブル期にありがちなリゾート開発の流れだったんですよ。リゾート法（総合保養地域整備法、1987年制定）ができるということで西武百貨店グループの堤清二さんが伊勢志摩のあの辺りの土地を買った。何回か計画しては頓挫した末に、芸術村をつくろうという話になった。それで僕がどういうわけかデザインコミッティーのメンバーに入って、そのうちに海の博物館の館長の石原義剛さん（2018年9月に逝去）と出会った。

　大きな開発なので、西武も、地元の施設を加えたかった。移転を模索している博物館が鳥羽市内にある、と聞きつけて加わってもらうことになったんです。ところが、西武の方はバブルの衰退とともにだんだん手を引いて、子会社の西洋環境開発というデベロッパーが中心なってやっていたんだけれど、そこも破綻。造成された敷地に海の博物館だけが残った。

—— 内藤さんもリゾートブームに乗りかけたんですね。

　そう。「取り残され組」みたいなプロジェクトではありましたが。子どもの頃からそうだったんですよ。とかく取り残されるタイプなんです（笑）。

　でも、今となっては日本の隅から東京の状況を見ていたことは、良かったのかなという気もします。

内藤氏に収蔵庫や展示棟の設計を依頼した「海の博物館」の石原義剛・前館長。1937年生まれ、早稲田大学卒業後、東海テレビ放送勤務。財団法人東海水産科学協会常務理事を経て、73年「海の博物館」館長に就任。第3回海洋立国推進功労者表彰内閣総理大臣賞受賞。2018年逝去［写真：日経アーキテクチュア］

外国人起用に走った無責任経営

—— この頃、日経アーキテクチュアの記事には、リゾート開発とともに、外国人建築家のプロジェクトがとても多く掲載されています。当時、日本の隅からどんなふうにご覧になっていましたか。

今でも続いているけど、何か日本社会の病気のように見ていましたね。想像するに、大きい会社がビルを建てるというときに、役員会で通りやすいんでしょうね。

例えば日本人の誰々さんを使うとか、あるいはどこの事務所を使うとかいうと、どうしてそこに決めたんだって説明しなければいけないわけですよね。でも、「デザインは有名な外国人で、こんな仕事をしている人にやってもらいます。技術の押さえは日本の組織事務所、建設は日本のゼネコンがやりますから、確かです……」と言うと、通りやすいじゃないですか。建築のことがよく分からない役員

1992年に展示棟が竣工し、全面オープンしたころの「海の博物館」。水盤越しに展示棟(左)と収蔵庫(奥)を見る[写真：内藤廣建築設計事務所]

INTERVIEW 1

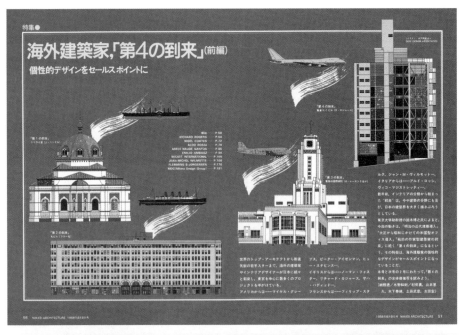

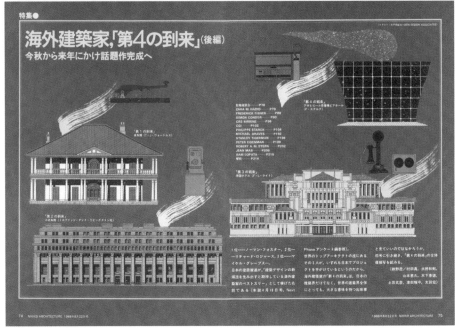

国内で海外建築家によるプロジェクトが急増している状況をリポートした日経アーキテクチュア1988年8月8日号、8月22日号連続特集「海外建築家、『第4の到来』」。「第4の到来」とは、建築史家の鈴木博之氏(1945-2014年)の見方に沿ったもので、「第1の到来＝明治の近代建築導入」「第2の到来＝大正から昭和にかけての米国型オフィス導入」「第3の到来＝戦前の作家型建築家の到来」「第4の到来＝バブル期の海外建築家登用」との位置付けだ

会では、「じゃあ、それでいいんじゃないの」となる。たぶんそういうことが、この頃から始まったんでしょう。

　明治の頃に、コンドルやヴォーリズを起用したのとは、建て主の意識が全然違うよね。バブルの頃の外国人起用というのは、それとは真反対。形を変えた無責任です。あの頃が全員無責任体制の始まりみたいなところがありますね。オーナー経営者が少なくなったということかな。

　オーナー経営者だったら自分の考えで、いわゆる定量化できない価値に対しても責任を持つというか、持たざるを得ないんだけど、雇われ経営者だと所詮は趣味の問題になってしまう。そうすると、外国人の建築家ならいい、ということになるんじゃないかと思います。

―― 海の博物館は、全く逆ですね。あれは石原館長の強い思いと責任感でできています。

しょうがないぐらいに色濃く石原さんのトーンというか、考え方を反映しています。

―― バブルの頃の外国人建築家の関わり方はどうだったのでしょう。

例えば、ひと昔前のレーモンドの建築は、日本に対するリスペクトがあって、本気の勝負という感じがする。だけど、バブルの頃の外国人建築家のプロジェクトって、その人の作品集を見るとほとんど載っていない。

　その程度の扱われ方をされているのかなという気はするし、日本の受け入れ側もフルターンキーで100％設計を発注するという格好になっていないでしょう、きっと。デザインだけしてください、みたいな。それはおのずとコンドルとかヴォーリスとかとは、力の入れ方が違ってきますよね。託されてるものが本質的に違うんだから。

> バブルの頃の外国人起用は、形を変えた無責任。

誰もバブルの波にはあらがえない

―― 内藤さんがターニングポイントとされた1988年ですが、この頃の東京のバブ

1985－1988

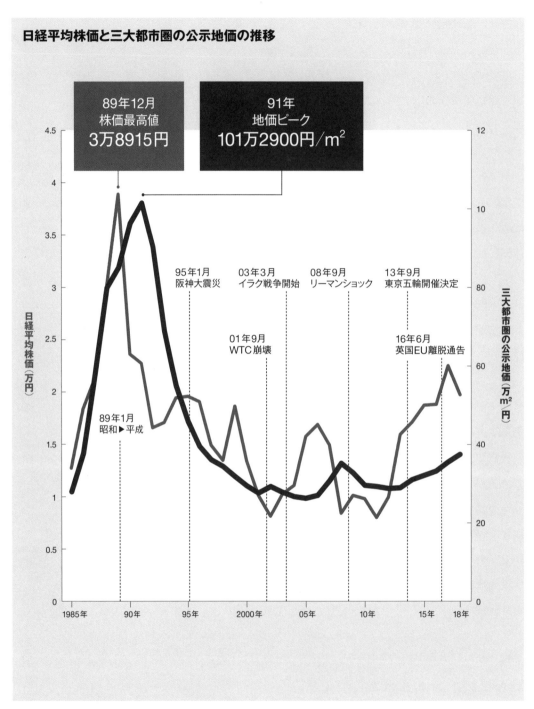

日経平均株価と三大都市圏の公示地価の推移

株価のピークは1989年(平成元年)12月。三菱地所がロックフェラーセンターを約2200億円で買収し、大きな話題となったのもこの年だ(1989年10月)。三大都市圏の公示地価のピークは91年で、この年は1m²当たり100万円を超えた。地価は92年までは大きく下がらず、建設業界は世の中一般のバブル崩壊よりもやや遅れてその影響を受けることになる〔資料:それぞれの公表データをもとにサトウファシリティーズコンサルタンツの協力を得て作成〕

> バブルの波に本当に乗っていたら、あらがえなかった。

ル景気をどのように見ていましたか。

当時ラジオでもテレビでも、東京はオフィスが全然足りてない、ホテルも住宅も全然足りてないと、みんなが言っていた。足りないんだから、つくれば売れると、みんなが思い込んでいた。土地を手配する地上げ屋というのがいて、土地の値段はどんどん上がる。上がるということは、銀行もお金を貸す。当時は土地の1年間の金利分で建物が建つという、そんな話すら聞きました。そうすると、建物なんかどうだっていいわけですよ。

建て主も、建物に永久無限の価値を見いだすなんていうことはさらさらなく、できるだけ早く転売したい。できるだけ早くつくって、できるだけ早く売り抜けたい。そうやって建物がどんどん投機対象になっていった。建物よりも、圧倒的に土地の方が重要だった。

ヨーロッパだと土地より建物とか、外部の周辺環境とかに重きを置くんだけど、少なくともバブルのときは、誰もが土地にしか関心がなかったような気がします。

東京23区の値段でアメリカ全土が買える、みたいなバカなことを言っていましたからね。建て主は建物なんかどうでもいいと思っていて、とにかく売り物なんだからできるだけ目立てばいい、それだけ。建築家も、その隙間にどさくさ紛れに自己実現をできるだけやってしまおうと。それはちょっと考え方が違うなと、僕はなじめないでいました。

—— 当時の建築家たちはそういう波にあらがいようがあったのでしょうか。

なかったと思います。ちょうどモダニズムの原理みたいなものが解体されたところに、たまたま経済としてバブルが来て、ポストモダニズムとシンクロしてしまったというのが、あの当時の建築界だと思います。僕自身はそれに乗れずにいたので、批判的な立場でいられましたが、僕だって本当に波に乗っていたら、あらがうことなんかできなかったと思います。

1985—1988

1989

PART 1

- 024 **INTERVIEW 2** | インタビュー――2
  1989–1998 | コンピューターはリスクを高めた

- 048 **INTERVIEW 3** | インタビュー――3
  1999–2008 | 暴走し始めたブラックボックス

- 070 **INTERVIEW 4** | インタビュー――4
  2009–2019 | 社会との距離が招いた建築の挫折

- 107 **VERIFICATION**
  検証「平成の6大ニュース」

2019

| プロローグ 平成前夜 | PART 1 災害・事件・社会 | PART 2 建築デザイン | エピローグ 建築の未来のために

災害・事件・社会 編

1989–2019

内藤廣氏インタビュー――2

コンピューターはリスクを高めた

INTERVIEW
1989—1998

「平成」30年間の建築界の変化や災害、事件を、10年ごとに内藤氏に振り返ってもらった。平成元年(1989年)−10年(1998年)の大きな変化は、CADやCFD解析など、コンピューター活用の進展だ。内藤氏はそれらの有用性を評価しながらも「結果的に、すべての人のリスクが高まった」と指摘する。

CAD・CFD解析

――1989年から10年間は、建設業界に限らず一般的にもIT化が急激に進んだ時期といえます。内藤さんは当時、コンピューター技術の進展をどのように見ていましたか。

私の設計事務所ではCAD(computer-aided design、コンピューターを用いた設計)を導入したのは遅いですね。手描きは牧野富太郎記念館(1999年竣工、高知市)まで。倫理研究所富士高原研修所(2001年竣工、静岡県御殿場市)を設計していた1998年からCADを使い始めました。

その数年前からCADの有用性は認識していましたが、なかなか経費をかけられなかった。新しいものは好きなので、Mac(米アップルが開発・販売するパーソナルコンピューター「Macintosh」)を使って「なんとかやってみよう」と言っていたんだけど、とてもスピードが追いつかないのでやめて、手描きでやっていました。

牧野は、本当はCADの方が設計しやすいと分かっていながら、全て手描きで設計したものです。形については何度も模型をつくり直しました。高知は台風がよく来るので、構造に関しては渡辺邦夫さんの事務所と風工学研究所とで風洞実験で風のシミュレーションをやって設計に反映させました。

CFD(Computational Fluid Dynamics、数値流体力学)解析には、とても踏み込めませんでした。コンピューターの能力が圧倒的に足りなかった。時期尚早だったんでしょうね。風洞実験ではいくつも測定用の模型をつくることになって、かなり大変でした。仮に、3次元の座標を決めてCADとCFDを駆使できれば、牧

野の設計ではあれほど苦労しなくて済んだのでしょう。これも時代です。

　牧野の施工は竹中工務店です。鉄筋コンクリート(RC)の躯体を打設した後に躯体図が出てくる、みたいな冗談のような話もありました。施工側でもCADの図面が現場に追い付かないという状態でした。処理速度が遅かった。

　その後の日向市駅(2008年竣工)の図面はCADになりましたが、風に関しては風洞実験でした。これらは主に台風などの外力に対応するためです。CFDを使ったのは山形の最上川ふるさと総合公園センターハウス(2001年竣工)ですが、これは主に温度変化による内部対流のシミュレーションでした。

―― 当初からCADを「建築や設計の可能性を広げるツール」として考えていましたか。それとも、時代の流れで仕方なく使うものという感覚でしたか。

両方ですね。まず思ったことは、図面製作が手描きからコンピューターに変わるとしたら、失うものは何だろう、ということです。いずれ確認申請もデータで出すことになるという話も聞こえていたし、やらざるを得ないことも分かっていましたから。

> 図面がコンピューターに変わったとき、失うものは何か。

倫理研究所富士高原研修所(2001年竣工)の講堂。L字型になった講義棟の角に位置するため、屋根架構は放射状になっている。内藤廣建築設計事務所では、このプロジェクトから設計にCADを使い始めた[写真:三島叡]

1989—1998

INTERVIEW 2

| プロローグ 平成前夜 | PART 1 災害・事件・社会 | PART 2 建築デザイン | エピローグ 建築の未来のために |

牧野の構造では、CFD解析を採用できなかった。

牧野富太郎記念館(1999年)を東側上空から見下ろす。手前が展示館、奥が本館。構造に関して、風洞実験で風のシミュレーションを実施した。設計もまだ手描き図面だった[写真:三島叡]

1989−1998

INTERVIEW 2

手描き図面は人間性や熟練度が伝わるメディア。

　手描きには、手描きの良さ、というものがあります。私が1979−81年に菊竹清訓建築設計事務所で働いていたときは、「製図板に一度張ったトレーシングペーパーを取り換えてはいけない。その紙で最後まで描き通せ」と教わりました。

　例えば、菊竹さんに幾度も指摘を受けて図面を消しゴムで消すと、その部分だけトレーシングペーパーが次第に薄くなっていく。その上にまた描いて、消して、と続けていくと、最終的に出来上がったときに図面に濃淡が残る。紙が薄くなっている箇所が問題だったと分かるわけです。それが図面の味にもなります。

意匠設計者は構造が分からなくなった

　手描きは、図面を見れば新人が描いたのか、ベテランが描いたのかも分かる。描き込む文字にその人の性格も表れます。手描きの図面は、描いた設計者の人間性や熟練度などが伝わるメディアでもあった。

　ところが、CADは誰が描いても同じ線。例えば、設計事務所に入ってきた優秀な新人スタッフは、図面を描くのが早くて抜群に要領が良いけれども、そうした一見もっともらしい図面が一番怖い。コンクリートを打ったこともない、鉄筋を見たこともない人が、もっともらしい納まり図面を描けてしまうのです。図面に潜む問題を発見しにくくなることに、これからの課題の深刻さを感じています。

　それは意匠に限った問題ではなく、ひょっとしたら構造にもあるかもしれないし、設備でもあるかもしれない。あるいは、出てきた現場施工図やメーカーの図面が素晴らしいと思っても、信用できない。精査したらそうではないかもしれない。相手が見えにくくなるというのは、ある意味で、建設プロセスの空洞化が進んでいる危険性があるということです。人の経験や技量が見えにくくなってきています。

　一方で、得るものもあります。情報がコンパクトになり、大量の図面の束を役所に出す必要はなくなりました。小さなものに納まるし、それはメリットかもしれません。もう1つは、構造解析が格段に進んだことです。今まで解けなかったようなものが解けるようになった。

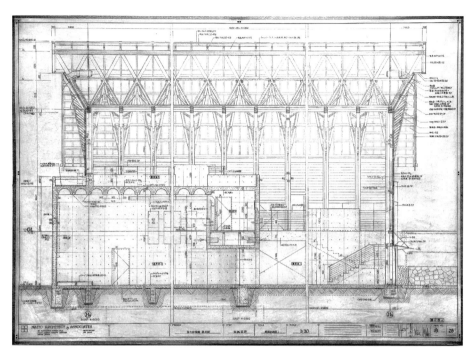

手描きの時代の図面の例。海の博物館・展示棟(1992年竣工)の断面詳細図［資料：内藤廣建築設計事務所］

　例えば、手描きの時代の構造家は、手回しのタイガー計算器をガチャガチャいわせながら計算尺を片手に仕事をしていたわけです。当時は、解析していく道筋や結論を想像しないと大変なことになった。間違ったプロセスであることに途中で気付いたら、また初めの計算に戻らないといけなくなってしまう。その読みが不正確だと、死ぬほど無駄な作業が出てきてしまう。

　だから構造家は、構造に対する想像力と理路を立てられる人たちでした。それが構造エンジニアの個性であったり、能力でもありました。山があったとして、この道からこう登ろうという想像をしてから解き、そして最終的に「解けました」と言って終わるわけですね。

　コンピューターの時代になると、山に100回登ろうとも、登れればいずれどこかで到達できるだろうという感じがあります。間違っても何度もトライできる。そうすると、厳密なもくろみや理路はあまり必要なくなってきます。コンピューターによって大きく変わったのは、構造でしょうね。

1989—1998

INTERVIEW 2

── それは意匠設計者のメンタリティーにも影響を及ぼしたのでしょうか。

意匠設計者の方は、構造が分からなくなったかもしれません。以前は、構造エンジニアと意匠設計者が、この建築をどうしようかと話し合っていたのが、意匠設計者がプロジェクトの全体像を伝えて、構造エンジニアがそれを解けるかどうかを答える、というようなケースが増えた気がします。意匠と構造の付き合いが浅くなっている可能性はありますね。これは反省点です。

フェイルセーフが薄くなっている

── 内藤さんが「コンピューターの時代が来た」と意識した建築はありますか。

かなり前の話になりますが、ピーター・ライスのポンピドー・センター(1977年竣工、フランス・パリ)です。ライスの自伝を読むと、あの頃からコンピューターを駆使しようとしていたことが分かります。彼はコンピューターの可能性に早い時期から気

ポンピドー・センター(1977年竣工)。設計はレンゾ・ピアノ氏とリチャード・ロジャース氏。構造設計は、アラップのピーター・ライス氏が中心になった[写真：日経アーキテクチュア]

付いていて、確か軍用のコンピューターを使っていたそうです。すごいな、と思いました。

—— 1980年以前の建築、例えば国立代々木競技場（1964年竣工）では、かなり挑戦的な構造でも計算尺などを使って算出していたのでしょう。それで大事故が起こったと聞いたことはありません。問題の潰し方は、当時と今とで違うのでしょうか。

見方によっては、その分無駄をしていたのかもしれません。今よりも過大な設計をして、フェイルセーフ（システムの誤動作が発生した場合に被害を最小限に抑える制御設計）としていた可能性もあります。また、かつては建設会社やメーカーなど様々な所に経験豊かな責任者がいて、幾重にもフェイルセーフのネットが掛けられていました。

ただ、バブル崩壊後、建設会社などでは、働き盛りの中堅管理職の現場所長などがリストラ対象となった話をいくつも聞きました。下請けのサブコンやメーカーでも同じことが起こっていたはずです。経営としてはそれが一番効率的だったんでしょうね。経験に裏打ちされたノウハウが軽視された。

サーカスで例えるならば、建築家は細い綱を渡り、観客は拍手喝采。その下に、技術のベテランたちによるフェイルセーフのネットが幾重にも張られているのが建設の現場でした。しかし、リストラなどの圧力が働いて経験豊かな責任者が減り、同時に情報化も進んで、このネットが薄くなり、少なくなりました。

今では建築家が綱から足を滑らせると、真っ逆さまに下まで落ちてしまう。その分、建築家だけでなく建築に関わる全ての人たちのリスクが高くなっているのだと思います。

その結果が、2015年に起こった東洋ゴム工業（現・TOYO TIRE）の免震ゴム偽装や、16年の杭未達問題などです。見えにくい末端でモラルが壊れている。越えてはいけない一線を越えてしまったんですね。昔であれば、下請けの誰かが、それは駄目だと止めたのだと思います。

—— 担当者の倫理観が低下し、目の前のことがどれほど重大な事件を引き起こすか分からなくなっているということでしょうか。

バブル崩壊後、見えにくい末端でモラルが壊れた。

1989—1998

INTERVIEW 2

何を引き起こすかというイマジネーションが不足しているということです。05年の構造計算書偽造事件も同じ背景です。構造計算はコンピューターの普及に伴って劇的に進化しました。しかし、高度な計算技術だから大丈夫だろう、とみんなが過信したために大きな事件になってしまった。

　私も意匠図だけでなく、構造や設備の図面などをかなり注意して確認しているつもりですが、やはり自分の身にも明日起こるかもしれないという心配はゼロではありません。怖い時代になったものです。

CADパースを禁じることも

—— 内藤さんの事務所では、CADで描く図面へと変わったときに、どのようにして質を担保しようとしたのですか。

パソコンの中のことは、スタッフの後ろ姿からは見えません。日ごろからスタッフとコミュニケーションを取り、何を考え何をしているのか努力して見るしかないでしょうね。

　現場主義を標榜すると、外を飛び回ることになります。事務所内のケアが充分にできているのかどうか、心配になります。

　時折、1分の1で図面を手で描くように指示しています。陸前高田につくる復興祈念施設（高田松原国営追悼・祈念施設管理棟、2019年夏竣工）で、実施設計も後半に差し掛かった頃、担当している若手スタッフに「100枚、原寸の図面を手で描かないと現場に行かせない」と指示したことがあります。1日最低1枚です。壁が原寸図だらけになりました。本人も手を動かして考えることが分かるようになり、生き生きとしてきました。結果的に30枚ぐらい描いたところで、現場へ行かせましたけれど。

　別の商業ビルのプロジェクトでは、つくりかけていた100分の1の模型以外はつくらせない、という指示を出したことがあります。CADパースは禁止。その模型1個に設計意図を全部込めろと。プロジェクトの方向性がまとまり、基本設計の締め切りの3週間前になってCADパースを解禁しました。

―― なぜそんな指示を?

若手スタッフはCADパースがうまいんですよね。アッという間に描いてしまいます。それは、ソフトがいいのであって、当人の能力ではありません。そこのところは勘違いしないようにしなくてはいけない。

つまり、ケースバイケースではあるけれども、あえて禁じることで、CADが持っている足りない部分を別の何で補えるのかを伝えようとしています。そうしないと、若手スタッフたちは考えないし、私自身もうっかりすると忘れてしまうから。

―― 内藤事務所で1人1台、パソコンを使うようになったのはいつごろでしたか。

倫理研究所の設計でコンピューターを導入したときから、一気に全員分の台数を入れました。当時、1台リースするのに20万円程度だったと思う。弱小事務所としては大きな出費でしたが、借金してでもやるときはやるぞという意気込みでした。

菊竹さんもコンピューターには関心が高かったですね。データ整理などでい

> CADを禁じると足りない何かに気付く。

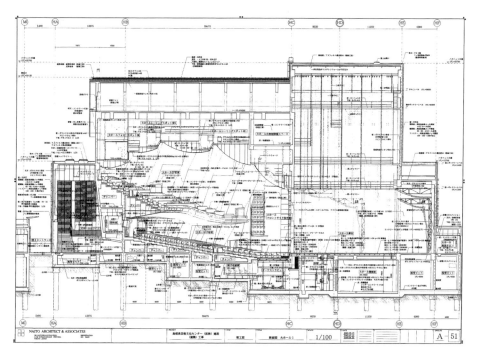

CADに移行してからの図面の例。島根県芸術文化センター(2005年)の断面図。CAD化によって、以前は50分の1スケールで描いていた情報を100分の1の図面に盛り込めるようになった［資料:内藤廣建築設計事務所］

1989–1998

INTERVIEW 2

倫理研究所富士高原研修所のホール。伝統木造の仕口のようなジョイントは、設計データを使って部材を自動加工するCAD/CAM技術を使った[写真:三島叡]

ろいろと試していた記憶はあります。ただ、具体的にそれを使って設計するまでは至っていませんでした。私もその影響で、何ができるだろうという興味は大きかった。

　常々思うことは、社会を本当に変えるのは技術だ、ということです。ここから先、建築の価値を根本から変えるとしたらそれはコンピューターではないかと、菊竹事務所にいる頃から思っていました。

スマホ世代の先に大きな変革

―― 社会を変えるのは技術、というところをもう少し詳しく伺えますか。

かつての産業革命もしかりで、鉄道や蒸気機関が国家の形を変えました。岩盤のような社会体制を突き破るのはいつも技術です。

　デザインって、例えばあることを人間が考え、でもまた考えが変わる、みたいなことの繰り返しではありませんか。所詮、メタフィジカルな領域です。ルネサンスやバロック、そのリバイバルのネオクラシックやネオバロックなどのような様式主義のことを思っても、トレンドは人の気まぐれで繰り返されていく。それだけのことです。

　一方で構築技術というのは、組積造からスチール造になって、RCが出てきてという流れは、昔には戻らないわけです。

　技術は普遍的に進んでいくものです。一方で、トレンドは人間の心の問題。はやり廃りです。私たちが知っているのはポストモダニズムですが、かつてはポストモダニズムが世界を変えると皆が思っていたのですから。でも、飽きたら誰もやらない。

―― 新たなデジタルネイティブの世代（学生時代からコンピューターなどを使いこなしていた80年前後生まれ以降）については、どう見ていますか。

若い人は、ちょっとミスをして「申し訳ありません」と言うときにも、直接言いに来ないでメールで連絡してきますね。言いにくいことは避ける。聞いてみると、そ

技術は普遍的に進むが、トレンドは心の問題。

1989-1998

INTERVIEW 2

れは私の事務所に限らず、建設会社やメーカーでも同じことが起こっているようです。これが何を引き起こすのか、とても心配です。

実は「スマホネイティブ」の世代にあまり期待していないんですよ。もちろんその中から、問題に気付いて抜け出してくる若者はいると思いますが、期待しているのはその次の世代。というのも、情報化社会のピークはこれから5－10年くらい後に来ると思っているからです。バーチャルとリアルが重なり合う時代が来ます。そこで生まれる社会は全く違うものになるはずです。同時に建築に要請されるものも全く違うものになるでしょう。

ウエアラブル（wearable、身に着けられる）なものが増えて、コンタクトレンズにデータが映し出されたり、バーチャルで現場を体験したり。でも、実際の身体は置き去りにされる。この二律背反が新時代の根本的な問題になるはずです。置き去りにされた身体をどう救うかが建築の大テーマになるでしょう。

「お母さんの時代は、歩きながら下向いてスマホやってたんだね」、なんて会話を近未来の親子はしているかもしれない。本当に新しい建築を生み出すのは、情報化社会を当たり前のように生きていくそういう世代だという気がしています。LINEでやり取りするのは、まだ私たちの世代が想像できる範囲です。その次は想像もできないところに行くんでしょうね。

── そのとき、建築ではどんな変化が想像されますか。

まず、建設現場が大きく変わるでしょう。おそらく全ての部材、くぎ1本に至るまでアドレスが付いていて、働いている人たちは現場を歩くとさっとその情報が見える、というような時代が近づいている気がします。今は分断、階層化されている設計、施工、メーカーなどの情報も一気通貫で見られるようになる。旧来の社会や組織の壁が情報技術によって融けていくのです。

多少、楽観的過ぎるかもしれませんが、ひょっとしたら、人の上下もなく、会社や組織のヒエラルキーもない、本当のモノづくりがそのときに可能になるのかもしれない。コンピューターやスマホが得意なだけの今の若者は、その頃には時代遅れで、新しい時代について行けず音を上げているかもしれませんよ（笑）。

環境技術

—— 1990年代は、コンピューターの普及や技術の進歩と同時に、地球サミットの開催（92年）や京都議定書の採択（97年）があり、エコロジー建築も注目されていました。なぜこの時期に大きなムーブメントが巻き起こったのでしょうか。

もともと近代という思考は境界設定を考えずに始まった時代だと思うのです。そこに、62年、レイチェル・カーソン（米国の生物学者）が著書『沈黙の春』で農薬など化学物質の危険性を訴え、70年代に入るとスイスの民間シンクタンク「ローマクラブ」が、デニス・メドウズらによる報告書『成長の限界』を発表した。私が学生時代（72年）のことです。

その頃から環境問題に対する危機感は芽生えつつありました。でも、それが近代の境界領域になるという意識はなかった。一般人の意識として具体化したのは90年代から。大きな理由は、89年に東西冷戦が終わったからでしょう。

核の脅威がなくなり、ベルリンの壁が崩壊したときに、それまでとは質の違う「死の恐怖」として捉えられたのが環境問題だったといえます。核による世界の終わりは、いわば「世界の突然死」です。それが遠のいたら、それとは違う環境問題という「世界の緩慢な死」が傍らにいた、という感じだったのではないでしょうか。

> 核の脅威がなくなり、環境問題が「死の恐怖」に。

海博・収蔵庫は「奇跡のエコ建築」

—— 内藤さんご自身は環境面の建築技術への関心はいつごろから持っていましたか。

私は菊竹事務所で働いていたのが第2次オイルショック（1979年）の直後でした。菊竹さんから、通産省の委託研究があるので担当してくれと頼まれました。そのテーマが省エネルギーでした。菊竹さんが事務所のOBと議論したいということで、伊東豊雄さん、長谷川逸子さん、富永譲さんが呼ばれ、事務所の担

1989−1998

INTERVIEW 2

戦時中に谷口吉郎がパッシブな換気の実験をやっていた。

当者が私で、4人でエコロジーを勉強しました。尊敬する大先輩に囲まれたぜいたくな経験でした。

　面白かったのは、あるとき思い立って、エネルギーの一番なかった時代は戦時中だなと思い、建築学会に戦時中の論文を探しに行ったことがありました。すると、谷口吉郎（建築家で谷口吉生氏の父、1904-1979年）が、自然対流でどうやって工場の換気するのか実験をしていた資料を見つけました。煙をたいて屋根の換気口からどう熱気を抜くか、どうすればパッシブになるかを研究していたのです。あれほど著名な建築家も、同じようなことをだいぶ前に試していたことを知りました。

　でも、当時のエネルギー危機は、身近な問題ではあったものの、地球全体の問題というよりは、必要に迫られて対策を考えるくらいの意識でした。

　──　その後、環境問題などに対して、世間の価値観が変わってきた実感はありましたか。

バブルのときは、イケイケで全く関係ありませんでしたね。けれども、自分の設計した建築のなかでは、「海の博物館・収蔵庫」（1989年竣工、三重県鳥羽市）でほぼ完璧に近いエコロジー建築を具現化できたという思いはあります。かなり努力はしましたが、偶然うまくいったところもたくさんあります（笑）。空調を入れずに温度と湿度を管理できる奇跡のような建物です。

　当時の石原義剛館長が原子力発電所の誘致に反対していたので、電力を可能な限り使わない建物にすることに強くこだわっていました。一方で私は、環境問題などの大義名分を考える余裕もなく、コストダウンと収蔵物へのリスペクト、それを何とかまとめようということに必死でした。

　シミュレーション技術はまだ幼稚だったし、それをするようなお金もありませんでした。CFD（数値流体力学）解析をやれたとしても、風の速度と温度、特に湿度の予測は今でも難しいでしょう。経験と勘が頼りです。できるだけ内部空間の気積を大きくとって、室内空気の対流と換気でコントロールすることを目指しました。半ばまぐれ当たりのような建物でしたね。

　開館以来、ずっとデータをとっていますが、館の人からは「収蔵庫の環境は120点」と言ってもらっています。

| プロローグ 平成前夜 | PART 1 災害・事件・社会 | PART 2 建築デザイン | エピローグ 建築の未来のために |

海の博物館・収蔵庫(1989年竣工)の内部。機械空調はなく、妻面の換気扇による換気のみ［写真：車田保］

1989−1998

INTERVIEW 2

建築単体のエコの先へ

——「海の博物館・展示棟」(1992年竣工)の影響もあるかもしれませんが、90年代初めは大断面集成材の建築が増えました。

そうですね。当時は貿易摩擦があり、外材を使いなさいという圧力がありました。そうすると集成材が一番いい。日本にはまだそれほど集成材の工場はありませんでしたが、ベイマツをラミナにすれば商売になりそうだということで、その頃から徐々に増えたのではないでしょうか。

海の博物館の展示棟に取り掛かったのは88年ごろ。外材の輸入によって国内産材が使われなくなって山が荒れ始めたのもこの時期です。

一度、和歌山に呼ばれて行ったとき、林業が壊滅的打撃を受けていることに衝撃を受けました。北山杉のように化粧として和室をつくる特別な木材は別にして、スギやタモなど表に出ない所に使う下地の木材は外材輸入の影響が

海の博物館・展示棟(1992年竣工)の内部［写真：吉田誠］

とても大きかったようです。

　ベニヤに使われる南洋材の使用、貿易摩擦の解消のための外材利用、そして京都議定書以降はまた国産材。この国の木材利用は、常に時代や政府の方針に振り回され続けていますね。

―― 内藤さんは、海の博物館や牧野富太郎記念館など、環境の観点から解いた建築が多いように感じますが、設計趣旨としてはあまり環境のことを前面に出してはいませんね。今後は環境技術でどのようなテーマに関心がありますか。

関心はありますけれど、あまりそれを標榜したいとは思いません。それは建築が当然持つべき自然に対するマナーのようなものだと考えていますから。

　私の願いは、ずいぶん先になるかもしれませんが、50年後の東京は緑園都市みたいになるといいと思っています。本多静六（林学の研究者）などが参加して1939年につくられた「東京緑地計画」という優れたプランがあります。東京の緑が圧倒的に足りないことから、当時の近隣公園や、残っている緑を細かく調査し、それらをつなぐという内容です。そのプランをもう一度見直し、バージョンアップして挑戦してもいいと考えています。建築単体ではなく、都市全体がエコになる。

　国は「スーパー・メガリージョン」と銘打って、太平洋側に6000万人くらいのベルト地帯を形成し、それをリニア新幹線が結ぶという未来ビジョンを描きつつあります。しかし、津波や地震など、災害発生確率の高い太平洋側に人口を集めること自体、本当にそれでいいんでしょうかね。

　仮にそうなったとして、残された約8割の国土をどうするかを考えたときに、そのとき初めて、人が自分たちで暮らせるような環境に対して自立性の高いライフスタイルや街の在り方が出てくるような気がしています。

「環境」は、建築が当然持つべきマナー。

1989−1998

INTERVIEW 2

阪神大震災

災害のリアルな現実は、現地でしか分からない。

—— もう1つ、90年代で大きな価値観の転換を引き起こしたのが、95年の阪神大震災でした。まさか関西が襲われるとは思わなかった専門家も多いと思いますが、内藤さんはどのように見ていましたか。

阪神大震災の現地を訪れたのは、発災から1週間後でした。知り合いだった建設会社が支援に行っていると聞き、邪魔しないように事務所のスタッフ十数名を連れて、関西国際空港から船で入りました。

初めて神戸の長田地区に立ったとき、つくづく分かったのは、メディアの報道は公平性を欠いているということでした。テレビで見ていた焼け野原のような現場から、ふとその背後に目を向けると、何も被害を受けていない建物が立っていました。でも、何でもないものをテレビに映してもニュースにならないから、画面では切り取られてしまっている。甚大な被害を受けた所や、火災でひどく焼けた所を報道した方が、ニュースバリューが上がるからです。

メディアの情報だけでは真実は伝わらないということがよく分かりました。あれ以来、災害があればできるだけ現地に行くようにしています。メディアは速報性がありますが、リアルな現実はまた別のものです。

被災地で見たものを次に生かす

—— 被害のメカニズムについてはどう思われましたか。

自転車を借りて被災地を回っていると、古い木造家屋で1階が商店、2階が住宅というものは全壊しているものが多かった。店舗は間口を広くとりますからね。私は判定の専門家ではありませんが、あまり予想外の壊れ方はしていませんでした。水道局の建物で中間階が潰れている一方で、はす向かいの建物では1階の柱が全て柱頭座屈していました。

阪神大震災は、活断層が動いて、幅300m程度にわたって大きな被害が出

| プロローグ 平成前夜 | PART 1 災害・事件・社会 | PART 2 建築デザイン | エピローグ 建築の未来のために

阪神大震災では阪神高速道路3号神戸線の東灘高架橋が全長635mにわたって山側に倒壊した［写真：三島叡］

1989-1998

INTERVIEW 2

柱頭免震の採用は、震災の現場を見た体験が役立った。

苫田ダム管理庁舎（2003年竣工）。岡山県苫田郡の吉井川上流部に立つダム管理施設。1階ピロティを支える柱の上部に免震装置を設置している［写真：内藤廣建築設計事務所］

ました。中心に近い場所にあった建物ほど、下から強い力で突き上げられたのでしょう。聞いた話によれば、地震が起こったとき、家に置いてあったピアノが天井まで跳ね上がったというんですから。普通の地震で揺すられて壊れるのとは、違った壊れ方をしているように見えました。

　その後、苫田ダム管理庁舎（2003年竣工）、安曇野市庁舎（2015年竣工）、静岡県草薙総合運動場体育館（2015年竣工）などでは柱頭免震を採用していますが、それは阪神大震災の現場を見た体験が役に立っていると思います。

　それと、阪神大震災で強く印象に残っているのは火災の風景です。熊本地震で救いだったのは、発災時刻が夜だったこと。火元を消していたことが幸いしたのかもしれません。

――阪神大震災で、建築家としての意識を変化させる出来事はありましたか。

　現場で直感的に思ったのは、平面的にバランスが良い建物は被災の程度が軽いということです。もちろん構造計算上の安全性は担保すべきですが、計画的なバランスの良さ、これは論理化できないけれどマナーとして心掛けるべきことだと思いました。

　被災地を歩くと、時折不思議な体験をします。東日本大震災のときもそうでしたが、平時にはとても言わないだろうと思われるようなことを、感情があふれ出すように突然語りかけられます。とても耐えられないことを見ず知らずの人間に、言葉に出して語ることで自らを保っているんでしょうね。阪神大震災のときも、長田地区を歩いていたときに、幾度か声を掛けられました。

| プロローグ 平成前夜 | PART 1 災害・事件・社会 | PART 2 建築デザイン | エピローグ 建築の未来のために

阪神大震災で被災した神戸市役所旧庁舎。水道局などが入っていた6階部分が層崩壊した［写真：三島叡］

阪神大震災で被災した木造住宅。1階の開口部が大きく壁が少ないために1階部分が大きく傾いている［写真：日経アーキテクチュア］

1989－1998

INTERVIEW 2

　なかでも記憶に残っているのは、焼け野原のような被災地のすぐ隣に、ほとんど無傷のRC造の幼稚園があって、そこで話しかけられたことです。泣きながら、なぜこの水を使わなかったんだろう、と。指さす先にはプールがあって、水がなみなみと満たされていて、その向こうには焼け跡が広がっていました。なんともシュールな光景です。言葉を失いました。もちろん、答えようがありません。

三陸は復興が本当に難しい

—— 2016年の熊本地震は、阪神大震災の被害と違いましたか。
　先日、熊本の益城町（ましき）で講演を頼まれて訪れたとき、町の人たちは「火災を除けば被害の在り方は阪神大震災と似ている」と話していました。住宅の屋根の

2016年4月の熊本地震で倒壊した益城町の家屋群

瓦が落ち、新耐震以前の建物が壊れていたからです。2度大きく揺すられたという点は異なりますが、復興の過程で、重い瓦を乗せる住宅ではなくプレハブメーカーの住宅が建ちやすいという点は同じ。それは東日本大震災以降の三陸でも同様です。

これも少し寂しい気がします。益城町では、町長に、「震災はつらいことだけれども、街を考え直すいい機会が与えられたのです。どういう街にすべきかを考えるチャンスだと捉えるべきです」と申し上げました。

神戸は、激しく損傷したけれども、街の骨格は残っています。もともと街が持っていた歴史的な資産が多いということなんでしょうね。でも、復興が遠のくと、少しずつ震災の記憶が忘れられていく印象があります。教訓が遠のけば、同じことが起こります。

一方で、東日本大震災（2011年）で被災した三陸は本当に難しい。街を考え直すことがほとんどできませんでした。あまりに亡くなった方が多く、時間の余裕もなかった。防潮堤がつくられ、高台移転が進み、区画整理へと突き進んだので、街のあるべき姿を話し合う間もなく復興が進んでしまいました。

三陸の津波は100年以内に再び襲ってくるという予測があります。それが来年なのか、50年後なのか、100年後なのか分かりません。でも、来るんです。そのことが、1000年に1度活断層が動くかもしれないといわれる神戸や益城町などと、大きな意識の違いを生んでいるのかもしれません。

―― 建築界は震災の教訓を生かしてこられたのでしょうか。

結局、制度とは、いつも後追いですよね。災害や事故などの外からの力が働いて、ようやく動き出す。何かはっきりとしたエビデンスがないと、人は災害への対応を考えないのかもしれません。阪神大震災が起こるまでは、まさかあの都市部であれほどの被害が出る震災が起こるとは、多くの学者は想定していなかったはずです。

そうやって考えていたら、国土の大部分を占める中山間地で新潟県中越地震（2004年）が起こった。熊本地震についても、まさか2度も揺すられるとは思わなかったでしょう。これからもそうやって、制度で後追いしながら、私たちはよりましな建物をつくっていくしかないんでしょうね。

復興とともに、震災の記憶が薄れていく。

1989–1998

INTERVIEW 3
1999—2008

内藤廣氏インタビュー——3

暴走し始めたブラックボックス

平成中期に当たる21世紀初頭の10年間には、
建築界を震撼(しんかん)させる大事件が相次いだ。
米国同時多発テロ、朱鷺(とき)メッセ連絡橋落下事故、
構造計算書偽造事件、自動回転ドア死亡事故——。
内藤氏は背景に"資本主義と一体化し過ぎたモダニズム"の問題や、
"設計過程のブラックボックス化"の弊害があると指摘する。

超高層と都市

—— 21世紀が始まって間もない2001年、世界に大きなインパクトを与えた9.11同時多発テロが発生しました。当時、内藤さんはこの事件をどのように見ていたのでしょうか。

まず私にとって2001年は、島根県芸術文化センター(2005年竣工、島根県益田市)の設計が4月に始まり、同時期に東京大学に勤め始めた年でもありました。勤め先は土木の学科で、全く違う風景が広がった時期です。

そうしたなかで、やはり着任半年後に起こった「9.11」は衝撃的でした。テレビの実況放送を見ていたら、記者がこちらを向いて語りかけているその後ろで、ワールド・トレード・センター(WTC)が崩れていくのですから。

当時は林昌二さん(日建設計、1928–2011年)や川口衞さん(構造家)と懇意にさせていただいたこともあって、一体どういう訳で崩壊したのだろうか、と何回か話をした記憶があります。飛行機と超高層の両方に思い入れのある林さんにとっては、言葉にできない気持ちがあったようです。

超高層は効率優先の「バラック」

川口さんは覚えているか分かりませんが、「超高層は経済効率を優先したバ

| プロローグ 平成前夜 | PART 1 災害・事件・社会 | PART 2 建築デザイン | エピローグ 建築の未来のために |

2001年9月11日午前10時すぎ(現地時間)、WTCのツインタワーが2棟とも崩壊した［写真：NY市警／Shutterstock／アフロ］

1999–2008

INTERVIEW 3

ラックなんですよ」とおっしゃったことがありました。考えてみればそうです。構造的に切り詰めて、たくさんの板を積み上げるわけですから。林さんにそれを伝えたら、「バラックでない超高層なんてあるんですかね」とつぶやいていました。

　米ニューヨークでは、1945年に濃霧でエンパイア・ステート・ビルに軽飛行機が突っ込んだことがありましたけれども、建物はびくともしなかった。軽飛行機と旅客機の違いがあるにせよ、なぜWTCはあんなにもあっけなく崩壊したのか。当時、よく使われた言葉が、「リダンダンシー（冗長性）」でした。非常に完成された構造体で完結的につくられた物は、部分破壊が全体破壊につながる。つまり冗長性がない。極限まで合理性を追求するというのは、そういうことだという考えです。

　その後、蓋を開けてみれば理由はそれだけでなく、ジェット燃料が拡散して火災による影響も組み合わさっていることが分かりました。必ずしも冗長性だけの議論ではなかったわけですが、ともかく当初はよく皆で話し合ったものです。

―― 所員の方々はどのように受け止めていましたか。

WTC崩壊のメカニズムについて同ビルの構造設計者にインタビューした日経アーキテクチュア2001年11月26日号の記事

> 「9・11」は、近代性と資本主義に対する反撃。

当時、何か事件があると、メディアで報道が広がる前に、スタッフ全員にレポートを書かせていました。つまり、自分の頭で考えて予測させるのです。何より自らの想像力を駆使して考えることが大切だと思っていたからです。

あの壊れ方は不思議でした。煙が渦を巻いていて、なぜああなるのか分からない。今では、ジェット燃料で建物のコアが火だるまになり、支えている耐力が落ちて内部崩壊と同時に気流が巻いていたことが想像できますが、そのときは分かりませんでした。スタッフにもそこまで考えた人はいなかった。

ただ、建築の問題としては、モダニティー（近代性）が1つのテーマといえます。それはグローバリゼーションや資本主義とも関係していて、言葉を換えれば、モダニティーと資本主義が表裏一体の関係で続いてきたことに対し、反省を促すためのある種の反撃をくらったのではないかと。そして世界はもっと冗長性を大事にし、ダイバーシティー（多様性）を許容する社会になっていくのだろう、と書いたスタッフが何人かいました。

「六本木ヒルズ」の明と暗

—— 一方、同時期の日本では、03年に超高層の複合ビル「六本木ヒルズ」が開業しました。他の超高層ビルに比べて、社会的なインパクトが大きかったのではないでしょうか。

開業の翌年、04年に六本木ヒルズで回転ドア事故が起こったでしょう。そのときに私は、朝日新聞から依頼を受けて原稿を書きました。すると、森稔社長（当時）から便せんで10枚ぐらいの手紙が届きました。書いたことに対する反論です。そして、話がしたいと書いてあった。私は、その反論の根拠を1個ずつ潰して、便せん20枚ぐらいで返しました。

私はその手紙のなかで、超高層そのものの問題点、さらに免震を信頼し過ぎる点、技術を信頼し過ぎる点などを指摘しました。不動産ビジネスなので、再開発自体がうまくいくことは重要です。ただし、当時は「失われた10年」といわれて世の中が沈滞しているムードでしたから、それだけでは駄目だろうと思っ

INTERVIEW 3

ていました。

　局所的に人口密度を上げることは、その場所の都市インフラに負荷がかかることになります。例えば交通渋滞を避けるために道路を整備し、上下水道もエネルギー供給も整備が必要になります。都市とはそういう面的な要素で成り立っているのに、都心の一部だけうまくいっても理屈に合わない、というのが私の基本的な主張でした。

　でも実は、心の底では、森ビルの手法はありだ、とも思っていたのです。そんなことは反論の手紙には書きませんでしたけれどね。都市再開発のビジネスモデルを発明したという意味では、森ビルはもっと世間から評価されるべきでしょう。あれほど多くの地権者を長期にわたって説得するなんて方法を、他のデベロッパーは採ってこなかった。

　さらにはプロジェクトファイナンスの組み立て方を最初に示した。六本木ヒルズの功績は森社長の見識によるもので、これにはやはり敬意を払わなければならないと思っています。都心の今の巨大開発は、すべて六本木ヒルズの後追いですから。

2003年4月に開業した六本木ヒルズ・森タワーの足元の広場。森タワーの回転ドア死亡事故はその1年後の2004年3月に発生した［写真：寺尾豊］

景観法は行政の大転換

—— この頃、都市計画では大きな動きがありました。02年に都市再生特別措置法が制定され、03年に「美しい国づくり政策大綱」、04年に景観法が公布されたことです。

政策大綱は、当時の国土交通省事務次官・青山俊樹さんが主導してできました。私は、勤め先の東大で景観研究室に所属していましたから、大綱を見たときは本当に驚きました。役人は基本的に、自分たちは間違っていました、とは絶対に言わないものと思っていましたが、大綱にはそのようなことが書かれていた。

戦後50年、経済性と安全性をベースにできるだけ早く実現することを重視してきたが、時代の変化とともにそれだけでは不十分であったかもしれない。もっと発注者や技術者が、景観や風景に対して内省していく必要がある、と書かれていたわけです。

それは行政の大転換ともいえます。その宣言を受けて、1年後にできたのが景観法です。

建築界は、「景観法は建築の表現の自由を制限するものでけしからん」という風潮でした。シンポジウムも開かれ、私は登壇して発言をする機会も得ました。そのときに驚いたのは、10人ほどの他の登壇者は、景観法を批判しておきながら、ほとんど法文を読んでいなかったということです。読んでいたのは、国交省が出していた概要版だけ。それで議論していたのかと思うと、がっくりきましたね。

「良好な景観」というよく分からない言葉を軸に構築された景観法自体に問題がないわけではありませんが、よくあれだけ短期間のうちにここまでつくり上げたなと感心します。今でも十分機能している法律だと思っています。景観法と同時に東京都が立ち上げた景観審議会の計画部会で、私は委員をもう10年あまり務めてきました。もし景観法に基づくこの審議会がなければ、いま都内で乱立している巨大開発はもっとめちゃくちゃなものになっていたはずです。

> 景観法がなければ、東京はもっとめちゃくちゃになっていた。

1999—2008

INTERVIEW 3

再開発が進む渋谷駅周辺(写真手前)から新宿方向を見わたす。2018年撮影[写真:ITイメージング]

—— それはなぜですか。

　要するに、質的な側面を議論する景観審議会がなければ、量的なコントロールのみに限られる都市計画手続きだけで巨大プロジェクトは動いてしまうからです。特に、特区に関しては景観審議会を通らないと都市計画手続きに入れない仕組みになっているので、質的コントロールをかけることができました。100%ではないけれども、かなりできたと感じています。プロジェクトによっては、超高層ビルの位置をずらしてもらったケースもありますし、ファサードの意匠を全面的に変えてもらったこともあるし、さらには形を変えてもらったこともあります。特に重要な皇居周辺の景観については、いくつも視点場を決めて、その視点場に入ってくるものをすべて審議対象とするようにしました。

　皇居周辺と特区、丸の内一帯、神谷町、麻布台など、大きいものはほとんど審議対象になりますから、審議会は巨大開発に対する門番のようなものです。あまり目立たないかもしれませんが、その背景となっている景観法は大きな役割を果たしたと思っています。

特区と景観法は「アクセルとブレーキ」

—— その後、規制緩和が進んで再開発ラッシュが起こり、その流れは今も続いています。

規制緩和を前提にした特区制度と規制をかける景観法は、互いにバランスをとって成り立っているのです。いわばアクセルとブレーキの関係です。例えば「事業的に成立しているからいいでしょう」、さらに過激にいえば、「民法の私有財産権の行使に対して口出しするのはけしからん」と言う事業者がいたとします。そういう話になる手前で、景観法が効力を発動するわけです。景観は公共財なのだから、自分の土地だからといって好き勝手にやっていいわけではないよ、と収める話なんですよね。

私有財産権の行使に、質的な意味で一定の制限を与えるという考え方が日本で成立したのは、おそらく戦後初めてじゃないかな。もともと憲法や民法、それを受けた法体系の根幹には、個人の権利は最大限尊重されねばならないけれど、「公共の福祉に反しない限り」と併記されていてバランスをとろうとしている。でも、公共の福祉に関してはほとんど議論されてこなかった。景観法はそこに踏み込んだわけです。

—— 著名な漫画家の奇抜な自宅が、景観としてどうなんだと話題になったこともありました。

そうそう、武蔵野市の住宅ですね。当時、メディアが私のところへ取材に来たけれど、「もう手遅れだね」と話しました。後から騒いでもダメ。そうした争いを避けるためにも、事前にルールを決めておくための根拠となる景観法が必要なのです。

ルールに違反した人は1年以下の懲役または50万円以下の罰金が科せられることが最後に書いてある。景観法は刑法とリンクしたことがとても重要です。これが地方自治体が決める条例とは違うところです。違反すれば、前科になりますからね。よくできている法律だと思います。

> 景観問題は後から騒いでも解決しない。

INTERVIEW 3

構造計算書偽造事件

—— 法律といえば、2005年には、建築基準法や建築士法の改正にもつながった構造計算書偽造事件がありました。

構造計算書偽造事件は、大きな出来事だったと思います。ただ、一般的にいわれる「信頼失墜」という話とは違うと思っていて、むしろ逆かなと。ちゃんとしなければいけないんだ、ということに皆が気付くきっかけになったのではないでしょうか。クライアントも、きちんと構造計算してもらわなければいけない、ということを理解するようなりました。それまでがおかしかったわけで、事件を受けて少しまともになったのかもしれません。

この事件も、根底では情報化やコンピューター化とリンクしていると思っています。ブラックボックスになっていた構造計算の仕組みが暴走したのです。次第にそのひずみが大きくなり、ばっと問題が噴出した。コンピューターによって実現可能になる範囲が広がれば広がるほど、ブラックボックスは膨らみ、審査で

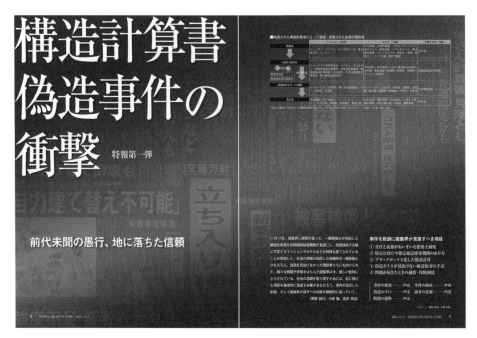

構造計算書偽造事件を速報した日経アーキテクチュア2005年12月12日号の特集

構造計算書偽造事件が発覚し、立ち入り禁止となったマンション［写真：日経アーキテクチュア］

あの事件があったことで、少しまともになった。

きないものが増えてきていたのが実状だったと思います。要するに、ちゃんと考え、ちゃんと検証しよう、ということです。

　この先、AI（人工知能）が進化して、初期値を入れただけで構造計算が全て自動的に終わってしまう世の中になったら、AIが間違っているかどうかは、誰が確認するのでしょうね。構造計算書偽造事件は、事件を起こした建築士個人の責任だけに落とし込んではいけない問題です。情報化が進む時代のなかで、起こるべくして起こった話のような気がします。

発注・受注の関係は今も変わっていない

―― 2005年に事件が起こり、そのときにも同じ感覚で見ていましたか。

私だって構造計算書は分かりませんよ。自分の仕事でも、図面を見たときに、「これは鉄筋が足りているのかな？」とこれまでの経験で思うぐらいのものでしょう。妙な感じがしたら、頼んでいる構造家に確認しますが、その程度です。専門的なことは本当は分からない。社会のなかにセーフティーネットが幾重にもあって、誰かがおかしいと思うかどうかが大事な点なんです。

　それと、当時はバブル崩壊後で、仕事を受注できるかどうか、シビアな空気

INTERVIEW 3

がありました。それは今も同じで、経済優先、売り上げ優先の厳しい状況のなかで、「依頼したことができないなら、他に当たるよ」とか「安くしておいて」と発注者に言われるようなことは、あちこちで起こっているのではないでしょうか。とても心配です。それをメディアはきちんと指摘し、社会正義の観点から啓発していった方がいいと思います。

―― 当時も今も、発注者と受注者の関係性が変わっていないと。

そうですね。そうした背景があって、最近では、マンションの杭未達問題（2016年）や、免震ゴムの偽装事件（2015年）がありました。直近では免震・制振ダンパーのデータ改ざんが発覚（2018年）しました。

例えば、会社の社長から「とにかく売り上げが大事だ」と言われて、担当部長も部下に頑張れと指示する。それでも最後に検査の数値を入れる担当者が、技術者の信念に基づいて仕事ができていれば問題ないのでしょうが、その人が気の弱い人でどうにか結果を出そうとしたら、「少しくらいデータをいじっ

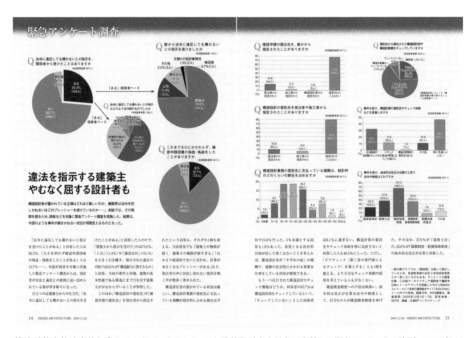

構造計算書偽造事件を受けて、日経アーキテクチュアが建築設計者を対象に実施した緊急アンケートの誌面。2005年12月26日号「構造計算書偽造事件 特報第二弾」より

ても……」と考えるかもしれない。それは建築の現場でも起こり得るし、パーツをつくるメーカーでも起こり得ることです。

　Aという人は不正をして、Bという人はしない。その差は何か、ということを真面目に議論しなくてはいけないんです。そこには、やはりものづくりの精神だとか、文化論が関係しているはずです。

　要は、個人がどう踏みとどまることができるか、です。事件は建築界全体の「毛細血管」のような末端で起こっているのです。建築というボディーがあるとしたら、ものづくりを支えている個人という毛細血管は、すでにかなりもろくなってきている。そこにプレッシャーがかかると、ぴっと切れてしまう。

> ものづくりを支える個人という毛細血管がもろくなっている。

モラル低下にはメディアの責任も

—— 個人のモラルがもろくなった理由は何でしょうか。

言いにくいけれど、それはメディアや世間の責任です。皆、建築の現場の人を褒めないでしょう。バブルのときは「3K」「危険、汚い、きつい」とか言われていました。一世を風靡したディスコ「ジュリアナ東京」で踊っていたような女の子たちも、建築現場の仕事に対して「わあ、かっこ悪い」とか言っていた。金もさしてもうからないうえに誇りも持てないとしたら、誰もそんな仕事はしたくありませんよ。「あれこそがかっこいいんだ」と言って世間が支えていたら、今の状況は変わっていたと思いませんか。

　江戸時代に形成された職人気質。それぞれのパートで職人が誇りを持って働いていました。戦後からずっと、建設業界はその文化的蓄積に甘えてきたんです。その蓄積を使い果たしたと言ってもいい。その結果、誇りもこだわりも無くなった。だから、事件は起こるのです。これからも増え続けるでしょう。

　新聞はもとよりテレビのワイドショーなども含めて、「ああいう生き方こそ誇り高くかっこいい」とならないと、現場の末端にいる人、ものづくりの最前線にいる人のモラルは崩れるばかりだと思うのです。こんな世の中だから、逆に『下町ロケット』が今になってはやったりするんですよ（笑）。

1999—2008

INTERVIEW 3

古い社会のどんぶり勘定を今も引きずっている。

—— 建築は金と時間がかかるものだということが、発注者になかなか理解されないことがあると聞きます。そうしたことも、モラルの低下に影響しているのでしょうか。

　それはちょっと違うでしょう。発注で上から降ってくる構造と、偽造事件の建築士が抱えていた毛細血管の劣化は、違う種類の問題だと思います。

　建築の売り上げや工期は、この国の発注制度や商慣習のなかで、現在の状況がつくられてきました。要は、基本的に世間とか信頼関係とか、古い社会の中で成立していたどんぶり勘定を引きずっているということです。それは良い点もあり悪い点もあります。良い所は、景気の変化に対して持続的な建設に関するコミュニティーが保持されることです。悪い所は、建設の実態が見えにくくなる所です。

　そこにファイナンスが加わり、工期を短くしろと指示が来る。すると、皆で苦労して工程表を描き、縮めようとして無理が来て、支払いはさらにどんぶり勘定になってしまうわけです。それが臨界点に達すると末端の毛細血管が切れて問題を引き起こしてしまう。

　たぶん、今後の日本の建設業界は、このまま近代化され尽くさないで進んでいくんでしょうね。仕事が増えれば多層下請けでなんとなく逃げて、建築の実勢価格をより見えにくくしてしまいます。プロジェクトを進めていると、まるでゲームのように価格が差配されていて、見積もりの査定など、結局何をしているのだろうと思うこともあります。

　でも、そうした構造はあまり論理化できないしシステム化もできない。まあ仕方ない。日本の特殊な商慣習なんでしょうね。なんとか良い点を残して、悪い所を少しでも改革できるとよいのですが、今はバブルだから難しいでしょうね。

朱鷺メッセ連絡橋落下
とき

―― 構造計算書偽造事件の2年前になりますが、2003年には朱鷺メッセで連絡デッキが落下しました。そこからいろいろな構造設計の問題が出てきたように思いますが、問題の本質は同じでしょうか。

根底に流れているものは同じでしょう。構造設計がコンピューター化したことによって、プロセスがブラックボックス化したことが問題を引き起こしたのではないでしょうか。

朱鷺メッセの場合は、ジョイントの端部が問題だったと記憶しています。解体してしまったので、最終的な原因は分かっていないんですよね。発注のやり方にも問題があった。設計側が全体状況をコントロールする仕組みになっていなかった。

例えば私は、可能性の1つとして、構造のモデル自体に問題があったのかもしれないと考えました。もう1つ別の可能性は、解析としては解けていたけれど、物質レベルでフォローができていなかったのかもしれない。物質レベルでリダンダンシー（冗長性）を持たせていたのかどうか。コンピューター化したことで、その辺りの警戒心が薄まっていた隙間に起こった可能性も考えられます。

現場の声をいかにフィードバックするか

―― それは施工で問題があったという意味でしょうか？

施工なのか製品そのものなのか設計なのかは分かりません。ジョイントをつくる人でも、昔であれば「これは危ないんじゃないか」と思ったら施工者に言い、施工者は設計者に言う、というフィードバックがあったでしょうね。でも、今は解析のブラックボックスがあり、そこで解けているのだからいいんだろう、となる。

そこが危ないと思っているんです。ブラックボックスの穴を埋めることこそ、施工者や構造家、あるいは総括責任者である建築家が、自分の経験値に照ら

INTERVIEW 3

2003年8月26日午後8時20分、新潟市・万代島の朱鷺メッセ(新潟コンベンションセンター)と佐渡汽船ターミナルをつなぐ連絡デッキが崩落した。8月27日の実況見分の様子［写真：読売新聞／アフロ］

| プロローグ 平成前夜 | **PART 1 災害・事件・社会** | PART 2 建築デザイン | エピローグ 建築の未来のために |

構造は解けても、物質レベルでフォローできていなかったのか。

1999–2008

INTERVIEW 3

し合わせて指摘しなくてはいけない。それができていたら、事故は避けられたかもしれません。構造計算書偽造事件も同じですよね。

そして今ではその危険性がより増しています。明日はわが身にも起こり得ることです。だから、われわれはすごく怖い時代を生きていると思っています。私の事務所でやっている仕事で、そうしたフィードバックやブラックボックスの埋め合わせとなるチェックが十分にできているかと問われれば、自信はありません。可能な限りやっているつもりですが、心配は残ります。

問題となる事件や事故というのは、特異な例が偶然顔を出したにすぎず、実は水面下で今も起こっている話なのかもしれない、と思う方が正解なのかもしれません。

―― プロセスの一部がブラックボックス化し、設計者やメーカー、施工者の責任範囲に隙間が生じている。そして、それが拡大しているということですか。

はい。要するに、コンピューターでできる範囲が広がり、今度はAI（人工知能）のような最新技術が登場すればするほど、さらに経験的な知識のフィードバックは

朱鷺メッセ連絡橋落下事故を伝える日経アーキテクチュア2003年11月10日号の記事

> 現場の声のフィードバックがさらに重要になる。

できにくくなっていくのではないでしょうか。指摘しようにも、これで解は出たのだから、と言われたらそれ以上議論できない。そこが問題なわけです。

プロセスがどれほど合理化されても、セメントは山から持ってきた石灰を焼いてつくる。鉄筋も鉄鉱石からつくり、そこに人の手が関わります。初めから抽象的な材料などありません。どのように時代が進んでも、物質と製品に関するところには必ず人がいるわけです。その現場からの声をいかにフィードバックできるかが、さらに重要になってくるのではないでしょうか。

──例えば、コンピューターの技術が進み過ぎて、そもそもそれを人が扱い切れなくなる可能性もありませんか。

2つの未来が考えられますよね。1つは、「コンピューター化した時代なのだから、見えないリスクを回避するために、もう建物は変なことをせずに全て箱形の四角い形状で効率的につくろう」という発想。ブラックボックスを全面的に受け入れ、それができる範囲の思考しかしない、というやり方です。技術的な問題は避けられるけれども、そうなったら建築家としての創造性も消滅するんでしょうね。

これは敗北の構図です。建築に何の未来も希望も託さない、極端に活性度の低い世の中の出現です。それは建築という文化の衰退といえるかもしれません。皮肉ですが、現在の超高層ビルがそれに近いかもしれない。今後は一般の建物もそうなる可能性があります。ブラックボックスがあることをあえて問わず、それを前提として、できるだけ安全性を確保するために建物の在り方を変えるわけです。

コンピューターを徹底活用する未来も

──もう1つの未来は。

よりイノベーティブにコンピューターを活用する発想です。情報化というのはオープンエンドなので、いわゆる設計行為、その手前の発注行為も関係するかもしれませんが、そこから現場までの全プロセスが一気通貫でオープンになる可能

1999−2008

INTERVIEW 3

建築はコンピューターを"強力な武器"にできるか。

性があります。

　今は、全てのプロセスは分かりません。私は設計者ですが、設計して、施工会社があって、現場所長がいて、メーカーの担当者がいて、とか、身の回りの人々のことは分かります。けれども、その果てに何十段階と、現場や製造などの人々まで工程が連なっていくところまではとても把握できません。設計から施工まで、さらには部品製造まで、情報化してデータを共有するだけで、1つの建築をつくり上げるまでの膨大な人の手が連なるさまが分かるようになる可能性があります。

　人が思考停止すれば、情報化というのは"危険なブラックボックス"を生み出す進化なのかもしれない。反対に、創造的に挑戦すれば、旧来の敷居を下げる"強力な武器"になる可能性もある。情報化をどちらで捉えるか、2つの選択肢があるのでしょうね。

―― 発展的な方向へ進んでほしいと願います。確かに、生産効率をさらに向上させるために、コンピューター化に期待をかける考え方が近年増してきているように思います。

ブラックボックスを生み出すプログラマーに詳しい人たちでも、コンピューターの根っこにあるものは実は分かっていないんじゃないかな、と思うことがあります。コンピューターを扱い慣れた人でも、OSの仕組みについてどこまで理解しているのでしょうね。

　それがブラックボックスの危うさです。平成時代には、朱鷺メッセや構造計算書偽造事件などがありましたが、まだもう一度何か大きな事件が起こる可能性はあると思います。でも、それを回避するためには、コンピューターを道具として考え、それ以上に自分自身がクリエーティブであろうとすることが重要です。

建築メディア

—— 平成前期の建築メディアについて伺います。『SD』『建築文化』など、昭和時代には建築界の中心にあった雑誌が休刊を迎えました。一方で、『カーサブルータス』が98年に『ブルータス』の増刊として始まり、2000年に月刊化しました。こうした移り変わりは、建築界にどんな影響をもたらしましたか。

大きな転換点が来ているんだろうな、というのは肌で感じます。『SD』は平良敬一さんが1965年に鹿島出版会で立ち上げた都市とデザインを扱うメディアでした。『都市住宅』は植田実さんがバナキュラーな視点を若者に提示しました。彰国社の『建築文化』は、保守本流の『新建築』に対してやや野党的であり、観念的な切り口で存在感を放っていました。

『新建築』以外は消えていきました。時代の流れなのでしょうね。読者が少なくなれば、雑誌は消えていくんでしょう。もちろん各媒体の事情があると思いますが、建築という文化の厚みが薄くなった印象を受けますね。

そのなかで『日経アーキテクチュア』はいわゆる建築メディアの違う部分の役割をずっと果たしてきたように思います。今や、自民党のように、気付けば野党がいなくなったようなものかな。それも問題かもしれない（笑）。

「カーサ」はインターネットメディアの助走

—— 『カーサブルータス』はどうご覧になっていますか。

『カーサブルータス』の立ち位置は、また建築雑誌とは全然違いますね。前衛的な建築家のつくるものが大衆化していく時代をつくったといえるかもしれません。大きな胃袋ですね。建築が『カーサブルータス』という胃袋に入り、KIOSKで売られ、瞬く間に大衆化していく。

それまではとっつきにくいと思われていた建築家たち、例えば安藤忠雄さんも、意外と面白い人じゃないか、とか。建築以外の人たちは、あまりそういうことは分

INTERVIEW 3

からなかったわけですから。何か今は、ぐにゃぐにゃした曲線だらけの建物が世界の潮流なのかなとか。一般の人がそうした状況を知るのも、まるでおとぎの国の世界を見るようで、それはそれでありかなと思いました。

　そしてなんとなく思うのは、『カーサブルータス』は、インターネットメディアの助走をやっていたのかな、ということです。今、インターネットで見る建築の世界って、かつて『カーサブルータス』が取り上げていたような、見た目がかっこいいとか、分かりやすいとか、面白いとか、そういう話が多いですよね。眉間にしわを寄せて考えたりせずに、楽しむもの。

—— インターネット時代を迎えた大衆の感覚と、雑誌が合致したのですね。

初めの頃の『カーサブルータス』は非常に面白かったですよ。いわゆる不良の雑誌なんですよ。文化的不良。金色のバスルームとかも紹介されていた気がします。建築家だったら絶対やりませんよね。でも、「うわっ」「すげえ」と声が漏れてしまうような、そういうやんちゃなところが刺激的で面白かった。なにせもともとは『ブルータス』なのだから。それからすると、今はずいぶんおとなしくなった。不良も大人になったということなのかな（笑）。

新たな建築メディアの台頭について分析した日経アーキテクチュア2003年2月17日号の特集「『デザイナーズ』症候群」

休刊や創刊はそれぞれ違う図式なのかもしれないけれど、総じてインターネットメディア前夜のように見えなくはないですね。

思考訓練の場がなくなった

―― では、かつてあった観念的な建築の議論というのは、どこへ場を移していったのでしょうか。

引き受け手がありませんよね。今は建築家たちは、自ら都市の話をすることがすごく苦手だとか、建築の概念的な話をしたくない、とか言っていて、そういう会話自体が遠のいた気がします。

だから3.11の東日本大震災のようなことが起こると、どうしていいか分からないので見当違いなことばかり言ってしまう。若い頃から『SD』や『建築文化』のようなメディアで思考訓練していれば、もっと違っていたのかもしれない。

とはいえ、雑誌にも役割と寿命がありますからね。時代が変わり、天寿を全うしたと言えなくもないのです。でも、雑誌が少なくなったことで、思考回路の選択肢も少なくなったのかもしれません。そのあたり、『日経アーキテクチュア』は補完できるのかな。

―― すみ分けは必要ですけれども、補完していきたいですね。私たちもウェブの開発を進めていて、議論の場はつくりたいと前から感じていました。なかなか実現することは難しいですが。

ここから先に、そういったプラットフォームは出てきそうですけれどもね。どこのメディアなのか、複数のメディアがプレーヤーとして参加するのか分からないけれど、どこかには必要ですよね。

結局、構造計算書偽造事件も、朱鷺メッセも、情報化も、雑誌媒体の話も、私からすると、全て次の時代を控えた前哨戦を戦っているように見えます。その根底にあるのがコンピューターの進化。それを裏地として、表面にある出来事を一つひとつ読み解いていくと、この30年が分かりやすくなると思います。

> 大災害が起こると、どう発言していいか分からない。

1999―2008

INTERVIEW 4
2009—2019

内藤廣氏インタビュー──4

社会との距離が招いた建築の挫折

平成後期、建築界は2度の大きな挫折を味わうことになる。
1つは、2011年3月に発生した東日本大震災だ。
建築界はこの大災害の復興にほとんど関わることができなかった。
もう1つは、2015年7月の新国立競技場当初案の白紙撤回。
世界にアピールしたザハ・ハディド氏の提案を実現できなかった。
いずれにも深く関わった内藤氏が、今だから話せる内情を語る。

東日本大震災

── 2011年3月11日に東日本大震災が起こりました。その頃の内藤さんはどのような状況でしたか。

事務所の仕事はあまり多くなかったけれど、その頃、私自身はとても忙しかったです。2007年度から2009年度まではグッドデザイン賞の審査委員長をやっていて、この国のデザイン全般を指揮する立場でした。その後、2010年からは東京大学でキャンパス計画担当の副学長になって、野方図になっていたキャンパスの立て直しと制度の改革を進めていました。

── 2011年3月11日に地震が発生したそのときには、何をされていましたか。

その月で退官でしたので、その日の午後3時から最終講義の予定でした。慣例で最終講義は安田講堂でやることが多いのですが、私は無理を言って慣れ親しんだ工学部1号館でやることにしていました。

地震発生が午後2時46分。研究室で待機していた私を、学生が呼びにきたときに、地震が発生しました。これは尋常ではないと感じましたが、その場では事態がよく分かりませんでした。

会場にたくさんの聴衆が集まってきているところでした。研究室の後任になる中井祐教授と相談して、講義を中止することにしました。せっかく集まっていただいたのに、よく分からないまま帰ってもらう、というのはすごく勇気がいりました。中庭の大イチョウの周りに集まってもらって、「日を改めることにするので、と

にかく今日は帰ってください」と皆さんに申し上げました。

　もし、予定通り講義をしていたら一生後悔したでしょうね。中止して本当に良かった。その後は学生と一緒に研究室のテレビにかじりついて被害状況の報道を見ていました。

肯定も否定もしにくい「みんなの家」

—— どのような形で復興に関わるようになったのですか。

地震発生の数日後に大学で建築、都市、土木分野の教授、准教授、講師で集まって議論しました。私が個人的に声を掛けたのですが、ほとんど全員が集まってくれたんです。意外に思うかもしれないけれど、東大でこんなことは前代未聞です。

　それぞれの先生は専門分野の学会などを抱えているから、そこから上がってくる情報を共有しよう、ということになり、クローズドのウェブサイトを立ち上げて、そこに情報を集めることにしました。私は残り3週間の任期なので、いわば遺言のようなかたちでこの集まりを残しました。私の後のとりまとめは野城智也先生にお願いしました。

　この流れで、法学部の先生も加わって野城さんを中心に復興に関する東大の試案をつくって内閣府に提案しましたが、全く無視されました。この活動は、「復興デザイン研究体」という分野横断的な研究体として、まだ残っています。

　数日後、それを受けた隈研吾さん（2009年より東京大学教授）から、建築家も何かやらないと、と電話があって、伊東豊雄さん、山本理顕さん、妹島和世さんに声を掛けて集まったのが「帰心の会」。しばらくして、伊東さんが「みんなの家」をやりたい、と言って、5人でスケッチを持ち寄るところから始まりました。そこから先、伊東さんは実に大変だったと思います。お金集めからですからね。

—— 内藤さんは「みんなの家」を建てていませんね。

最終講義のその日に地震が発生した。

INTERVIEW 4

東日本大震災から約20日後の宮城県女川町市街地。低地の木造住宅はほぼ壊滅、RC造のビルでも横転したものが複数あった。東日本大震災は交通網の被害も大きかったため、震災から20日たってもこうした特徴的な被害がほとんど報道されていなかった〔写真:日経アーキテクチュア、2011年4月1日撮影〕

| プロローグ 平成前夜 | PART 1 災害・事件・社会 | PART 2 建築デザイン | エピローグ 建築の未来のために

もし予定通り講義をしていたら、一生後悔した。

2009—2019

INTERVIEW 4

建築家としての作家性は人を救えるのか。

私は津波防災の委員会に入るなどして、「みんなの家」とは違うリアルさに向き合っていたこともあって、結局、参加できませんでした。

この「みんなの家」プロジェクトは、なかなか肯定も否定もしにくい対象です。全くの善意から始まったプロジェクトですから。

福島を除いて復興が全て終わる数年後に、建築界として東日本大震災への関わり方についてちゃんと議論した方がいいと思っています。そのなかで、「みんなの家」の評価もやるべきでしょう。作家性というものがどうなのか、と問われています。つまり、建築家としての作家性は人を救えるのか、と。

—— 内藤さん自身はどう見ているのですか。

何かつくることで、あるいは建築家のなかのクリエーティビティーが、何がしか人を救うことができていれば、それでいいと思います。確かにそういう局面もあります。何かちょっと面白いことを若手の建築家がやって、その地元の人の気が紛れるということもあったかもしれない。そうやって人の心を救えている部分もあったでしょう。

だけど、批判されない対象として宙に浮いているような感じもあります。岩手県陸前高田市の「みんなの家」（伊東豊雄氏、乾久美子氏、藤本壮介氏、平田晃久氏の共同設計で2012年に完成。かさ上げ工事に伴い2016年に解体）は大きな賞をもらったので、国内だけでなく外国人もたくさん見に来ました。でも、「みんなの家」の前に"建築家の"と付くんですよね。地元の人はほとんど利用していませんでした。

—— メディア先行であると。

それが駄目かというと、必ずしもそうとは言い切れない。私は当時、人が来ないよりは来た方がましだと思っていました。方法なんかどうでもいい、とにかく何が何でも被災地に人に来てもらって、あの場に足を運んでもらう、ということはありだと思っていたんです。その意味では成功です。

そこである種のねじれが発生しているのを、どこかで整理してみた方がいいと思っています。建築家の作家性と社会の向き合い方の本質が、そこにはあるような気がしています。

震災から2年後に撮影した仙台市宮城野区の「みんなの家」。伊東豊雄、桂英昭、末廣香織、曽我部昌史の各氏の設計により、2011年10月に完成。平凡な木造平屋だが、気軽に住民が立ち寄れる場になっていた[写真:松浦隆幸]

陸前高田「みんなの家」(2012年)。伊東豊雄氏、乾久美子氏、藤本壮介氏、平田晃久氏の共同設計。津波で立ち枯れしたスギを使った[写真:日経アーキテクチュア]

大震災でも変わらない建築界

── 東日本大震災を受けて、建築界は変わったと思いますか。

変わっていません。変わらなければいけないと思いましたけどね。

　本当は、復興のスタートから建築家も一緒になって考えなければいけないはずだったんだけど、行政側から排除されてしまいました。街をどういうふうにつ

INTERVIEW 4

震災復興の敗北感はまだ建築界に影を落としている。

くるのかとか、本当はあの街で良かったのかとか、街をつくり変えるとしたらどうしたらいいのか、というところに、ほとんど関与できなかったでしょう。

だから、排除された中でやれることをやったという感じが強い。東日本大震災を契機に、建築あるいは建築家は、逆に社会から遠ざけられた感じがします。さらには建築と都市と土木の断絶も深まったという感じがあります。残念です。

―― 社会と建築界の断絶ですか。

そう。建築としては、山のようにいろいろな提案をしたんだけど、ほとんど聞いてもらえなかったという挫折感があると思います。

例えば、小学校の設計なら、そこで勉強する子どもたちには何が必要なのか、その地域の未来はどうあるべきか、とか。もともと人口減少の圧力が強いのだから、そういうことが咀嚼（そしゃく）されたうえで、街づくりや建築というものの姿があるべきだと思ったけれど、ほとんどそんな議論は抜きで復興が進んでしまった。

全てにおいてそんな感じでした。街づくりも施設計画も、全て。断絶された感じが強いですね。その敗北感はまだ建築界に影を落としていると思います。

―― 排除された原因はどこにあるのでしょうか。

一般的に言うと、行政側にとって建築というのは「業者」なんですよね。そもそもそこが問題だと思います。日常的には、発注者側と受注者側の上下関係には、大きな身分差のようなものがあります。そこで業者が、何か大変なことが起こったときにいきなり出てきても、行政側も対応の仕方が分かりません。

建築家がボランタリーで絵を描いて、あるべき姿を提案しても、それは営業行為としてしか見られないんです。たくさんの建築家が被災地に行って山のように絵を描いたけれど、ほとんど見てもらえなかったというのが実態だと思います。

大事なのは平時につくり上げる信頼関係。行政と建築家の間に、非常に濃密な信頼関係みたいなものがあれば、そうはならなかったかもしれないという気がしています。常日ごろ、行政が街づくりを考えるうえで、どうしても建築家という存在が必要だとか、いわゆるなりわいを超えて不可欠な人間関係や人材があれば、何かあったときにまずその人に相談するでしょう。でも、そうなりませんでした。

―― 建築界の取り組みで印象に残っているものはありませんか。

復興に関して建築で強く印象に残っているのは、岩手県の遠野市で東大の大月敏雄さんが指導してつくった仮設住宅(希望の郷「絆」)ですね。あれはもっと注目されてもいいし、今後に役立てるべき事例です。初期の段階で、内陸の遠野は後方支援基地みたいになっていて、そこで大月さんは地元と一緒になって、積層材でできた無垢のパネルで仮設をつくった。立派なものです。向かい合わせの小さなアーケードのような配置がされていて、その空間もいい。山本理顕さんと一緒に見たんだけど、山本さんも感心していた。

遠野の仮設は、確か建設費も国の仮設の半分以下だったと思う。どの被災自治体にもある、国から言われて仕方なくバタバタと部材調達してつくったものとは大違い。つまり、超短期でマスで動かす大量調達は、合理的なようで無駄が多いということ。半年以内に7万棟を調達しろ、なんていきなり言われても、プレハブメーカーとしても迷惑な話だったでしょう。本当は、常日ごろから考えていれば、地元調達でもっと安くてましなものがつくれたはずです。

あと、女川の商店街(シーパルピア女川)はよくできていますね。小野寺康さんと南雲勝志さんがデザインした街路と、東利恵さんが設計した両脇の店がうまくマッチして、復興の熱が冷めても残っていく気がします。休日はとてもにぎわっている。被災直後を見ているだけに、あの風景に少し救われました。

「シーパルピア女川」。2015年12月23日、JR女川駅前に開業したテナント型の商店街。設計は東環境・建築研究所[写真:吉田誠]

INTERVIEW 4

次の復興に向けて

震災後の委員会のなかで一番シリアスだった津波防災の委員会。

—— 内藤さんが委員になった津波の委員会はどのようなものだったのですか。

2011年4月に発足した「岩手県津波防災技術専門委員会」の委員になりました。これが震災後にできた委員会のなかで、一番シリアスな委員会だったと思います。それぞれ津波、都市計画、交通計画などを専門とする委員が議論をするのですが、それを県の職員の部長以下100人くらいが聞いていました。

国土交通省や農林水産省から出てくる山のようなシミュレーションデータを見ながら、防潮堤の高さを何メートルにするか、それでもレベル2の津波が来たときには防ぎ切れないという前提をどう考えるか……。そういった人の生き死にを左右することを委員会で決めなければなりませんでした。

—— 被災した市町村とも直接関わったのですか。

深く関わったのは、岩手県の野田村、陸前高田市、大槌町、といったところです。野田村は村長とも個人的に親しくなり、今も付き合いは続いています。地味ですが、比較的アドバイスも聞いてくれて、うまくいったと思っています。復興も格段に早かった。

面白い話があります。あるとき、岩手県が、自治体の首長を集めるから、レクチャーをしてくれというので、私が話すことになったんです。その日にハプニングが起きて、たまたま新幹線が郡山辺りで3時間近く止まってしまった。でもしょうがない、ともかく行こうと数時間遅れで会場に向かいました。

会場に着いたら出席者のほとんどが残っていて、「内藤さんが遅れてちょうど良かった」と言うんです。首長が全員で集まったのは、その日が初めてだったそうです。「これまで情報交換がほとんどできなかったので、今日はちょうどいい時間になった」と言われてほっとしました。それほど情報が分断されていたんですね。

その後、復興に関して1時間ぐらいレクチャーしたでしょうか。そこで大体の人と知り合いになって、信頼関係が生まれました。そういう感じで関わってきました。

―― 内藤さんは復興に関する委員会で、建築的な視点からの意見を求められていたのでしょうか。

私は建築だけでなく、都市と土木もある程度は分かります。私が東大でやろうとしたのは、建築と都市と土木をつなげることでした。その3つの分野が分かる人間はなかなかいません。建築というよりその立場で委員に選ばれたと思います。

ただ、委員会を見渡すと、傍聴している県の部局も含めて建築職の人はほとんどいませんでした。建築家は私だけなんです。震災関係で16の委員会などの委員を務めましたが、呼ばれているのは建築以外の人ばかり。私が委員長になったときは、できるだけ建築家に入ってもらうようにしました。もっと建築関係の人たちが意思決定に関わっていたら、違った結果になったと思います。

岩手県陸前高田市の巨大防潮堤の建設風景。2016年撮影。高田地区海岸では長さ1768mの第一防潮堤と長さ1872mの第二防潮堤の工事が進んでいた[写真:大村拓也]

2009―2019

INTERVIEW 4

まずは復興の法律を理解すること

—— 建築界が意思決定に関わるにはどうしたらよいのでしょうか。

それはよく聞かれます。1つは建築家というものをどう考えるかということです。建築のデザインをやって、雑誌に載ったらうれしい、というのが建築家なのか。それとも、人々の生活のそばにいて、人々の悩みとか日々の暮らしをよく知っていて、なおかつそれが地方であれば、その地域のことを誰よりも知っていて、という人なのか。どちらに見られたいのか、というのはあるかもしれません。それによって関わり方は変わってきます。

それから、「建築家のそういう面が理解してもらえない」と嘆いていても仕方がない、ということをよく言っています。人間関係でもそうだけど、自分のことを理解してもらうためには、相手のことを理解する努力から始めるべきでしょう。建築家はそこから始めるべきです。

—— どうやって相手のことを理解すればよいのでしょうか。

勉強することです。建築で、都市とか土木のことについて知っている人がどれだけいるのか。現行の行政システムについて知っている人がどれだけいるのか。もっと言うと、土地区画整理法を読んだことがある建築家がどれくらいいるのか、といつも感じています。知らないで文句ばかり言っても意味がない。それでは子どもと同じです。

防災集団移転促進特別措置法（防災のための集団移転促進事業に係る国の財政上の特別措置等に関する法律）もそう。あんなことやってしまってと批判する建築家は、防災集団移転促進特別措置法を読んだことがあるのか。まるで勉強しないで批判しているだけではないのか。

まず法律を理解して、その中に潜んでいるいろいろな問題点を理解して、それでどうしようかと考える。私はそれらの法がいいとは思っていませんが、それぞれ必然性があるので、まず理解しないといけません。

―― 内藤さんはもともとそうした法律に詳しかったのですか。

いや、全く無知でした。復興に関わるに当たって、すごく勉強しました。もちろん土地区画整理法も勉強したし、防災集団移転促進特別措置法も勉強しました。それだけでは分からないので土地法を読んで、権利の問題が分からないと民法を読んで、民法を読んで分からないと憲法を読んで……。私の机の横には、六法全書と国土交通六法を置いています。1年間、法律の条文ばかり読んでいた年もあります。

―― 復興の仕組みを理解するために、憲法まで読む必要があったのですか。

特に権利の問題は深いので、最初の1–2年は、なぜそうなのかが分からないことがあったんです。行政側の関係者はみんな必死でやっているのに、なぜこんなにうまくいかないんだろうと思ったのがきっかけです。役人は法律を越えて権限を行使できません。それが、法律を読むとだんだん分かってきます。

　防潮堤の委員会もそうだけど、「安全だ」と言わなければならないのです。そう言わないと法律的手順のスイッチが入っていかない。スイッチは3段階ぐらいになっていて、最初のスイッチ、要するに車でいうエンジンのスターターですが、そのスターターを起動させるには「安全だ」と言わなければならない。

　では、どうして「安全だ」と言わないといけないのかとたどっていくと、日本国憲法に「国民の生命、財産を守る」と書いてある。だから、安全かどうか分からない土地は土地法で言うところの「土地」ではない。従ってその権利調整をする土地区画整理法も使えません。当然、その上に乗っかる建築基準法も使えないのです。

> 机の横には六法全書と国土交通六法を置いている。

「公共の福祉」を議論しなかったツケ

―― 復興計画を進めるうえで、権利の問題が大きかったのですね。

憲法や民法に、「私の権利」は最大限尊重されなければいけない、と書いてあるけれど、ただし書きに「公共の福祉に反しない限り」とあります。「公共の福

INTERVIEW 4

権利を主張した揚げ句、望まない街が出来上がる。

祉」という言葉は、土地区画整理法にも、都市計画法にも、土地法の中にも初めのところに出てきます。全ての原則なのです。

ところが、「私の権利」と「公共の福祉」について全く議論しないで60年間やってきてしまった。そのまま進めてしまったのが三陸の復興です。私の権利というのは言いやすいけれど、公共の福祉というのは言いにくい。つまり、政治家が選挙に勝つためには、「『私の権利』は皆が持っています、皆さんのいいようにします」というふうに言わないと勝てないんですよね。ある種の不自由を強いる公共の福祉を掲げては選挙には勝てない。

「私の権利」を制限する「公共の福祉」について全く言わないでやってきた。そこで起こったのが3.11です。急には無理です。ましてや、たくさんの方が亡くなられた非常時ですから。

まず「私の権利」が大問題になる。自分の土地がどうなるのか、というのが最大の関心事になる。当然のことです。その権利関係を処理するのにみんな必死になって2年から3年がたち、ようやく整理がついたら、今度は高台移転と土地区画整理という話になる。そういうドタバタのなかで、ああいう街ができてしまうわけです。みんなが自分の権利を主張した揚げ句、みんなが望んでいない

宮城県気仙沼市舞根2地区の高台移転の造成工事の様子。2014年撮影。切り土を区域内や付近の県道工事の盛り土に使うことで、残土搬出を抑制していた［写真：日経アーキテクチュア］

街が出来上がる。これは大いなる矛盾ですね。だから、本当は南海トラフ地震のような大災害に備えて、その辺の整理をしておかなければならないはずです。

—— どのような解決方法があり得るでしょうか。

私が考えたのは、3年くらいの時限立法です。いわゆる私権をいったん停止してはどうかと考えました。あるシンポジウムで東大法学部の憲法学者の石川健治教授に話したことがあります。気鋭の論客です。

でも、石川さんがその会の後で、「内藤さんの言っていることは分かるけれど、それはできない」と話してくれました。1922年、イタリアで当時の自由主義政府がファシストを抑えるために戒厳令を使おうとして、逆にムッソリーニの台頭を許した歴史がある。ドイツではヒトラーが緊急事態条項で私権を制限し、独裁の道を開いた歴史がある。憲法にある私権の尊重は、歴史のどこかで不届き者が出てきたときに、その不届き者に対する歯止めとして存在するもの。そこは譲れない、と説明を受けました。

私の考えた私権の停止では単純過ぎます。そういうやり方ではなく、みんなでそのときにどうするかをあらかじめ考えておかないといけません。災害の発生など非常時の個人の権利の在り方をちゃんと議論しておく必要がある。これは平成でやり残したことの1つです。

東日本大震災で一番強く感じたのは、大きい災害が起こったときに個人と国家がいきなり対面するということです。何もないときには、国家があって、県みたいな中間自治体があって、市町村の基礎自治体があって、町内会があって、その末端に個人があります。そういうものが順番にカスケード(階段状に連続する滝)のように意思決定をしているのです。大災害のときには、この真ん中がほとんどゴソッと取られて、いきなり国家と個人という関係になるのです。

—— 国家と対面と言われても実感が湧きませんね。

いきなりあなた個人が国家と対面するというのは恐ろしいことですよ。でも、よく考えてみると、近代国家というのは個人と国との契約なのです。個人と自治体とかではない。個人と国とが法を介して契約をする、それが近代国家です。普段はそれが見えにくいだけ。いや、意図的に見えにくくされている、と言って

INTERVIEW

もいいかもしれない。

　近代国家のベースをつくったのがルソーの『社会契約論』です。1755年にポルトガルで発生したリスボン地震によって火災と大津波が発生しました。火災と津波による死者は5万−6万人にのぼり、都市はひどい状況になりました。そこでヴォルテールが、こんなひどいことを神が許すはずがないと、いろいろ思考を巡らせ、それを受けてルソーが「個人と国家」という考え方をつくり出した。

　「一般意志」という考え方と「社会契約」という考え方ですね。このリスボン地震は、ヨーロッパのフランス革命に至る補助線としてあるんですよ。リスボン地震は、ヨーロッパにとってよほど大きな衝撃だったらしく、カントも書いています。当時の思想界にとって大問題だったのですね。

── 東日本大震災では、あれほどの死者が出ても思想の部分は変わらなかったと。
そうですね。東日本大震災の後は無風でした。いわゆる社会構造とかそういう思想的な枠組みをつくっている人たちの大問題になるのかと思ったら、ほとんど問題になりませんでした。それまではゼロ年代とかいう人たちが活発に活動していたけれど、彼らの主義主張がほとんど力を失ったのも3.11以降だと私は思います。

　ゼロ年代の旗手といわれる東浩紀が結局何を持ち出したかというと、ルソーの『社会契約論』ですよ。ルソーが200年以上前に唱えた一般意志みたいなものが、今は情報通信技術の発展で合意形成しやすくなっているのではないか、と。つまりSNSのことですが、全然そうはならなかったと思います。

南海トラフ地震までにパラダイムシフトを

── 復興に時間がかかる一因は法律でしょうか。
分かりやすい話をしましょう。ある被災地でワーキングに参加したとき、漁師の人がやって来て、「内藤さん、俺の家があの辺りにあるんだけど」と、がれきの山になっている辺りを指差して、「あそこに俺が家を建てたいと言ったら、建て

られるのかな」と聞かれました。隣にいたその自治体の住宅課長に、彼が家を建てて争ったら国が負けるよね、と尋ねたら、彼も、たぶん国が負ける、と答えました。個人の権利は強い。建てようと思えば建てられたんです。

—— 実際にがれきの中に建てた人はほとんどいないですね。

いなかった。やろうと思えばできたはずです。それで、もし国がけしからんと言っても国は負けるんですよ。それは憲法でいう生存権の方が強いからです。一方で、建築基準法の建築制限区域を指定したら建てられないのに、どこも使わなかった。それは解除規定が分からないから。解除するには安全だと言い切らなければいけないけれど、誰も言い切れない。だから怖くて使えなかったんです。

　心配しているのは、南海トラフ地震が15倍ぐらいの被害規模、ひょっとしたら20倍ぐらいの被害規模で起こったときに、同じことをやるのかということです。3.11ではすでに25兆円以上投入したそうですが、単純計算で言えば375兆円以上必要なことになります。この国の1年の国家予算が300兆円ですから、あり得ない話ですよね。試算の被害総額は1000兆円を超えるという人もいます。

　人の生き死にまで含めた新しい社会の合意形成の仕方や、パラダイムを生み出さざるを得ない時代がくるでしょう。そのときに、人の暮らしのすぐそばにいる建築家が信頼される存在になっていることがとても大事です。今から始めて間に合うのかどうかは分からないですが、間に合ってほしいと思います。

—— 今はその動きはないでしょうか。

建築メディア次第かもしれません。建築家が信頼される存在になるにはメディアの影響が大きいと思います。今、建築界に足りないものは何か。どこを修正し、コアコンテンツとして変えずに持っていなければいけないものは何か。そうしたことを真剣に考えていくことが必要です。

　例えば、防災への構えを日常の暮らしの中にどう生かしていくか、ということは建築家のテリトリーのはずですが、あまり手が付けられていませんね。それはこれからの課題です。

　この間、熊本の益城町（ましき）で講演をしたとき、熊本大学の総長もいらしたので、

新しい合意形成のパラダイムを生み出さざるを得ない時代に。

2009—2019

INTERVIEW 4

南海トラフ地震で経済損失1240兆円、土木学会が試算

土木学会は、南海トラフ地震が発生した後の経済損失が20年間の累計で少なくとも1240兆円に及ぶとの試算を明らかにした。建物やインフラの直接的な被害額を算出した従来の推計と異なり、災害の影響で生産や所得などが減少する間接的な経済損失を中長期にわたる視点で推計した。防災・減災対策の経済効果も示し、政府などが提唱する「国土強靱化」の早期実現を求めている。2018年6月7日に報告書を公表した。

そもそも南海トラフ地震とは何か——。政府地震調査研究推進本部のウェブサイトではこう説明している。

「南海トラフは、日本列島が位置する大陸のプレートの下に、海洋プレートのフィリピン海プレートが南側から年間数センチメートル割合で沈み込んでいる場所です。この沈み込みに伴い、2つのプレートの境界にはひずみが蓄積されています。過去1400年間を見ると、南海トラフでは約100〜200年の間隔で蓄積されたひずみを解放する大地震が発生しており、近年では、昭和東南海地震（1944年）、昭和南海地震（1946年）がこれに当たります。昭和東南海地震及び昭和南海地震が起きてから70年近くが経過しており、南海トラフにおける次の大地震発生の可能性が高まってきています。

—

中略

—

将来の地震発生の可能性
・地震の規模：マグニチュード8〜9クラス
・地震発生確率：30年以内に70%〜80%
・平均発生間隔：88.2年
・地震後経過率（地震発生時期から評価時点までの経過時間を、平均活動間隔で割った値）：0.82」

内閣府は直接的な被害170兆円と試算

土木学会の試算は、巨大地震と津波、大規模な高潮・洪水を対象に、一定期間の経済損失や税収の減少額を計算したもの。地震と津波の被害推計では阪神大震災のデータを基に20年間、高潮と洪水による水害は2015年の鬼怒川の堤防決壊を基に14カ月間としてそれぞれ最低限度の被害額を求めた。

南海トラフ地震の場合、道路網の寸断や生産施設の損壊などで1048兆円、港湾の機能不全などで192兆円の経済損失が生じる。

内閣府は地震や津波による建物損壊など直接的な被害を170兆円と試算しており、両者を合わせると、南海トラフ地震の被害総額は1410兆円に上る。

（日経コンストラクション2018年7月9日号の記事に日経アーキテクチュアが加筆）

南海トラフの位置と想定震源域

防災と街づくりと文化と歴史が一緒になった「地域学」みたいなものを学部としてつくるべきだ、と言いました。災害が起きたらそこがハブになって、建築も都市も土木も加わって復興をリードしていくような学部です。場合によってはそこに医療や経済も入ってくるようだとさらにいいですね。ところが国立大学は予算がどんどん削られている状況です。地方の国立大学も厳しい状況にあります。各学部もやせ細ってしまって、そんな体力はありません。本当はそういう部分にお金をかけるべきだけど、そうなっていないのが残念です。

―― 変わるのは難しそうですね。

変わりませんね。でも次に南海トラフ地震が来たときは30万人くらい亡くなるかもしれない。それでやっと変わるというのは、国の在り方としては情けない限りですよね。そのときは、予算的にはもっと厳しくなっているはずですよ。今、この国の財政が破綻するかどうかの瀬戸際ですから。だからこそ、本当は今のうちに少しでも備えを進めておくべきなんですけどね。

インフラも含めた地域データベースを

例えば、地域情報とか地形情報も含めて、地域のデータが全部バインドされているようなデータベースがあるべきでしょう。それぞれの敷地でボーリングデータの集積があります。それがもし立体的な3次元の地図になっていたら、災害時や防災に役立つことがあるかもしれません。そこに地下水のデータも加えて、地上のデータやインフラ情報も全部バインドした人体解剖図みたいなものをつくる。これはいわゆる情報化のもうちょっと先、近未来だけど、そういうデータベースみたいなものがあると大いに役立つと思います。

　それがあれば、特定の場所の癖が分かるはずです。ここは地震で揺すられやすい場所だとか、ここは流動化しやすいとか、ここはランドスライドしやすいとか。そういうものが全部把握できたうえで、街の計画やそこに建つ建物の計画が見えてくるといいですね。

> 地域のデータを全てバインドしたデータベースが必要。

INTERVIEW 4

敵失で五輪が転がり込んできた。

新国立競技場問題

——平成後期のもう1つ大きな出来事といえば、東京五輪招致です。メインスタジアムの選考会は東日本大震災の発生から1年半後に開かれました。内藤さんが「新国立競技場基本構想国際デザイン競技」の審査委員になった経緯を教えてください。

依頼されたのは東日本大震災が発生した1年後くらいでした。そのころ私は、月に1、2回くらい三陸に行っていたので、関心事の9割以上はやっぱり三陸でした。安藤忠雄さんから電話がかかってきて、頼むわ、と。この時期にこんな金のかかることをやっていいんですかね、と言ったら、やらなあかんもんはやらなあかんのや、と言われて引き受けました。

事務局の日本スポーツ振興センター（JSC）からは、五輪開催地に立候補する際に、メインスタジアムの絵がどうしてもいるのだと言われました。建築ではないんですよ。絵がいるのだという話でした。結局、だんだん建築のコンペみたいな話にシフトしていきました。

——募集要項が大きく変わっていったんですね。

できるだけオープンにしてやった方がいいのではないか、せめて日本建築家協会（JIA）の新人賞受賞者くらいまで枠を広げて、若手も参加できるようなコンペにしたらどうか、という提案をしたのですが、事務局から却下されました。委員会の上にある有識者会議の意向で、インターナショナルでプリツカー賞を取ったような建築家たちのコンペにすると決まっていきました。でもあの時期、大震災の直後だし、福島の原発はまだ危機的な状況にありました。誰も招致合戦で東京が勝つとは思っていませんでした。

そのうちにテロなどでトルコの国内情勢が悪くなり、スペインではマドリードが経済危機に陥って、東京に決まってしまいました。いわば敵失でぼた餅が転がり込んできたようなものです。

五輪招致が決まったときにいったん小休止を入れて、どういうスタジアムにするかという計画を立て直せばよかったはずなのに、そうならなかったんです。そ

新国立競技場のザハ案の模型［写真：日経アーキテクチュア］

2009—2019

のままなだれ込んでしまった。JSCの差配は文科省営繕の出向者です。通常の業務は施設の管理や学校などをやってきた人たちです。いきなり1000億円を超えるナショナルプロジェクトなんて、どうしたらよいか分からなかったでしょう。

　ちなみに、1964年の東京オリンピックのときは、当時の建設省が施設の差配をしたそうです。

安藤委員長の代打でまとめ役に

── その後の内藤さんの関わり方を教えてください。

コンペの審査では、最後までCOX案を支持してザハ案には票を入れませんでした。最優秀案が決まった後、技術的なブレークスルー、コストコントロール、社会的な合意形成、その3つを克服する必要がある、と進言しました。安藤さんと鈴木博之さん(建築史家、1945–2014年)がかなり強く推したうえでの結果で

新国立競技場の国際デザイン競技結果を発表する記者会見の様子。JSCが2012年11月15日に開いた。左から、JSC理事長の河野一郎氏(15年9月末退任)、審査委員長の安藤忠雄氏、有識者会議委員長の佐藤禎一氏。内藤廣氏は審査委員の1人だった[写真:日経アーキテクチュア]

したから、私は審査後にはあまり関与しませんでした。情報も入ってこなかったし。三陸の対応で神経をすり減らしていました。

プロジェクトがもめ始めたとき、ちょっと行き過ぎなんじゃないかと思って文章を書きました（2013年12月に内藤廣建築設計事務所のウェブサイトで公開、次ページ参照）。これも大きな反発を受けたようです。

事態は悪くなる一方で、当時JIAの会長をしていた芦原太郎さんと語らって、建築5団体と審査委員の会談の場を設けました。この会談直後に、安藤さんが、（委員は）もうやらん、と宣言しました。後で知ったのですが、安藤さんはその数週間後、大手術をされたようです。やむを得ないことだったと思います。

—— そうだったのですか。

このままではどうにもならないので、私がプロジェクトをまとめることにしました。

その際、JSCには、非公式な場で動きたい、と宣言をしました。有志のメンバーで、実質的な中身を軌道に乗せることを主眼にしました。審査委員だった岸井隆幸先生と安岡正人先生、アドバイザリーボードの取りまとめをされた和田章先生にお願いして集まってもらいました。少したって、施工をフォローしていた野城智也先生にも加わっていただきました。もちろん、皆さん全くのボランティアです。

設計側のメンバーは、ザハ事務所、日建設計、アラップ、JSC。東京都にも何度かオブザーバー参加してもらった。月1回程度の頻度で集まり、問題を抽出して答えを出す、ということを繰り返していきました。とはいえ、審査が終わった後、1年半くらいはほとんどコンタクトがなく、どうやって設計を進めていたのかも知らないような状態でしたので、現況を把握するところから始めました。

—— その段階でのプロジェクト進捗はどのような状態でしたか。

驚くことばかりでした。大きな問題としては、神宮周辺を全体計画としてどうするかということが全然決まっていなかったことです。2つ目の問題としては、サブトラックの場所が決まっていませんでした。さらに秩父宮ラグビー場や神宮球場、国立競技場、日本青年館の扱いなど。要するに、あまりに不確定なことが多過ぎて、トータルな絵図を描けていない状態だったわけです。

> どうにもならないので私がプロジェクトをまとめることに。

INTERVIEW

建築家諸氏へ

内藤氏が2013年12月9日に、
内藤廣建築設計事務所のウェブサイトで発表した文章の一部。
原文のまま掲載。

2013.12.09
内藤廣

新しく建てられる国立競技場のことを本当はどう思っているんですか。会う人ごとに聞かれます。講演をすれば、しゃべったテーマとは関係がないのに、この件に対する質問を受けます。何通ものメールもいただきました。こちらとしてはいささか食傷気味ですが、建築界としてはここしばらく例がないほどに関心が高まっているのだと思います。社会的な正義を唱える建築家たちの姿は、しばらく見かけなかったことです。これは是とすべきでしょう。

　国立競技場の設計競技については、審査委員の一人である以上、結果に対しての責任は当然のことながら負っているものと思っています。ただし、審査経過とその対応については、明文化されてはいませんが一定の倫理的な守秘義務を負っているはずなので、審査委員長の発言や公式発表を越えた発言は、可能な限り控えたいと思っています。以下に述べることは、現在の全般的な状況に対するわたし個人の見解と危惧です。触れることができる範囲のことと自分の考えを述べ、以後、質問にお答えすることは控えたいと思っています。

　設計競技の手続きに関して、いくつか厳しい指摘がなされていますが、短い時間の中での窮余の策であったことを考えれば、充分とはとても言えないまでも、まあまあだったのではないかと思っています。世論喚起を急ぐあまり、広告代理店による誤解を招くような事前の情報発信があったことは反省点です。設計競技全体の在り方に関しては、類似の案件が生じた場合の対応として、今後に活かす議論とすべきです。今回の事例を土台に、より良いものに改善されていくべき事柄だと思います。不備を指弾する声もありますが、普段からこの仕組みを議論の俎上に上げてこなかった自省の弁から始めるべきです。そうでなければ、設計競技なんていう面倒くさいことはやめておこう、ということになりがちだからです。

　これは景観の議論にも通じることです。景観を公共財とするなんてまるで意識のないところに、赤白の縞々の住宅が出来るというので話題になったことは記憶に新しいところです。普段から問題意識がなければ、議論は後追いになるばかりです。常日頃が大切です。署名運動を繰り広げている建築家たちは、常日頃から神宮の景観を議論し、それほどまでに愛していたのでしょうか。絵画館の建物をそれほど愛していたのでしょうか。絵画館に飾られている絵画を一度でも見たことがあるのでしょうか。

設計競技でもっとも重視されるべきは、審査過程に於ける公平性であることは言うまでもありません。審査委員会に、特定の意志が外部から働くようでは、審査も何もあったものではありません。この点に関して、わたしの知る限り、外部から働きかける特定の意志は、まったくありませんでした。審査過程で意見の相違はあったにせよ、審査結果は、あくまでも審査委員の責任に於いて、委員長によって取りまとめられたものと思っています。

　個性的なザハ・ハディドの案については、建築家諸氏には賛否があるはずですが、あの案の中にある生命力のようなものを高く評価することでまとまりました。最後に決する際、日本を元気づけるような案を選びたい、という委員長のとりまとめの言葉は、委員それぞれに重みのあるものと受け止められたはずです。

　あの時期のことを思い出してください。大震災の記憶が生々しく人々の脳裏に残っている時期でした。三陸の復興は先がまったく見えず、福島の原発は危機的な局面が続く迷走状態でした。多くの人が漠然とした不安を心の内に抱えていたはずです。痛みや悔恨が世の中に満ちていて、未来への希望がなかったのです。オリンピックにしたところで、あの時点で東京が招致に成功するとは、ほとんどの人が思っていなかったはずです。わたし自身も招致の可否については半信半疑でした。

　招致が決まった今だから言えるきれい事もあります。しかし、あの時期を思い起こせば、ザハの案に決定して良かったと今は思っています。これは好みや建築的な主義主張の問題ではありません。あの案がオリンピック招致に果たしたであろう役割も思い出すべきです。あの思い切った形は、東京の本気度や真剣さを示すという大きな役割を果たしたはずです。

—

中略

—

　オリンピックは短期間のイベントなのだから、無駄遣いをしないようにしてやり過ごした方が良い、という意見もあります。たしかにオリンピックは短期間のイベントですが、世界中の人が東京という都市を目にする機会であり、ただでも誤解されやすい日本という国の本当の姿を理解してもらうのには絶好の機会です。64年のオリンピック時には、首都高速が造られ、青山通りが整備され、新幹線が通りました。要するに、あのイベントを通して、次の半世紀に渡る発展の下ごしらえをしたのです。自宅に客を招くことになれば、それなりに掃除をし、住まいを整えるのは当然のことです。それがわが国の生活習慣のマナーでもあります。これを機会に、東京を次の半世紀に向けて強くするのです。新しい国立競技場は奇異な形に見えるかも知れませんが、これを呑み込んでこそ、次のステップが見えてくるのではないかと思っています。

INTERVIEW 4

免震にするか否かの調整がつかなかった。

　青山通り沿いの再開発があの地域全体の再編計画の中に位置付けられていたのですが、それもよく分からない状態でした。そして、本体の新国立競技場の建物に関して一番驚いたのは、免震にするかどうかが決まっていなかった。

—— 構造を決めるのに時間がかかったのですか。

川口衞先生、斎藤公男先生、和田章先生、といった日本の構造界の大立者がアドバイスはしているものの、それぞれ関わり方も立場も異なっていたため、免震にするか否か、決定し切れていなかったのです。仕方ないので、個人的に意見を聞いてみたら、皆さんメリットとデメリットのちょうど境界線にある、と。300mスパンのキールアーチの下にトンネルをつくってワイヤを引っ張らないといけないんですね。ところが、引っ張っているスラスト止めのワイヤ自体も免震にしなければならなくなり、技術的には初挑戦となる。

　一方、免震にしなければ、上部構造もスタンド部分もゴツくなる。そこのところのコストバランスと技術的な問題の調整がついていなかった。一体今までなにをやっていたんだ、と正直思いましたね。このときばかりは思わず声を荒らげました。

報道で知った白紙撤回

—— 開閉システムも決まるまで時間がかかっていましたね。

私はコンペ案の段階から、ザハ案の開閉システムが成り立ってないのではないかと指摘していました。アラップは放射状に開閉幕が出ていくような機構を考えていて、日建設計は折り畳まれるような機構を考えていましたが、これも結論が出ていませんでした。

　しかし、開閉システムが決まらないと構造体が決まらない。そこで慌てて、日建設計とザハ事務所に、ドイツに飛んで構造のアドバイスをしているシュライヒ事務所の意見を聞き、その後、ロンドンのザハ事務所に行き、結論を決めて

帰ってくるように指示をしました。

あらゆることが宙に浮いていたというのが、引き受けたときの印象です。

―― それらを徐々に整理していった。

まとまってきてみると、結構お金がかかるということが分かりました。そこで、まず1000億円台にまで削減するよう指示し、減額案を詰めていきました。ザハ事務所と日建設計は本当によくやったと思います。でも、一生懸命やって少し目標が見えてくると、突如3000億円かかるという情報が流れ、SNSでは言いたい放題、テレビも面白おかしく報道するという状況でした。

それでもさらに減額案を進めていると、最後にはJSCの手からも離れ、官邸と施工予定者の直接交渉で2520億という金額が出てきました。見えないところで誰かが目標金額を決めているような印象がありました。

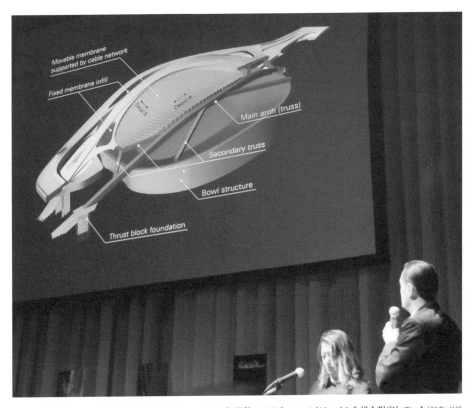

新国立競技場について説明するザハ氏とスタッフ。2019年開催のラグビーワールドカップの会場を想定していた[写真:日経アーキテクチュア]

INTERVIEW 4

　最後には、ザハ事務所の担当が、キールアーチが丸裸になったトラスの案を見せてくれましたが、さすがにそこまでしなくても、と思いました。英国のウェンブリー・スタジアムとほぼ同じですから、それならできるはずですが、ダイナミックなザハ案の良いところは無くなってしまいます。

―― コストの問題が大きく取り沙汰されました。
途中から設計に協力するような形で、上部構造は竹中工務店、下部構造は大成建設がそれぞれの施工者として参加しました（ここで採用したECI方式については100ページで詳述）。事務局はそれで安心して、これでもうコストは大丈夫ですと言っていました。でも、私は甘すぎる、そうはいかないと考えていました。企業には企業の論理があるのですから。コンプライアンスの問題もある。昔のように、赤字覚悟でやります、とは言えない。
　それでもめているうちに、白紙撤回ということになりました（2015年7月17日に安倍晋三首相が白紙撤回を表明）。

―― 白紙撤回の前、進捗状況が分かる情報がなかなか出てきませんでした。
実施設計の最中でしたし、免震にするかしないかを決めている最中です。とても公表できなかったのでしょう。そういったことが決まるまでに半年くらいかかりましたから。その後はコストのバトル。「調整中」という話は表に出せませんからね。いろいろな思惑が複雑に絡み合い過ぎていたので、公にするわけにはいかなかったのだと思います。あれも途中、これも検討中、などと公表しても、火に油を注ぐようなものですから。

―― 白紙撤回についてはどのように知ったのですか。
報道を見て知っただけで、その前に連絡はありませんでした。後日、紙一枚が届いて委員は解任されました。全く無礼千万です。白紙撤回後に自民党本部に呼ばれ、経緯を説明しました。ヒアリングの相手は河野太郎さん（自民党無駄撲滅プロジェクトチーム）でした。ザハ事務所は悪くない、とても一生懸命に対応しました、と説明したら、えっ、そうだったんですか、と驚いていました。全然そんなふうには聞いていませんでした、と。いわゆる反対派の意見というのが分か

りやすいのでしょう。

　何かが無駄だとか、規模が大き過ぎるとか。でも、それは設計者側の問題ではありません。発注者側の問題です。コストのことで大騒ぎしていたけれど、個人的には、現行案のように、開閉装置や座席空調をやめ、博物館施設を縮小し、工期も1年延ばし、といった条件ならば、ザハ案の修正でも実現できたのではないかと思っています。

当選案撤回の衝撃

――新国立競技場の設計白紙撤回について、どう思われましたか。
国会では安保法制がもめていたし、大向こう受けをする材料として政治的に利用されたんでしょうね。

　これはもう全く臆測でしかないんだけど、東日本大震災が起こって被災地がひどいことになっているなかで、日本が五輪開催地に応募していた。そうすると、励ますようなプロジェクトを何か提案しようかと思うのは、自然な心の成り行きです。ザハはそういうふうに考えたんじゃないのかなと思うんです。

　それが白紙撤回になった。落ち込むでしょうし、頭にもくるでしょう。言い訳のしようがありません。彼女が亡くなってしまって（白紙撤回から8カ月後の2016年3月31日に逝去）、本当に申し訳ないことをしたと思いますが、この国の文化と建築界がそれだけのことでしかなかったということだと私は思っています。

――建築界がかばうこともできたんじゃないかということですか。
そう思いますけれど、それは今になって言えることですね。当時は、なんだか意見が1つの方向に流れ過ぎましたね。あのときは槇文彦さんの流れでした。1人の建築家の意見としてそういう意見があってもいいし、別の建築家は別の意見があっていいし、と思うのだけど、みんなサーッと全部そっちに流れたような感じでした。

　私は、建築界というのは議論百出でいいと思っています。好きな人もいるし

「規模が大き過ぎる」は設計者の問題ではない。

2009－2019

INTERVIEW 4

新国立競技場への思いを語るザハ・ハディド氏。2013年の来日時にインタビューした際の写真[写真:山田慎二]

> SNSの拡散で、ある種のヒステリー状態が生まれた。

嫌いな人もいるし、どうとも思わない人もいる。そういう人たちの健全な議論が巻き起こることで建築界の活力を生み出してきたわけですから。これまでの歴史を見ると何度もあったじゃないですか。

―― 活発な議論にはならなかった印象ですか。

もうちょっといろいろな議論が展開されるのかと思ったのだけれど、あんまりそうはならなかったですね。SNSによっていろいろなものが拡散されて、ある種のヒステリー状態が生まれてしまった。それで自由に意見が言いにくくなった。審査委員側もそうでした。事務局側は亀のように首を縮めて嵐が通り過ぎるのを待っていました。節目では情報公開するように言ったのですが、頑なでしたね。

新国立競技場そのものなのかザハなのか分からないけれど、ある種のいけにえになった。たぶん20年前とか30年前だったら、こういう拡散の仕方はしなかった気がします。背景には、SNSなどの情報技術の進化があるのかもしれません。

私は古い人間なのかもしれないけど、言葉というのはその語られている本人の人格とペアであると思っています。Aという人が発した言葉とBという人が発した言葉というのが、たとえ同じであったとしても、その後ろにその人の人格なり人柄なりを背景にして初めて意味を持つのだと思います。しかし、SNSというのは言葉の後ろに人が見えません。人格が見えない言葉というのは、何か不健全さを伴うような気がしています。

INTERVIEW 4

大型建築の発注方式

ECI方式は性善説に立ち過ぎている。

―― 復興や新国立競技場で、ECI（アーリー・コントラクター・インボルブメント、施工予定者技術協議）方式が採用されました。この方式についてはどう思われますか。

私は当事者でもあるし微妙な立場にいますが、批判的な気持ちは持っています。新国立競技場では、施工者が途中で入ってくるECI方式に関して、発注側と設計側のコンテンツがよほどしっかりしてないと、コントロールしきれないだろうな、と思っていたら案の定そうなりました。「お任せ」では無理です。施工者は会社です。性善説に立ち過ぎているような気がします。

―― なぜコントロールし切れないのでしょうか。

価格とか施工とかに対する設計者側のコンテンツと、施工者側のコンテンツの差が圧倒的に開いているからなのではないかと思っています。だからコントロールできないんです。現場で何が起きているのか、今どこで何がどういう値段で動いているのかとか、物流も含めて設計者側が、あるいは発注者の横にいる設計サイドが、そういう情報を圧倒的に多く持っている場合はコントロールできます。

しかし、持っている情報量が逆転している場合はコントロールできない、ということが新国立競技場の件で明確になった。施工者が途中で入ったからといって何かが担保されているかというと、全然そうはなっていない。

例えば民間企業のプロジェクトでも、今はバブルだから、「建設費の値段をどうこう言うより、決まった値段で一刻も早くつくればいい」「それが株主への説明に有効です」といった状況です。そうすると品質や中身が問われないので、ECI方式の良さは生かされていない気がします。だったら値段だけ決めて、設計・施工一括で出しちゃえばいいじゃないか、と。コンプライアンスとか、責任逃れの手続き論としては有効なんでしょうけど。

「なぜ建てるのか」を問う必要

──設計・施工一括、いわゆる「デザインビルド」では、設計者がコントロールできているのでしょうか。

渋谷駅周辺再開発も設計者と施工者がチームを組んで進めたものですが、渋谷の場合は良かったと思いますね。渋谷の開発は「デザインアーキテクトを入れろ」という形で、私がかなり積極的にリードした当事者でもあります。やらなかった場合は、すごく画一的な超高層が立ち並ぶことになっていたはずで、事実そういう絵も途中で見ています。そこにデザインアーキテクトを入れ、半ばデザインビルドに近い形を採ったことによって、かなりバリエーションができた。やって良かったと思っています。ケース・バイ・ケースです。

100年に一度ともいわれる複数の大規模再開発が進む東京・渋谷駅周辺。駅の南に2018年9月、再開発の先陣を切って「渋谷ストリーム」が開業した。内藤氏は渋谷駅中心地区デザイン会議座長などの立場で、再開発事業に関わってきた
[写真：吉田誠]

INTERVIEW 4

デザインビルドでは、設計者は「ふりかけ」。

―― デザインビルドでうまくいかないのはどういう場合でしょうか。

デザインビルドは、事業的には失敗しないでしょう。事業的なキーを全部把握した状態で、設計者は言うなれば「ふりかけ」です。白いご飯にふりかけをかけると結構おいしいじゃないですか。そういうこともあるわけです。本質的かというと、そうではありません。やっぱりデザインビルドの限界というのはあると思います。

―― 今後、発注方式はどう展開していくと思いますか。

模索中なんでしょうね。30年前のバブルのときからだと思いますが、プロジェクトファイナンスに対して支障を来さないような方式としてECIやデザインビルドが編み出されてきました。

デベロッパーには出資者に対する責任が生じます。それをうまくやってのけるために、「ECIでやるからコストはコントロールできています」とか、「建築家を入れると何が起こるか分からないから、全体は組織事務所かゼネコンでやってもらって、ちょっと味付けを建築家にやってもらいます」というのが今のデザインビルド。大体そうですね。

好況期の間はこのままいくでしょう。経済が縮小傾向になったときに成り立つかというと、成り立たないかもしれない。ECIにするくらいならゼネコンが設計・施工で進めればいいんじゃないか、という感じはあります。

―― ECIのメリットとして、工期の短縮もあるといわれています。

それも80-90年代のバブルのときと同じです。1日早くできれば1日金利分を得するという話。ファイナンスをやっている以上は、時間的に短い方がいいですよね。その手の話の中に、いわゆる建築をそもそもなぜ建てるのかとか、あるいはその自治体とかその企業のコアコンテンツは何かとか、そういうものの表現として建築を考える、という意識はかなり薄いでしょう。それを問わない体制は、将来、大きなツケを払うことになると思っています。

やり方はいくつもあっていい

—— 東京都が五輪施設をデザインビルド(都の場合は実施設計と施工の一括)で発注することに、建築団体が反対して議論になりました。

事態を収拾することだけをすごく急いでいるなかでは、仕方がなかったと思います。設計者側にそれだけのコンテンツがあるかどうか。もっと言うと、割り切ってゼネコンに設計・施工で委託した方が良かったかもしれません。

—— 情報格差を考えると、施工者寄りになるのはやむを得なかったと。

新国立競技場でこけちゃったので、「設計者を立てて、設計が終わった後で施工を発注する」という形にはしにくかったでしょうね。東京都はもともと保守的なところがあるので、あまり問題が起こらないようにやってもらえばいい、くらいに

「オリンピックアクアティクスセンター」の施工現場。2018年7月に撮影。「リフトアップ工法」を採用し、3回に分けて大屋根を吊り上げた。基本設計と工事監理は山下設計が、実施設計と施工をデザインビルドで大林組・東光電気工事・エルゴテック・東洋熱工業JVが担当する[写真:日経アーキテクチュア]

INTERVIEW 4

しか考えていないと思います。

　従来の仕事の仕方にこだわる建築団体の立場では、デザインビルドで基本設計にだけ建築家を立てることにイエスとは言えないでしょう。発注者側も受注者側も、もうちょっと大人になってもいいと思うんですが。どういう方法であれ、冷静にプロジェクトの内容を中心に考えるべきだと思います。

―― プロジェクトの内容を中心に考えるとは、どういうことでしょうか。
建築を成り立たせるのは、「社会的な目的」だと思うんです。なぜなら、建築は、否応なく公共性も備えるから。社会的な目的が達成されればいいのであって、達成されるまでの進め方というのはいくつかバリエーションがあっていいはずです。住宅から巨大建築まで1つの方式でしか実現できないという世の中の方がおかしいと思います。

　置かれている状況によってやり方は違ってくるものです。巨大プロジェクト

「有明アリーナ」の施工現場。2019年2月に撮影。サブアリーナ躯体上でメインアリーナの屋根を組み上げ、レール上をスライドさせながら施工する「トラベリング工法」を採用。基本設計と工事監理は久米設計が手掛け、実施設計と施工は竹中工務店・東光電気工事・朝日工業社・高砂熱学工業JVが担当［写真：日経アーキテクチュア］

だって、これは20年かけてつくりましょう、というものだったら、建築家が中心になって進めていく意味があるかもしれません。だけど、ファイナンス重視で一刻も早く、と急かされている場合は、異なる方式を採るべきかもしれません。レストランに入ったらメニューがいくつかあった方がいいでしょう。今それを1つのメニューで押し切ろうとすること自体がおかしいと思います。

　もう少し言うと、建築界の中だけではなくて、土木と建築が関わったときに、どういう進め方がいいのか、という課題もあります。区画整理だとか、あるいは鉄道事業だとか、そういう建築の持っている時間的オーダーとは全く違うオーダーを持っている場合にどうしたらいいのかは、また別の話です。

　メニューのバリエーションをきちんとそろえることが大事です。その議論が止まっているんじゃないかという気がします。建築家が本当は全部コントロールすべきだ、というふうに職能として言い過ぎるのは少し違うと思います。

―― 内藤さんがそこまでおっしゃるのは意外でした。発注のメニューがもっといろいろあってしかるべきだと、いつごろから考えていたのですか。

独立して事務所を始めた頃からです。セゾングループが六本木のWAVEをつくったときのデザインコミッティーとか、伊勢志摩の芸術村のデザインコミッティーとか、そういうプロジェクトにメンバーとして入っていた影響もあります。

　六本木のWAVEは鹿島の設計・施工でしたが、当時第一線のデザイナーやアーティストと議論して、とても刺激的で楽しかった。今でいうデザイン監修ですよね。建築の図面は1枚も描きませんでしたが、模型はたくさんつくりました。WAVE以外にも、ソフトウエア運営の方にかなり深く関わるプロジェクトをいくつかやっているので、やり方はいくつもある、と初めから考えていました。

アイデンティティーが保てる境界線

―― 設計者はECIやデザインビルドのような発注方式とどう付き合っていくべきでしょうか。

> 「建築家が全部コントロールすべきだ」は少し違う。

INTERVIEW 4

あるラインを踏み越えるとアイデンティティーを見失う。

　超高層とか大規模プロジェクトはECIやデザインビルドでもいいでしょう。建築家というのは、もともとそういう領域で生きることが難しいというか、得意じゃない。

　前川國男さんが東京海上ビルディング（1974年竣工、東京都千代田区）の設計を手掛けたのが異常なくらい大きな話で、建築家というのは、中規模から小規模の割と人に近いところのプロジェクトでどういうビジョンを提示できるか、ということをずっとやってきたわけです。

　大規模プロジェクトをやりたいという人もいるかもしれないけれど、私は今ここで「超高層をやりませんか」と言われても、本当に私がやった方がいいのかな、と考えます。きっと、やらない方がいいでしょうね。

――　内藤さんが超高層をやらない選択をする理由は？

　それにまつわる膨大な雑務と、そのプロジェクトを保持するための人を雇わなければいけなくなります。この小さな事務所でも組織事務所的な判断というのをしていくとすると、そもそもうちの事務所自体のアイデンティティーがなくなるかもしれません。アイデンティティーを求められて召喚されたのに、アイデンティティー自体が分からなくなるみたいな矛盾が起こるでしょう。

　20人前後の設計事務所がいきなり100人になるとか、200人になるとか、さらに300人になる、というところに境界線があります。あるラインを踏み越えると、もう200人とかじゃないと成り立たないんです。その場合は大型プロジェクトをデザイン監修という形じゃなく、設計として受けるという前提ですね。

　私が菊竹清訓建築設計事務所にいた70年代、菊竹さんが黒川紀章さんにライバル心を持っていて、「黒川みたいなやり方にするかしないか」って悩んでいたんです。当時、菊竹事務所の所員は30人くらいだったでしょうか。黒川さんの事務所は所員が100人を超えていました。つまり、所員を増やして大きいプロジェクトを取っていくかどうか、と悩んでいたわけです。私は若造だったけれど、菊竹さんに、そんな事務所ではない方がいい、と言った記憶があります。いつの時代も、たぶんそういう境界線があるのだと思います。

| プロローグ 平成前夜 | PART 1 災害・事件・社会 | PART 2 建築デザイン | エピローグ 建築の未来のために

検証「平成の6大ニュース」

平成の30年間、建築界はバブル崩壊や
度重なる大災害、不祥事、重大事故などに翻弄された。
ただ、それらを総花的に見わたすだけでは、
「大変だった」という感想しか生み出さない。
社会を揺るがし、建築界に大きなインパクトを与えた
出来事に焦点を当て、関係者への取材やデータで検証。
ポスト平成に伝えるべき教訓を改めて問う。

108	**検証1｜阪神大震災** **1995｜建築界を一変させた「震度7」**
118	**検証2｜設計コンペ** **1989−1997｜バブルが招いた黒船の余波**
128	**検証3｜構造計算書偽造事件** **2005｜性悪説転換でもやまぬ不正**
138	**検証4｜六本木ヒルズ** **2003｜再開発変えた新興デベの挑戦**
148	**検証5｜東日本大震災** **2011｜釜石の復興を支えた「建築の力」**
158	**検証6｜新国立競技場問題** **2013−2015｜集大成としての「世界初」の挫折**
168	データで見る平成の変化

1989−2019

検証「平成の6大ニュース」——1

VERIFICATION 1
1995

建築界を一変させた「震度7」
都市型直下地震の重い教訓

[写真1] 内陸地震で死者6000人超｜1995年当時の日経アーキテクチュアが報じた火災鎮火後の神戸市長田区。老朽家屋を中心に倒壊被害が多数発生、そこからいくつもの火の手が上がった [写真:三島叡]

神戸市を中心に住宅約10万棟が全壊、死者・行方不明者6437人に達し、深刻な被害をもたらした阪神大震災。
この地震を境として地震への備えが急速にクローズアップされた。

検証1｜阪神大震災

1995年1月17日、冬の夜明け前の午前5時46分ごろ。淡路島北部を震源とした地震で、兵庫県南部が最大震度7の激しい揺れに見舞われた。なかでも大被害を受けたのが神戸市だ。戦後最大の都市型直下地震が、人口約140万人の政令指定都市を直撃した[写真1、2]。

「言葉が出なかった」

阪神間に設計を手掛けた建物が30棟以上あった安藤忠雄氏は、神戸の被災地の風景を目の当たりにしたときのことを、そう振り返る。

地震が発生したその日、安藤氏はコンペのため英国・ロンドンに滞在中だった。すぐ帰国

[写真2] **あちこちでビルが傾く**｜神戸・三宮地区で中間層崩壊した事務所ビル。見るからに傾いて周囲を危険にさらした。旧耐震基準の建物では、こうした被害が多発した。写真は地震発生から間もなく撮影（写真：日経アーキテクチュア）

1995

VERIFICATION 1

[図1] 平成の30年間に発生した大地震

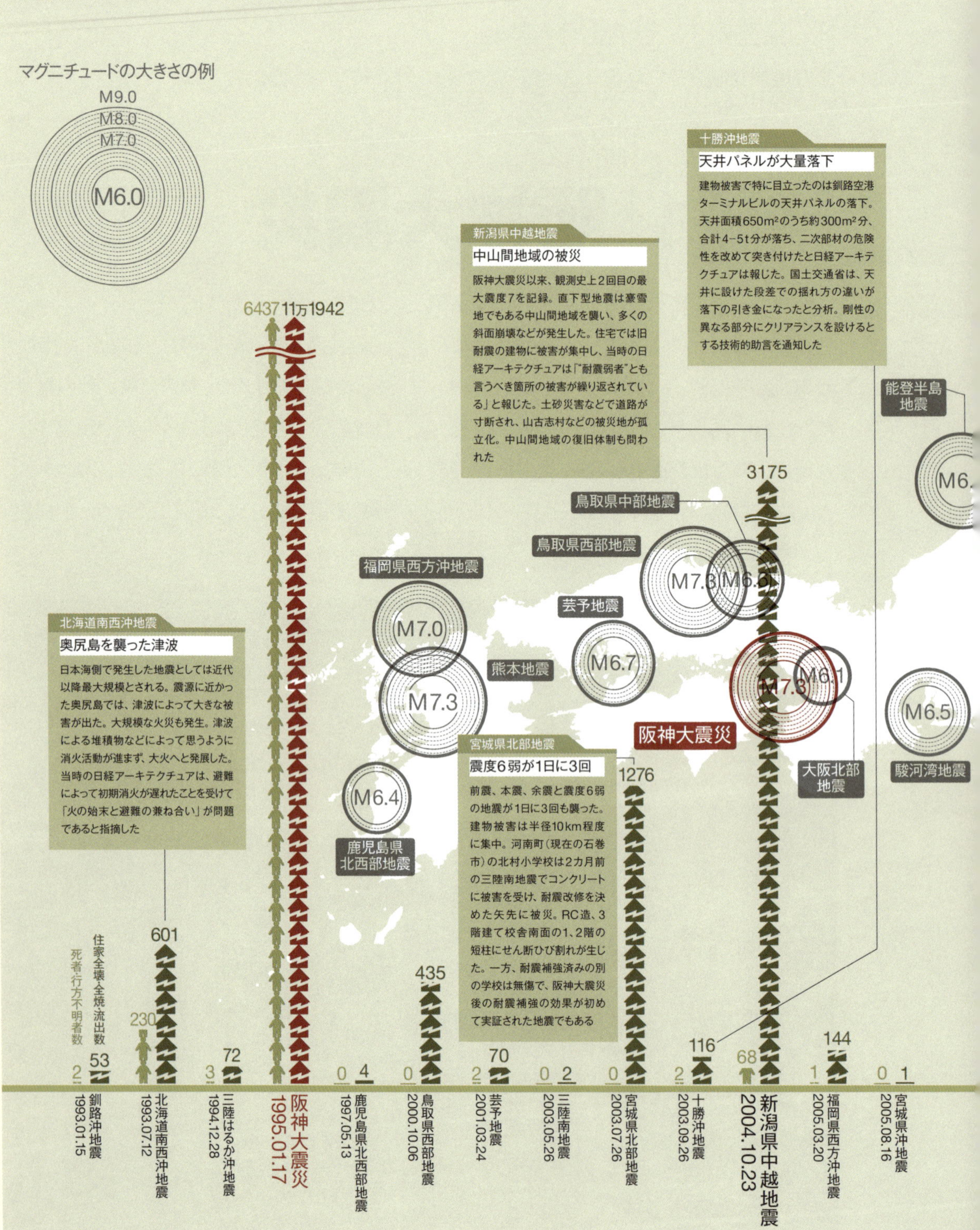

マグニチュードの大きさの例

M9.0 / M8.0 / M7.0 / M6.0

北海道南西沖地震
奥尻島を襲った津波
日本海側で発生した地震としては近代以降最大規模とされる。震源に近かった奥尻島では、津波によって大きな被害が出た。大規模な火災も発生。津波による堆積物などによって思うように消火活動が進まず、大火へと発展した。当時の日経アーキテクチュアは、避難によって初期消火が遅れたことを受けて「火の始末と避難の兼ね合い」が問題であると指摘した

新潟県中越地震
中山間地域の被災
阪神大震災以来、観測史上2回目の最大震度7を記録。直下型地震は豪雪地でもある中山間地域を襲い、多くの斜面崩壊などが発生した。住宅では旧耐震の建物に被害が集中し、当時の日経アーキテクチュアは「耐震弱者」とも言うべき箇所の被害が繰り返されている」と報じた。土砂災害などで道路が寸断され、山古志村などの被災地が孤立化。中山間地域の復旧体制も問われた

十勝沖地震
天井パネルが大量落下
建物被害で特に目立ったのは釧路空港ターミナルビルの天井パネルの落下。天井面積650m²のうち約300m²分、合計4〜5t分が落ち、二次部材の危険性を改めて突き付けたと日経アーキテクチュアは報じた。国土交通省は、天井に設けた段差での揺れ方の違いが落下の引き金になったと分析。剛性の異なる部分にクリアランスを設けるとする技術的助言を通知した

宮城県北部地震
震度6弱が1日に3回
前震、本震、余震と震度6弱の地震が1日に3回も襲った。建物被害は半径10km程度に集中。河南町(現在の石巻市)の北村小学校は2カ月前の三陸南地震でコンクリートに被害を受け、耐震改修を決めた矢先に被災。RC造、3階建て校舎南面の1、2階の短柱にせん断ひび割れが生じた。一方、耐震補強済みの別の学校は無傷で、阪神大震災後の耐震補強の効果が初めて実証された地震でもある

6437 11万1942
阪神大震災 1995.01.17

福岡県西方沖地震 M7.0
鳥取県西部地震 M7.3
鳥取県中部地震 M6.6
芸予地震 M6.7
熊本地震 M7.3
鹿児島県北西部地震 M6.4
能登半島地震 M6._
大阪北部地震 M6.1
駿河湾地震 M6.5
3175 新潟県中越地震

死者・行方不明者数 / 住家全壊・全焼・流出数

2 / 53 釧路沖地震 1993.01.15
230 / 601 北海道南西沖地震 1993.07.12
3 / 72 三陸はるか沖地震 1994.12.28
阪神大震災 1995.01.17
0 / 4 鹿児島県北西部地震 1997.05.13
0 / 435 鳥取県西部地震 2000.10.06
2 / 70 芸予地震 2001.03.24
0 / 2 三陸南地震 2003.05.26
0 / 1276 宮城県北部地震 2003.07.26
2 / 116 十勝沖地震 2003.09.26
68 / 新潟県中越地震 2004.10.23
1 / 144 福岡県西方沖地震 2005.03.20
0 / 1 宮城県沖地震 2005.08.16

平成の30年間には日本全国で大地震が多発した。発生分布を見ると、改めて日本が「地震列島」であることが分かる。なかでも都市型直下地震だった阪神大震災は、住宅の全壊数が東日本大震災に匹敵している [資料:日経アーキテクチュア]

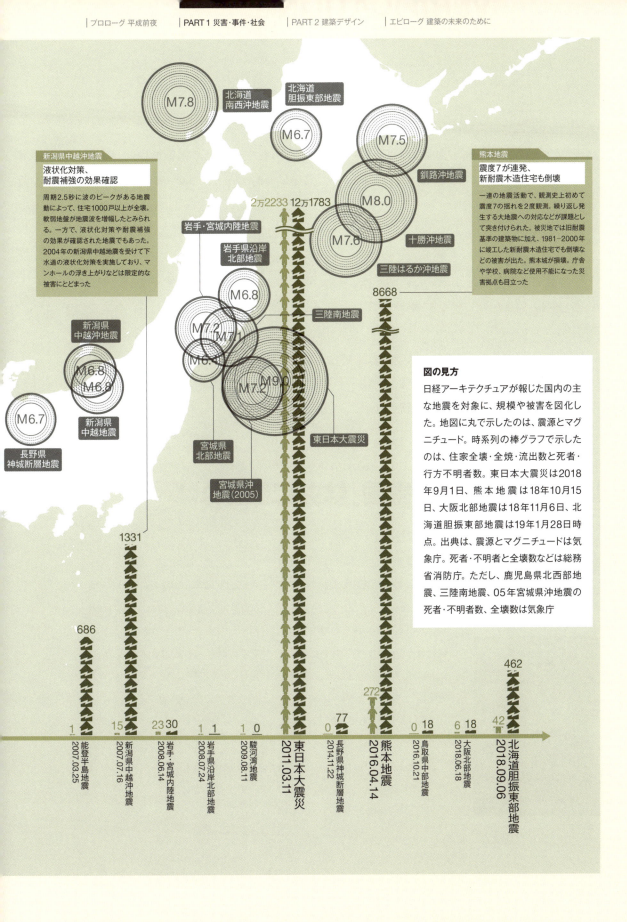

し、2日後に大阪から船で神戸港を目指した。ようやくたどり着いたとき、目の前では都市防災における最悪のシナリオが現実となっていた。

一度に10万棟が全壊

住宅の全壊被害は神戸市を中心に10万棟超。非住宅も約4万2000棟が被害を受けた[写真3]。

　死者は、関連死を含めて6434人に上った。地震発生は夜明け前で、多くの人がまだ就寝中だったとみられる。死因の多くは家屋倒壊や家具転倒による圧死だった。

　「木造密集地、それも最密集地とも言うべきエリアがたくさんあった。お互いに重なり合うような格好で住宅が立っていて、戦後の都市の発展の一方で、都市計画の課題が残されたまだった場所だ」（安藤氏）

　至る所で火災が発生した。総務省消防庁によると、確認された出火は合計293件。木造密集地では消火が間に合わず延焼が拡大。被害が大きかった神戸市長田区では約5000棟が全焼した。避難者は兵庫県だけでも最大約32万人、そのうち約24万人が神戸市内だった。

時代の証言 「災害国」は共に生きねば

安藤忠雄
建築家
東京大学名誉教授

写真：生田将人

　阪神大震災は忘れようがない災害の1つだ。その後の東日本大震災、近年繰り返される風水害などを振り返ると、つくづく日本は災害国なのだと感じる。被災地のなかでも、特に神戸は都市インフラの復興が早く、よくぞここまで、と感嘆した。だが生活者の「心の復興」には長い年月を要しており、他の被災地でも同じことが起こった。

　地震が起きた、助けに行ってやろう――。そんなふうに社会全体が「共に生きる」という共同意識を持つ必要がある。この機に改めてそう訴えたい。

　例えば、日本で建設業に携わる人は500万人に達すると聞く。1人が1000円ずつ持ち合ったら50億円だ。それを災害緊急基金として、いざというとき助けに行く。そういう取り組みができる建設業界になれないだろうか。いざとなったら助けに来てくれる、自分たちと共に生きている。社会とそんな信頼関係を深めるべきだ。　　　（談）

公共施設やライフラインも甚大な被害を受けた。阪神高速道路や鉄道の高架が倒壊・落橋し、交通網が寸断した。国土庁の推計によると、阪神大震災の被害総額は約9.6兆円に達した。

社会の空気感が一変

平成の30年間だけで、日本では震度7が観測された地震が6度も発生している。阪神大震災はそんな地震との闘いの幕開けだ[図1]。

何度も大地震を経験した現在の感覚では理解しにくいかもしれないが、この地震を境として、社会の空気感は文字通り一変した。

この地震は気象庁が「震度7」とした初めての地震だ。かつて震度は6が上限だったが、1948年に発生した福井地震の教訓から、気象庁は1段階上を定義した。それ以来、50年近くにわたって日本では震度7に相当する地震は起こっていなかった。

81年に新耐震基準が施行されたものの、地震への備えは全国的に遅れていた。こんなエピソードがある。阪神大震災の発生前日である95年1月16日、建築基準法など多くの制度設計に関わり、現在は日本建築防災協会（建防協）顧問の岡田恒男・東京大学名誉教授は、大阪でイベントを開いていた。

「被災後の建物をいかに応急危険度判定するかという国際シンポジウムだった。150人を収容できる会場を用意したが、外部の参加者はたった9人。関係者の方がはるかに多いのだから、ガッカリして東京へ帰った」

阪神大震災は、応急危険度判定士が被災地に派遣された初めての地震となった。神奈

[写真3]ぶ厚い鋼鉄の柱がちぎれた｜新耐震基準を先取りした建物で、国内では初めて鋼製柱の脆性破壊例が見つかった。左が切れた厚さ5cmの角形鋼管柱。超高層を含む52棟から成る「芦屋浜シーサイドタウン」（右の写真）で、こうした破壊が合計53カ所確認された。写真はいずれも地震発生から間もなく撮影したもの［写真：左は日経アーキテクチュア、右は三島叡］

1995

[図2] 阪神大震災を機に免震建物が普及

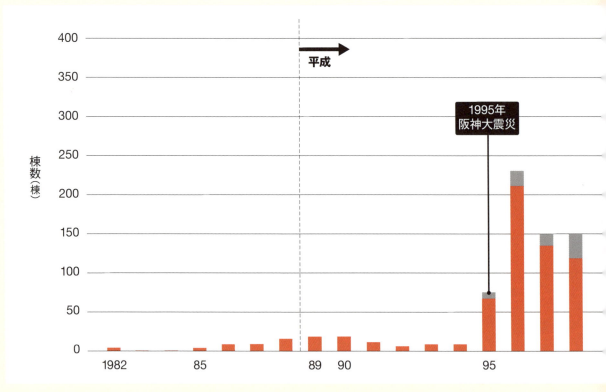

免震建物の計画数の推移(年計ベース)。免震技術は阪神大震災直前まで普及が進まなかったが、95年を契機として一気に増えた。免震技術への社会の期待はひときわ重い[資料:日本免震構造協会]

川県や静岡県で先行的な研修を始めていたのが奏功した形だが、前日までの空気感はそんなものだった。

「大破すれば倒壊と同じ」

建築物の耐震化も進んでいなかった。既に耐震診断の基準案はあったが、普及していなかった。この後、国会は95年末に耐震改修促進法を制定。既存建物の耐震化に向け、補助金を連動させた施策を開始する。

新規に計画される建物の耐震性向上も課題となっていた。当時の建築界では、建築基準法の要求水準(極めて稀に起こる大地震で倒壊・崩壊しない)をクリアすれば十分だと受け止められており、それ以上は過剰設計だという声が根強くあった。

だが、阪神大震災では多数の建物が層崩壊したり損傷したりし、都市機能が一時マヒするまでに追い込まれた。地震で発生する損害が余りにも大きいことが浮き彫りになった。岡田氏はこう続ける。

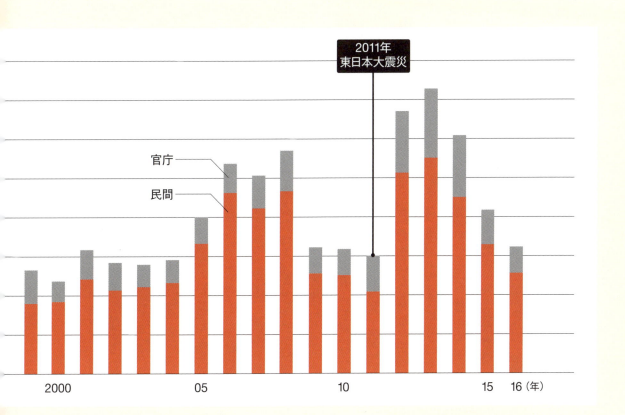

「新耐震で建った建物にも大破したものが出た。倒壊していないのだから技術基準としては十分に機能しているのだが、大破してしまえば結局は取り壊さざるを得なくなり、社会的には倒壊した建物と同じような評価を受けてしまった」

公共建築物、病院など、用途によっては地震発生後のリスクに備えた方が合理的だと考える発注者が増えた。95年を境とした免震建物の急速な普及は、その代表例だ［図2］。

2000年施行の改正建基法で性能設計法が導入され、より高度な構造設計も可能になっ

た。建基法を上回る要求性能に応えるもので、今後も性能水準の向上が期待されている。

技術課題も浮き彫りに

阪神大震災の被害は、技術面の課題を浮かび上がらせた。

代表例が鉄骨造の高層マンションで発生した、角形鋼管柱の脆性破壊だ。1辺50cm、肉厚5cmの鋼鉄製の柱が破断、構造の専門家に衝撃を与えた。想定をはるかに超える引っ張

VERIFICATION 1

[写真4]世界の注目集める巨大振動台｜E-ディフェンスの振動台は20m×15mあり、最大約1200トンの試験体を扱える世界最大の実大振動台だ。写真は超高層建築の崩壊過程を確認した実験で、3分の1スケールの試験体を使って2013年に実施された[写真:池谷和浩]

り力が生じたと考えられた。日本免震構造協会会長を務める和田章・東京工業大学名誉教授はこの被害を視察していた。

「鉄は表面がうっすらさびて鈍い色になるものだが、被害箇所はちぎれた鋼材の断面が真新しく、ギラギラと光っていたのが忘れられない。鉄は引っ張れば伸びるもの、そう簡単には切れないという当時の想定がこれで崩れた。大ショックだった」

鉄骨造の脆性破壊は、1994年に米国カリフォルニア州で発生したノースリッジ地震で見つかっていた。だが「日本では人ごとのように受け止められていた」と和田氏は指摘する。

なお、この被害を教訓として、一部の柱を基礎につながず、揺れた際の浮き上がりを許容する手法も後に登場した。適用例には東京・銀座のメゾン エルメス(レンゾ・ピアノ設計、2001年完成)がある。

海外の地震の被害を直視せず、阪神大震災まで危機感を抱けなかった反省から、阪神大震災以後、地震被害軽減を狙いとする研究は高まりを見せた。観測された地震動は、建基法の想定を大きく超えるものだったことも明らかになっていた。

時代の証言　信頼は取り戻せたか

岡田恒男
日本建築防災協会顧問
東京大学名誉教授

写真：池谷和浩

日本建築学会長に就いたときの私のスローガンは「信頼される建築界の構築を目指して」。阪神大震災後の社会混乱にはため息をつくことも多かった。手抜きじゃないか、設計がおかしいんじゃないかと批判を受けた。鉄骨の溶接方法なども問題になった。

阪神大震災後、1995年度から始まった国土交通省の総合技術開発プロジェクトで性能設計法の研究に取り組み、2000年改正につながった。これも社会や発注者との信頼関係のためだ。設計段階で大地震における建物の挙動、想定される被害などを想定し、発注者と目標を共有できる仕組みを目指した。

当時に比べ、耐震性の水準は確かに上がった。ただその理由には、構造計算書偽造事件を契機とした規制強化もあった。一律に規制強化した方が水準が上がったという現実には悩ましい思いを抱いている。　　　（談）

様々な構造物が大きな地震被害を受けたことを受け、技術検証や構造物の倒壊・崩壊現象の解明を目指した研究施設が新たに設置された。防災科学技術研究所が兵庫県三木市に設置した、兵庫耐震工学研究センターの3次元振動実験施設（通称、E-ディフェンス）だ［写真4］。

事業費450億円を投じて2004年度に開設されて以来、E-ディフェンスで実施された研究プロジェクトは、18年度末でちょうど100件に達する。今でも多くの研究が神戸海洋気象台が阪神大震災の際に観測した地震波（JMA神戸波）などを用いている。

E-ディフェンスに計画段階から携わる梶原浩一・防災科研地震減災実験研究部門長は、「開設から14年で、日本の技術は世界と比べても高い水準に達したと感じる。レジリエント（強靭）な社会づくりのため、社会実装を目指すプロジェクトも多い」と成果を語る。実大実験による詳細仕様の検証など、次のステップに向けた取り組みが期待されている。

1995

検証「平成の6大ニュース」——2

バブルが招いた黒船の余波

東京国際フォーラムが投じた一石

VERIFICATION 2
1989–1997

[写真1]バブル期を象徴する巨大公共プロジェクトに｜ラファエル・ヴィニオリ氏の設計で完成した東京国際フォーラム。東京都庁舎など複数のビッグプロジェクトを抱えていた当時の東京都が、UIA公認の国際コンペを実施。複雑なプログラムの与件に対し、ヴィニオリ案は機能的で明快な解決方法が高く評価された。計画途上に経済状況が悪化し、完成時にはバブルを象徴する公共建築の1つとして批判の矢面に立った。写真は1996年の竣工当時のもの［写真：吉田誠］

バブルの絶頂期、東京都は東京国際フォーラムで日本初のUIA公認コンペを実施した。選ばれたヴィニオリ氏は、当時の日本では規格外といえる方式で設計を進めた。バブル崩壊後、公共建築の設計者選定方法は簡易で保守的な方向へ動く。

検証2｜設計コンペ

「最優秀はラファエル・ヴィノーリィ」。1989年11月2日、東京都が主催する東京国際フォーラムコンペの第一報に、日経アーキテクチュア編集部はざわめいた。その後「ヴィニオリ」と記される設計者の名は、国内ではよく知られていなかったからだ。

バブルに沸いた80年代後半は、公共建築で話題のコンペが相次いだ。なかでも注目を集めたのが、日本初の国際建築家連合（UIA）公認を得た東京国際フォーラムのコンペだ。UIAの基準では、専門家による公正な審査、審査の透明性、参加する設計者の権利などを細かく定めている。それまで公共建築における公正な設計者選定を求めてきた建築関係者にとって、UIA基準に沿った国際公開コンペは1つの到達点だった。

日米で24時間フル回転

審査員や賞金を含む運営費に4億円が投じられたこのコンペは、大規模かつ緻密だった。

審査員には、イオ・ミン・ペイ（米国）、丹下健三、槇文彦の各氏をはじめとする内外の著名建築家、学識経験者9人が名を連ねた。提出物は、縮尺500分の1の模型を含めて多岐にわたる。豪華な審査員の顔ぶれや、国内なら一級建築士であれば参加できる緩やかな応募資格が奏功し、応募作は50カ国から395点を数えた。4日間をかけた審査はすべて匿名で進め、審査員も記者発表時に初めて設計者の名前を知った。

当時の国内コンペでは、組織設計事務所や大手建設会社の躍進が目立っていた。東京国際フォーラムコンペでは、提出者が公募中に所属していた建設会社は工事の入札に参加できないという厳しい条件を付した。それでも建設会社に所属する兼業事務所の設計者は多く参加。優秀作品に選ばれた由里知久氏（当時、鹿島）は、「周囲から当選を期待されていなかったので気負わず自由に楽しめた」と振り返る。専業と兼業の立場を超えて、設計者のコンペ熱は高かった。

コンペで選ばれたヴィニオリ氏の設計の進め方は、建築関係者に少なからぬ驚きを与えた［写真1、図1］。

80年代後半、海外の設計事務所が日本の民間事業に携わる事例が増え、その多くは、規模の大きな組織設計事務所や建設会社と組んだ。それに対しヴィニオリ氏は、東京に一級建築士事務所を開設したうえで、日本の小

1989−1997

VERIFICATION 2

[図1] 米国式の進め方で設計

ラファエル ヴィニオリ建築士事務所

ニューヨーク事務所 ↔ 東京事務所

約120人のNY事務所スタッフのうち80人が従事していた時期も

設計体制
日本の個人事務所との協働で設計を推進

建築設計協力
- 現代建築研究所
- 椎名政夫建築設計事務所

構造設計
- 構造設計集団〈SDG〉、
- 梅沢建築構造研究所、
- 花輪建築構造設計事務所、
- 佐々木睦朗構造計画研究所、
- 横山建築構造設計事務所

設備設計
- 森村設計

設計の工程
CADを本格活用。約2600枚の設計図を提出

フェーズ1：基本構想		1990年3月16日-4月27日
フェーズ2：基本設計		1990年4月16日-8月31日
フェーズ3：実施設計		1990年11月30日-91年5月31日
フェーズ4：監理（施工期間）		1992年10月-96年5月

設計報酬の算定
1988年度から1992年度の設計・監理費約67億円

告示1206号に基づく「設計業務人×日数」 ＋ 外国人が日本で業務を行うのに要する経費
（東京に設置した事務所経費、日米間を往復する旅費、滞在費など）

人件費は米国の技術者単価を基に算出

日米の事務所スタッフと意匠、構造、設備の設計協力者のチームで膨大な設計に当たった。報酬は、当時の建設省告示1206号による計算に日米の往復などに伴う経費を加えて算出［資料：東京都生活文化局総務部国際フォーラム事業調整室「東京国際フォーラム──構想から開館まで」1997年、東京都議会会議事録、日経アーキテクチュア1991年3月18日号、1996年7月29日号を基に作成］

時代の証言　コンペの保守化に危機感

槇文彦
槇総合計画事務所代表

写真:日経アーキテクチュア

東京国際フォーラムで審査員を務めた。UIA方式は費用がかかるが、財政に余裕があった当時の都からは「格式を備えた公正なコンペを営む」という意思を感じた。質の高い建築を目指すには、計画の本質と創造性を理解したうえでの徹底した議論が欠かせない。ここで力を発揮したのが500分の1の模型だ。周辺建物までつくり込んだ敷地模型にヴィニオリ案を置いた瞬間、周囲との関係性を含めた提案の素晴らしさを理解できた。

その点、平成のもう1つの大プロジェクト、新国立競技場のデザイン・コンクールは対照的だった。模型の提出を求めず、個人の設計事務所に厳しい参加条件を課す。さらに、デザイン監修者を国内の実務者がサポートする方式は、権限のあいまいさを招いた。設計者の負担軽減や、安心を求める発注者の意向を背景にした条件設定は近年の傾向だが、創造性とは無縁であることを再認識すべきだ。　　　　（談）

規模な設計事務所を集めて設計チームを構成した。自社については米ニューヨークと東京の事務所で作業を分担。日米の事務所で3交代の体制を組み、24時間フル回転で膨大な設計業務に取り組んだ。

東京事務所のチーフを務めた佐藤尚巳氏は、当時の様子をこう語る。「朝、東京事務所に出社すると、ニューヨーク事務所が夜間に進めていた図面ができている。それを元に作業を進め、夜ニューヨークへ送るという繰り返し。CADを導入したからこそ可能だった」。CAD黎明期としては先駆的な体制だった。

ヴィニオリ氏は、ひと月の半分は日本を訪れて、協働する設計者らと議論を交わしながら設計を詰めた。最終的に、約2600枚の図面とフロッピーディスクなどを都に提出した。

バブル崩壊で逆風受ける

70億円規模といわれた設計報酬も話題を呼んだ。米国の技術者単価を加味して建設省告示に基づく「人×日数」を積み上げ、米国との往復経費などを加算した額だ。高過ぎるという声も出たが、建築設計協力者の椎名政夫氏の

1989—1997

VERIFICATION 2

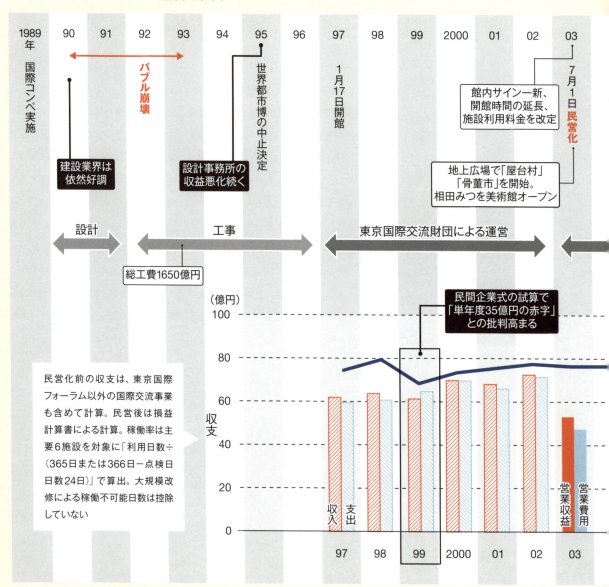

[図2] 東京国際フォーラムの運営と収支

見方は異なる。「ヴィニオリ氏は交渉に際して税理士や弁護士を入れ、図面1枚ずつの作業量とそれに応じた金額を算出した。論拠を明らかにして、業務に応じた報酬の必要性を説く姿勢は立派だと感じた」(椎名氏)

米国の設計者は、日本では建設会社が担う施工図の範囲まで描き、事故やトラブルの責任も負う。賠償責任保険への加入は当然のことだ。良くも悪くも設計者と施工者の関係がどんぶり勘定で成り立っていた日本の状況との

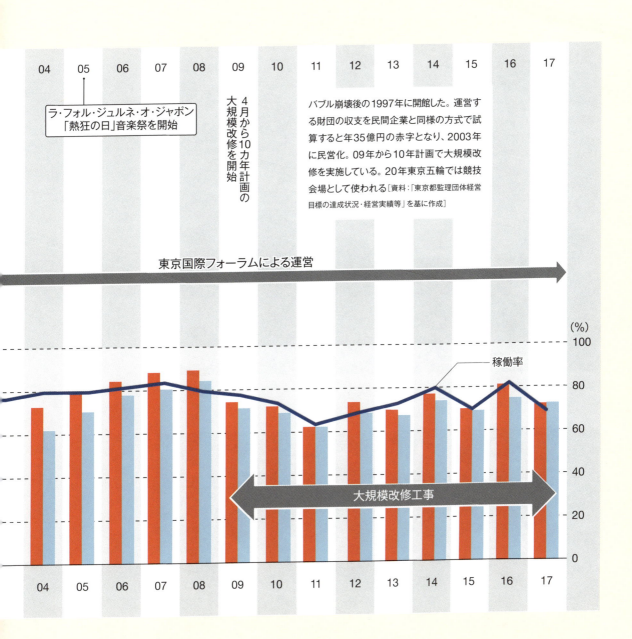

乖離は大きかった。

「建築家の役割と責任は、その国の社会・文化によって異なる。ヴィニオリ氏は、当時の日本建築界にとっての黒船だった」と、日本建築家協会（JIA）前会長の芦原太郎氏。規格外だったヴィニオリ氏の作法も、設計者の責任がより問われる現在の目で見ると、示唆に富む要素は多い。

経済環境の悪化は、次第に東京国際フォーラムへの風当たりを強くした。設計開始後、間もなくバブルが崩壊。工事費高騰が続いた影

VERIFICATION 2

[写真2]レンズ型平面のガラスホール棟｜上空から見た全景。レンズ型平面のガラスホール棟と、正方形平面を持つ4つのホール棟から成る［写真：三島叡］

[写真3]あえて高層階に置いたホール｜写真はクラシックコンサートや国際会議の利用を想定したホール。ホールは高層階にまとめて、地上に中庭をつくったことなどが評価された［写真：吉田誠］

響もあり、コンペ時に960億円と想定していた工事費は1650億円に膨らんだ。

97年1月の開業後は、東京国際交流財団による運営費の高さも問題視された[図2、写真2、3]。99年、都が減価償却費などを加味する民間企業式で損益を試算したところ、年間赤字は35億円に及んだ。2003年、都は民営化に踏み切り、事業収支の改善を図る。設計者の許可を得て、モノトーンだったサインを視認性の高い多色のデザインに一新。屋外広場でのイベント開催などの収入増に取り組んだ。

負担軽減と市民参加の流れ

東京国際フォーラムを経て、公共建築の設計者選定方法はどう変遷していったのだろうか[図3]。

バブル崩壊後も90年代半ばまでは公共建築投資が増え、全国の自治体は大小様々なコンペを実施した。公開2段階コンペ（奈良市民ホール、91年）、審査の実況中継（せんだいメディアテーク、95年）など、設計者選定方式は一気に多様化。ドームコンペに始まる設計・施工方式の議論は、中央建設業審議会による「デザインビルドの導入」の建議（98年）へとつながった。

90年代を通して顕著になっていくのが、発注者と設計者それぞれの負担軽減を目指したプロポーザルの広まりだ。建設省が92年、国のプロジェクトでは原則、指名プロポーザルを採用する方針を示したのを受け、自治体でもプロポーザルが急増した。並行して「案を選ぶコンペ」と「人を選ぶプロポーザル」の境界があいまいとの批判が噴出する。99年にはJIAが、人重視で選ぶ方式としてQBS（資質評価）を提唱した。

2000年前後になると、情報公開と共に市民参加の動きが活発化していく。群馬県の職員は、情報公開と住民参加を掲げ、県内自治体のコンペやプロポーザルを支援した。取り組みを推進した、同県職員（当時）の新井久敏氏は、「提案や審査過程の公開、審査員に対する相応の報酬確保で、関係者の本気度が高まる。その結果、良い提案を得られる」と訴え続けた。全国でも、設計過程に市民ワークショップを組み込む事例は増えていった。

工事費の高さなどから計画が頓挫する事例も相次いだ。自治体側は保守化し、コンペやプロポーザルなどで過去の実績を重視する傾向が強まり、参加資格に高いハードルを設定するケースが増加していく。

その最たる例が2012年に日本スポーツ振興センターが実施した新国立競技場の国際デザイン・コンクールだ。時間の制約を背景に、発注者はリスクの回避を優先した。民間事業で一般に採用されてきたデザイン監修の仕組みを持ち込み、参加条件には過大な実績を求めた。しかし結果的には、景観問題や工事費の高騰に対する世論の反発を受け、当初選ばれたザハ・ハディド氏の案は白紙に戻された。

いろいろな原因が指摘されるなか、発注者自身の力不足や、あいまいな条件設定が招いた総無責任体制が露呈した。設計者の地位

VERIFICATION 2

[図3] 負担軽減やリスク回避でコンペの手法は多様化

市場開放の圧力強まる → ドームコンペ相次ぐ

国際化

1986年	1988年	1989年	1991年
第二国立劇場 国際公開コンペ 当選者（以下同）：柳澤孝彦 初めて海外に門戸を開いた国際コンペ。当選した柳澤孝彦氏は、所属していた竹中工務店から独立	関西国際空港旅客ターミナル 国際公募コンペ レンゾ・ピアノ 公募した参加者から15者を指名。このうち5者は海外建築家と国内大手建設会社のJVだったことに対しJIAが反発	東京国際フォーラム 国際公開コンペ ラファエル・ヴィニオリ 国内初のUIA公認コンペ。最後まで番号で審査し、匿名性を確保した	奈良市民ホール 国際公開2段階コンペ 磯崎新 第1段階を公募。第2段階で著名建築家5人を加えて審査した変則式2段階国際コンペ

公開審査

	1988年		1991年
	坂本龍馬記念館 公開コンペ 高橋晶子 第3次審査会を公開し、応募作品集を作成		京都駅 国際指名コンペ 原広司 国内外の7人を指名。審査前に設計者名付きで応募作品を一般公開し、審査でも設計者による説明と質疑応答を実施

京都駅ビル［写真：三島叡］

設計・施工一体で応募

1988年	
前橋スポーツスタジアム 指名コンペ 松田平田＋清水建設 以降のドームコンペでしばしば採用された設計事務所と建設会社によるJV方式	1993年「秋田県大館地区多目的ドーム」（設計・施工JV方式）、1994年「こまつドーム」（第2段階に進んだ設計者が施工者と組む方式）、1995年「北九州多目的ドーム」（企画・設計・施工・運営JV方式）のコンペ・プロポーザル実施

さいたまスーパーアリーナ（コンペ時の名称はさいたまアリーナ）［写真：吉田 誠］

新国立劇場（コンペ時の名称は第二国立劇場）［写真：吉田誠］

関連の動き

1988年	1989年	1991年
くまもとアートポリス開始 県知事から委託されたコミッショナーが特命やコンペ・プロポーザルで設計者を選定	埼玉県が建築家候補者選定委員会を発足 簡易表現のエスキースコンペをはじめとする多様な設計者選定方式に取り組んだ	日本建築学会が「公共建築物に対する公開設計競技指針」を発表

関西国際空港旅客ターミナル［写真：三島叡］

公共建築を中心とした設計者選定方式の動向。昭和末期から登場した「国際化」「公開審査」の動きが90年代で一気に加速。ドームコンペが発祥となった設計・施工一体方式は、東北の震災復興や2020年東京五輪施設のデザインビルドへとつながっていく［資料：近江栄「建築設計競技　コンペティションの系譜と展望」、日本建築学会「建築雑誌」1995年11月号、日本建築家協会「JIA MAGAZINE」2011年11月号、日経アーキテクチュアを基に作成］

低下も浮き彫りになった。

発注者、市民との溝を埋める

東京国際フォーラムコンペの時代は、内外の専門家が選んだ案を市民がそのまま受け入れる構図が成り立っていた。前提にあったのは、審査員や設計者の専門性を尊重する意識だ。しかし社会状況の変化は設計者に、設計業務への注力にとどまらず、発注者や市民との距離

| プロローグ 平成前夜 | PART 1 災害・事件・社会 | PART 2 建築デザイン | エピローグ 建築の未来のために |

プロポーザルの増加

1995年
横浜港国際客船ターミナル
国際公開コンペ
アレハンドロ・ザエラ・ポロ、ファーシッド・ムサビ
当時無名だった英国の若手建築家コンビが当選、出世作に

1995年
せんだいメディアテーク
公開コンペ
伊東豊雄
審査過程を公開で実況中継。優秀3案のインタビューを経て選出

1995年
さいたまアリーナ
公開コンペ
日建設計グループ
設計・施工提案の国際コンペ。当選チームの代表が応募期間中に、県の指名停止を受けていたことが発覚して選外に

1994年
建設省が管轄プロジェクトで公募型プロポーザルを導入（指名プロポーザルは92年）

市民参加の広まり

1996年
国立国会図書館関西館
国際公開コンペ
陶器二三雄
国際コンペ。493案が集まった

横浜港国際客船ターミナル［写真：寺尾豊］

せんだいメディアテーク［写真：三島叡］

1999年
JIAが「入札にかかわる設計者選定方式の提言」を発表

特命、設計競技、プロポーザルに加えて資質評価（QBS）方式を推奨

公開審査

2002年
富弘美術館
国際公開コンペ
ヨコミゾマコト
約1200案が集まった国際コンペ。公開プレゼンと公開審査を実施

2000年
中里村新庁舎
公募型プロポーザル
古谷誠章
公開ヒアリングと公開審査を実施

発注者支援

群馬県職員有志が支援するPFM（プロジェクト形成マネジメント）方式を採用

2011年東日本大震災後、建築家ネットワーク「アーキエイド」が復興建築の設計者選定を支援

設計・施工一体で応募

2015年、東京都が五輪3会場について基本設計を公募型プロポーザルで選定。実施設計と施工をデザインビルドで発注

2003年
建築5団体が「公共建築の設計者選定方法の改善についての提言」を発表

2009年
国土技術政策総合研究所が「設計・施工一括及び詳細設計付工事発注方式実施マニュアル（案）」を公表

参加条件で実績重視の傾向強まる

2012年
新国立競技場
国際デザイン・コンクール
ザハ・ハディド
五輪誘致に向けたデザイン案を募集。厳しい参加条件を設定

2018年
大井町駅前パブリックスペース
公開コンペ
金子貫介、斎藤信吾、根本友樹
若手が参加できる応募条件。第2段階に進んだ5者がJIA建築家大会で公開審査

JIAが要項作成補助のほか、基本・実施設計、工事監理の要所でレビューを実施予定

2018年
国土交通省が「建築設計業務委託の進め方」を発表

を縮める努力を求めるようになった。そこでは、将来を担う若手設計者の参加を後押ししつつ、発注者や市民の抱く不安をどう解きほぐすかという難問が立ちはだかる。

こうした状況の打開を図る動きも出てきた。JIAは大井町駅前パブリックスペースで、コンペ（18年）から設計・監理に至る過程を通した第三者支援に取り組む。コンペやプロポーザルを通じた発注者、設計者、市民のより良い関係づくりは次の時代への宿題として突き付けられている。

1989—1997

検証「平成の6大ニュース」——3

VERIFICATION 3
2005

性悪説転換でもやまぬ不正

歴史的不祥事が暴いた建基法・士法の急所

[写真1]「姉歯事件」で過熱する報道｜国土交通省の聴聞会に向かう姉歯秀次一級建築士（当時）。中央右。写真は、2005年11月24日に撮影。事件発覚直後、テレビニュースで姉歯氏は「発覚して逆にほっとしている。やめるにやめられない状態だった」と語っている［写真：共同通信社］

2005年に発覚した、建築界における平成最大の不祥事「構造計算書偽造事件」。
建築規制緩和の機運が高まっていたが、国は事件を契機に大きく方向を転換した。
今も建築確認・検査にからむ不正は後を絶たず、制度疲労が浮き彫りとなっている。

検証3｜構造計算書偽造事件

「2000年施行の改正は建築基準法の歴史上、最大の規制緩和だった。建築確認・検査業務の民間開放と、建築基準の性能規定化だ」。日本建築学会建築法制委員会・前委員長の杉山義孝氏は言う。

当時、建築主事は1人当たり年間600件以上を確認しなければならず、パンク状態に陥っていた。それを民間の指定確認検査機関が引

[図1]事件発覚から1年余りで有罪判決に

2005年10月20日	外部からの情報を基に、指定確認検査機関のイーホームズが内部監査を実施。姉歯建築設計事務所による構造計算書の偽造が見つかる
10月25日	ヒューザー、姉歯秀次一級建築士、スペースワン建築研究所の3者がイーホームズに集まる。姉歯建築士が**構造計算書の偽造を認める**
10月26日	イーホームズが国土交通省に構造計算書偽造の可能性を報告
11月17日	**国交省が偽造事件を公表**
11月24日	国交省が姉歯建築士に対して聴聞会を開く。同省がイーホームズへ立ち入り検査
11月29日	衆院国土交通委員会がヒューザーの小嶋進社長やイーホームズの藤田東吾社長ら6人を参考人招致
12月8日	国交省が姉歯建築士の**免許を取り消し**
12月14日	衆院国土交通委員会で姉歯元建築士の証人喚問が行われる
06年4月25日	国交省が偽造事件に関わっていた元請け側の一級建築士を免許取り消しにするなどの処分を決定。姉歯元建築士を含めて行政処分を受けた関係者は24人に上った
5月29日	国交省が指定確認検査機関4社に行政処分を通知。イーホームズは指定を取り消し、日本ERIは3カ月間の一部業務停止命令とした
9月6日	建築基準法違反や建築士法違反ほう助などの罪に問われた姉歯元建築士の初公判
12月26日	姉歯元建築士に対して、東京地裁が**懲役5年、罰金180万円の実刑判決**を下す
07年11月7日	東京高裁が姉歯元建築士の控訴棄却
08年2月19日	最高裁が姉歯元建築士の上告棄却

偽造の発覚から、姉歯氏の判決が下るまで。同氏が問われた罪は、建築基準法違反と議院証言法違反、建築士法違反ほう助の3つだった。最終的に6人が有罪となった［資料：137ページまで取材や資料などを基に日経アーキテクチュアが作成］

2005

VERIFICATION 3

[写真2]マンションやホテルへ影響広がる｜左は、偽造が発覚して解体が進められる「グランドステージ溝の口」。政府が建て替え支援の対象とした分譲マンションのなかで、具体的な再建計画を決めて解体に着手した第1号物件となった。右は、総工費約5億円をかけて免震補強をしたホテル「エースイン松本」。いずれも日経アーキテクチュア2006年11月13日号に掲載[写真：2点とも日経アーキテクチュア]

き受けて負担を分散させつつ、完了検査率を高めるのが、国の狙いだった。

性能規定化は、設計の自由度が増すほか、海外から良質で廉価な建材を導入できるようになり、建築コストを低減できると期待された。

事件で緩和ムードは一変

そうした期待を砕いた事件が、05年11月に発覚する。「構造計算書偽造事件」だ[写真1、図1]。姉歯秀次・元一級建築士(当時48歳)が、長年にわたり構造計算書を偽造し、鉄筋量などを減らしていたことが明らかになった。

姉歯氏が偽造に関与したマンション・ホテルなどは99件に上った[写真2]。建基法で求められる耐震強度に対して3割を切るものも見つかり、国土交通省は「震度5強の揺れで倒壊する恐れがある」とした。多くは補強や解体を余儀なくされ、マスコミは連日、「姉歯事件」としてスキャンダラスに報じた。

偽造の手口には複数のパターンがあった。条件を正しく入力した計算書のほかに、応力を低減させて「適合」の判定が出たものも出力し、それらを組み合わせる手法などだ[図2]。

最大の問題は、こうした偽造を建築確認や中間検査、完了検査、いずれの段階でも見抜

[図2] 数字を切り張りする手口

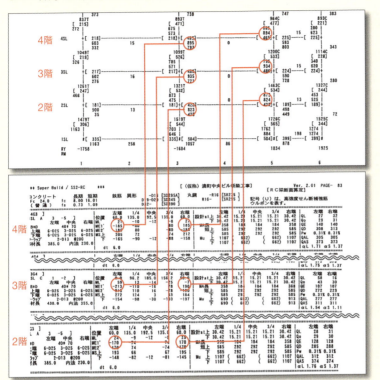

偽造の手口の1つ。応力計算（上）と部材断面計算の出力ページの一部（下）。本来は部材断面計算時の応力も同じ数値になるはずだが、左右ともに低減されている。書類上部には、通常「適合」の判定時にあるべき認定番号がなかった。姉歯氏が初めに偽造した物件は1997年に東京都中央区が建築確認したマンションだった

けなかったことにあった。一般の人々が建築物の性能を確保するための「最後の砦（とりで）」と期待する、建築確認制度そのものの信頼性が問われた。

さらにその後、国交省のサンプリング調査により、姉歯氏以外にも、構造設計者の勝手な解釈によるモデル化など、不適切な構造計算が行われていた実態が判明した。

なぜ偽造は見逃されたのか。国交相の私的諮問機関である緊急調査委員会は06年4月に発表した報告書で、建築主事などと、建築士の知見や技術力の優位さが逆転し、審査の形骸化の誘因となったことを指摘。また、建築確認の民間開放により、一部の検査機関が、「低料金で早く」という経済原理に基づく安易な審査に流れる傾向を招いたとした。

事件から急ピッチで法改正へ

"性善説"を前提に進んできた法制度は、"性悪説"へと大きくかじを切ることとなる[図3]。

「建築基準法と建築士法をセットで変える必要があると思った」。当時、国交省住宅局建築指導課長を務めていた小川富由氏は、事件発覚後の思いをそう語る。

社会的影響の大きさから、国交省は異例の

VERIFICATION 3

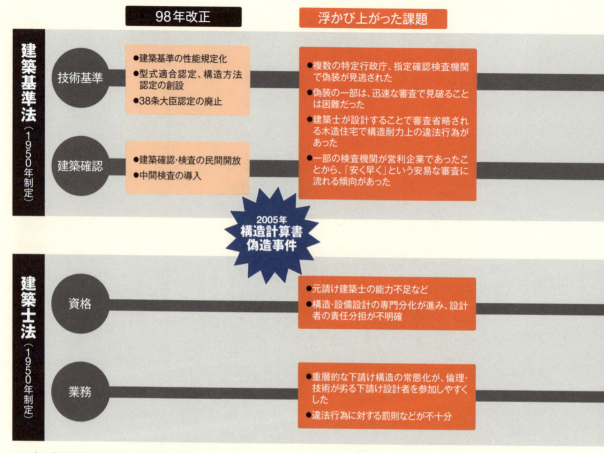

[図3]民間開放のひずみで大改正

1998年の建築基準法改正は、建築確認・検査の民間開放などがあり、戦後建築史上、最大の改正と言われた。だが、2000年施行からわずか5年で構造計算書偽造事件が発覚。建築確認・検査は厳格化へ転換することとなった

スピードで建基法、建築士法の改正や、住宅瑕疵担保履行法の制定作業を進めた。建基法改正案は、事件発覚から4カ月後の06年3月に閣議決定され、国会に提出。同年6月に成立した。続いて改正建築士法も同年12月に成立した。

改正では、建築確認・検査が大幅に厳格化された。その目玉が、「構造計算適合性判定（適判）」。一定の規模以上の建築物は、確認審査とは別に構造の専門家によるチェックを受けなければならない。そのほか、「確認審査等に関する指針」も公表。提出図書は、受理後の図書差し替えや訂正による変更を認めないこととした。

厳格化で「建基法不況」に

改正建基法が07年6月に施行されると、建築界

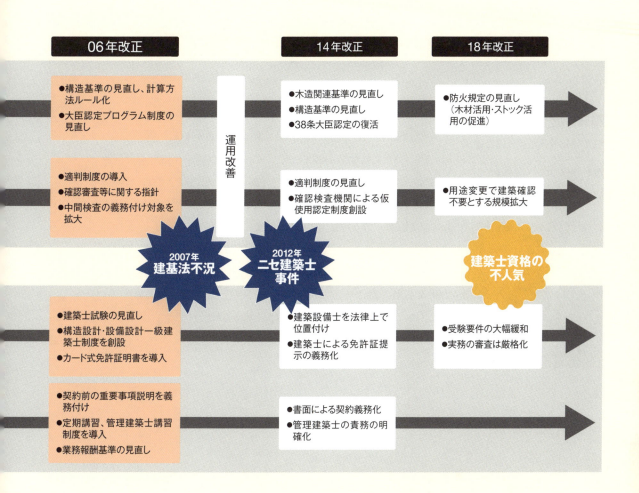

はパニックに陥った。「建築法不況」だ[写真4]。

設計者は申請図書作成に要する業務量が激増、審査側も煩雑な手続きに追われた。建築確認は滞り、同年8月の新設住宅着工戸数は前年同月比で43.3%も落ち込んだ。

当時の混乱ぶりを日本建築構造技術者協会（JSCA）前会長の金箱温春氏（金箱構造設計事務所代表）は、「適判は専門家同士によるチェックをするはずが、工学的判断よりも法律上の

[写真4] 沖縄では「現場からの悲鳴」訴える決起大会 | 2008年3月、那覇市にある沖縄県立武道館で沖縄県建設業協会や沖縄県建築士会など9団体が共催する「『現場からの悲鳴』総決起大会」が開かれ、約3500人の参加者が集結。建築確認・検査業務の改善を求めた [写真：日経アーキテクチュア]

2005

VERIFICATION 3

時代の証言　曲がり切れなかったひずみ

小川富由
住宅保証機構取締役副社長
(2005年当時、
国土交通省住宅局建築指導課長)

写真:日経アーキテクチュア

　平成のなかで、建築確認・検査の民間開放は非常に大きなインパクトがあった。その大きな変曲点で、制度としてうまく曲がり切れなかった部分のひずみが、構造計算書偽造事件につながったのではないかと思う。

　当初は、民間開放に大反対する人もいた。だが、今では色々な人に聞くと、2000年以前に戻すべきではない、という声が多い。そもそもあの偽造事件の背景は、新耐震基準以降に性能規定化などがあって構造設計がかなり複雑で特殊な世界になりつつあることを、構造設計者が十分に世の中に伝えきれていなかった。元請けの設計者や審査側も、大臣認定プログラムがあって、コンピューターで計算したものを過信していた。

　当時は走りながら考えていたが、やはり専門資格の仕組みを創設しないと、構造計算書偽造事件の問題は解けなかったと今も思う。　　　(談)

チェックが多く、実質的には建築確認と同じような作業が増えた」と説明する。

　そうした事態を受けて、07年8月に国交省は建築確認手続きの円滑化について通知を出すほか、構造関係基準の見直し内容を記載した解説書(黄色本)を発刊。その後も運用改善の取り組みを進めた。

　14年の建基法改正では、適判手続きを見直し、建築主が直接申請できるようにした。確認審査から早い段階で構造審査を行えるようにするためだ。18年の士法改正では、事件で厳格化した建築士試験の受験資格を見直した。今なお、事件の影響は収まっていない。

　事件前まで、姉歯氏と構造設計者として交流のあった高橋治氏(東京理科大学教授)は、次のように語る。「私は、事件後の厳格化は正しかったと思っている。適判の技術顧問を担当したとき、設計者による間違いの見逃しが少なくなかった。人の弱さ、ずるさを見越して、何人もの目で整合性を確認することは重要なことだ」

建築確認に新たな課題も

社会環境が変化し、建築確認制度の新たな

時代の証言　適判と建築確認の合理化を

金箱温春
金箱構造設計事務所代表

写真：日経アーキテクチュア

2006年の建築基準法改正で導入された適判は、世の中から見るとメリットがある。建築確認とのダブルチェックができ、判定員と対話できない設計者は淘汰される仕組みだからだ。ただ、それはボトムアップではあるものの、それまで高いレベルで構造設計をしてきた人にとってメリットはない。

法改正の前、私は国土交通省に赴いて、適判をより発展的なシステムとすることを訴えていた。適判はプロとプロが法律的な解釈を巡ってやり取りをする場として、設計の途中で行える仕組みにできないかという意見だ。だが実際には、適判と建築確認は同じようなチェックを行うだけにとどまっている。

構造設計では多様な素材を使い、その都度、安全を検証しなければならない。適判を受けた設計は、確認審査で構造を除くなど、審査の合理化に向けて改善の余地はあるのではないだろうか。　　　　　（談）

課題も浮上している。

1つは、建築確認や検査業務の煩雑化だ。例えば、ストック活用が進むなかで、構造を巡る法律の解釈はより個別性が増す。一定の裁量性を認めなければ、ルールは増える一方だとの指摘がある。

もう1つは、高齢化に伴う人手不足だ。民間機関で継承者がおらず、大手機関の傘下に入るケースも出てきた。特定行政庁には、年間確認件数が減り、人員を減らしたところも少なくない。限られた人数の専門家でチェックできる効率的な方法も検討すべきだという声は根強い。

緊急調査委員会の委員を務めた東京大学生産技術研究所の野城智也教授は、「もう70年前の法律のパッチワークでは持たなくなっている。建築規制の在り方そのものを見直すべき時期に来ている」と語る。

構造計算書偽造事件以降も、建築確認・検査にからむ不正は後を絶たない[図4]。18年には免震偽装が再び発覚し、建築界の信頼が大きく損なわれた。健全な建築生産システムをつくる前提に立ち、実効性ある法制度を再構築することが急務だ。

VERIFICATION 3

[図4] 相次ぐ不正で信頼失墜

2006年1月
東横イン違法改造事件

東横インが同社のホテルで、法律や条例で義務付けられている身体障がい者用の設備や駐車場を設置し、完了検査後に撤去してロビーを広げるなどの改造をしていた。法令違反が確認されたのは全国63棟。「時速60km制限の道を67–68kmで走ってもまあいいかと思った」という社長の言葉は、社会に衝撃を与えた［写真：右ページも特記以外は日経アーキテクチュア］

2007年1月
アパ耐震偽装事件

ホテルや分譲マンションを手掛けるアパグループが運営する2棟のホテルで、構造計算書の改ざんや計算ミスが判明した。保有水平耐力比は最も低い部分で0.71と0.79だった。構造計算書偽造事件が発覚した後、イーホームズから国土交通省に通報があり、田村水落設計が設計したアパホテルで偽造が発覚した

2005年11月 構造計算書偽造事件

2005 — 2006 — 2007 — 2008 — 2009 — 2010 — 2011 — 2012

2007年10月
防耐火大臣認定偽装問題

ニチアスがケイ酸カルシウム板を用いた軒天材、耐火間仕切り壁などについて大臣認定の不正受験を公表。4万件以上の住宅などで改修を余儀なくされた。その後、東洋ゴム工業（現・TOYO TIRE）が同様の不正を公表し、大臣認定偽装の横行が明るみに出た。国土交通省のアンケート調査により、40社が取得した大臣認定77件で偽装が判明した

2008年7月
六会コンクリート生コン偽装事件

神奈川県の生コン製造・販売会社、六会コンクリート（後に破綻）が生コンJISで使用が認められていない溶融スラグを、細骨材の一部として不正混入。正規の生コンであると偽って出荷していた。違法物件は100件を超えた

2005年の構造計算書偽造事件に端を発し、建築確認・検査にからむ様々な偽造事件が建築界に巻き起こった。「建築基準法はボトムラインを定めているもので、市民が求める社会的な安全への期待はもう少し高いところにある。その違いを専門家は分かっておかなくてはならない」と東京大学の野城智也教授は言う

| プロローグ 平成前夜 | PART 1 災害・事件・社会 | PART 2 建築デザイン | エピローグ 建築の未来のために |

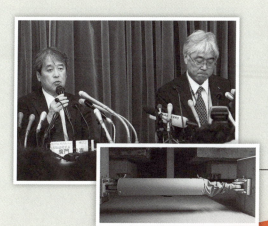

2018年10月
KYB免震偽装

油圧機器大手のKYBと子会社が免震・制振用オイルダンパーの性能検査データを改ざん。大臣認定の仕様や顧客契約に反した製品を出荷していた。被害施設は、庁舎や病院、商業施設、マンションなど全国で1000件近くに及び、東洋ゴムの被害件数を上回った。業界トップの不祥事に続き、川金ホールディングスも同様の不正検査を行っていたことを公表した

2015年3月
東洋ゴム免震偽装事件

東洋ゴム工業の子会社、東洋ゴム化工品の製造した免震部材が大臣認定の性能評価基準を満たしていなかったことが発覚。病院や庁舎、消防署など全国の施設に不適合品が導入されていた事実が次々と明るみに出た。通常の手順にはない変数を検査機器から出力された数値に掛け、出荷可能な範囲の性能を持っているようにデータを改ざんしていた［写真：2点とも池谷和浩］

2015年11月
杭工事偽装問題

横浜市内の分譲マンションに傾きが確認されたことをきっかけに、杭工事を担当した旭化成建材による施工報告書のデータ改ざんが発覚した。支持層の位置を判断する電流値のデータを、杭工事の現場代理人が紛失するなどした際、別の杭のデータを流用していた。全国で同様の改ざんが見つかったことから問題が拡大。調査の結果、ジャパンパイルなど複数の杭工事会社がデータを改ざんしていた実態が明らかになった

検証「平成の6大ニュース」——4

VERIFICATION 4
2003

再開発変えた新興デベの挑戦

職住近接・国際化の先陣を切る

[写真1] 密集市街地の隣に建ち上がる森タワー｜東京都港区の麻布十番商店街から、建ち上がっていく六本木ヒルズ森タワーを見上げる。テレビ朝日の敷地と、南側の住宅地合わせて約11ヘクタールの敷地を対象とした。写真は2001年12月10日号に掲載したもの [写真：安川千秋]

民間企業の市街地再開発では、最大規模といえる六本木ヒルズ。
2003年に完成し、外資系金融企業やIT関連企業の受け皿となった。
産業構造やライフスタイルが転換する時期と符合し、時代を象徴する街が生まれた。

検証4｜六本木ヒルズ

「森稔が生きていたら、五輪に向けた東京都心の再開発も違っていただろう」と、都市計画家である蓑原敬氏（蓑原計画事務所代表）は話す。「私は彼に少し批判的な立場をとることもあった」と前置きしたうえで、「彼は実業家として自治体や法規制とうまく向き合い、開発の仕組みを考え出す知恵があった」と振り返る。

森ビルは東京都港区で一連の複合開発を手掛けてきた。アークヒルズ（1986年開業）や六本木ヒルズ（同2003年）、虎ノ門ヒルズ（森タワーのみ14年）などがある。

なかでも社会に大きなインパクトを与えたのが六本木ヒルズだ。開発前の六本木は、夜に遊ぶ場所としての印象が強く、隣接する麻布十番まで中低層の建物が広がるエリアだった。そこに、高さ約238mの超高層ビルを核とする六本木ヒルズが建ち上がったことは、一目で街の変革を予感させるものだった［写真1、2］。

民間開発では最大スケール

開発範囲は約11ヘクタール。オフィスや商業などが入る森タワーやレジデンス棟のほか、テレビ朝日、毛利庭園を配置した。地権者は400人を超え、総事業費は約2800億円。民間企業による市街地再開発としては、国内最大規模だった。

資金繰りのために、「ノンリコースローン」と呼

［写真2］約400人の地権者をまとめる｜開発前は1958年に建てられた公団住宅や、木造低層住宅などがひしめき合う場所だった。消防車も入れない狭い道路があり、防災上の課題もあった。左は開発前の対象地、右は地権者に森ビル社員が説明している様子［写真：2点とも森ビル］

VERIFICATION

[写真3] 新たな観光スポットとして注目される | 2003年4月25日にオープンした六本木ヒルズ。来場者はオープンから10日間で約265万人に上った。中央にそびえるのが、オフィスなどが入っている地上54階建ての森タワー[写真:森ビル]

[写真4] 広場などでにぎわいをつくる | オフィスタワーとテレビ朝日本社、けやき坂通りに囲まれた場所に、約1700㎡の公開空地「六本木ヒルズアリーナ」を配置した。可動式の膜屋根を架け、コンサートやマーケットなど様々なイベントに利用している[写真:寺尾豊]

ばれるスキームを調達方法に採用したことは、その後の日本の大規模再開発に大きな影響を与えた。同スキームは、債務者がローンを返済しきれなくなった場合、対象物件を売却すれば、債務額に満たなくてもそれ以上の責務は遡及(リコース)されないというものだ。

一民間企業にとっては、大き過ぎる挑戦だったかもしれない。だが、この六本木ヒルズが、財閥系の大手不動産会社に比べると、新興の不動産会社だった森ビルを、日本を代表する"デベロッパー"へと押し上げた。

03年の竣工式に、当時の小泉純一郎総理と共に出席した経済学者の竹中平蔵氏(当時、金融担当大臣・経済財政政策担当大臣)は、「六本木ヒルズの開業は、平成の前半と後半を分ける、エポックメイキングな出来事だった。東京に必要な、分かりやすいランドマークが出来たと感じた」と振り返る[写真3]。

他の都市開発と一線を画し、六本木ヒルズの象徴性を支えたのが、「文化都市」というコンセプトだ。複合機能とデザイン、文化の要素を開発に盛り込むことにこだわった[写真4]。

時代の証言　平成はまだらな30年

竹中平蔵
東洋大学教授／慶應義塾大学名誉教授

写真:的野弘路

「失われた30年」という言い方がされるが、私は「まだらな30年」だったと思っている。良い分野もあれば悪い分野もある。東京の街がすごく良く変わったことは良い面だ。

バブル崩壊後、都市が拡大することへの反省があり、コンパクトシティの概念が生まれた。小泉内閣では都市再生本部をつくり、特例措置や規制緩和を実行。国家戦略特区では開発を加速するために、認可などのワンストップ化を盛り込んだ。

かつて森稔さんと話したときに、六本木ヒルズは構想から完成まで17年もかかったことを聞いた。通信技術が急激に発展するなか、都市計画にも柔軟なつくり変えと速やかな意思決定が必要と感じた。

今後、10年もたてば、街の絵姿は大きく変わるだろう。そのときに、東京のアイデンティティーを打ち出せるかが重要となる。　　　　(談)

2003

VERIFICATION 4

[図1] 平成最多のオフィス供給年に開業が重なる

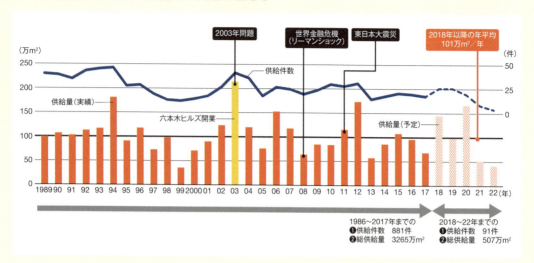

東京23区の大規模オフィスビル供給量推移。六本木ヒルズ開業の2003年は、年間216万m²のオフィスが供給され、平成で最も多い年だった。11年の東日本大震災で六本木ヒルズのBCP対策が評価されたこともあり、外資系金融機関などからの人気はいまだ衰えない
[資料：森ビル「東京23区の大規模オフィスビル市場動向調査」から抜粋]

　例えば、地上54階建ての森タワー最上階に現代美術館を配置した。設計料にも数十億円かけて、KPF（コーン・ペダーセン・フォックス・アソシエイツ）やJPI（ジャーディ・パートナーシップ）などの海外建築家を起用。それぞれの個性を競演させてにぎわいを表出させた。

　そうした挑戦にすぐに反応を示したのが、テナントや入居者たちだ。けやき坂沿いには高級ブランド店が並び、レジデンス棟には政治家から企業経営者まで様々な著名人が入居した。彼らを総称する「ヒルズ族」という流行語も生まれた。

　ただ開業時期には不安があった。03年は、「2003年問題」といわれたほど、都心でオフィスの供給が集中し、東京23区で200万m²以上のオフィスが完成する年だった[図1]。テナントの確保が危惧されたものの、六本木ヒルズは開業までに約8割のオフィスを埋めることができた。

　入居企業は、ゴールドマン・サックス証券など外資金融会社のほか、ヤフーやライブドアなどのIT関連企業など。交通アクセスが良いとはいえない六本木でも、ジーパンなどラフな格好で通えることや、住宅や美術館が歩いて行ける距離にあることに関心を持ってもらえたという。

　結果的に、重厚長大産業や国内の金融機関が集積する丸の内などのオフィス街とは異なる、グローバリゼーションやIT化という、新たな時代の到来を象徴する街が醸成された。

事故や事件で名が広まる

　だが開業からほどなくして、六本木ヒルズは試練を迎えることになる。

04年3月、森タワー2階の正面出入り口で、6歳男児が自動回転ドアに頭を挟まれて亡くなった[写真5]。森ビルと、販売元の三和タジマの両社役員らが書類送検され、業務上過失致死の罪に問われた。六本木ヒルズの計画初期から担当してきた森ビル都市開発本部開発4部の藤巻慎一部長は、「回転ドア事故への対応は、本当にきつかった」と振り返る。

トラブルはそれだけで終わらなかった。同年10月に新潟県中越地震が発生し、震源から約200kmも離れている六本木ヒルズ森タワーで、エレベーターが緊急停止した。ロープが長周期地震動に共振して損傷。復旧に約1カ月を要した。

「05年にはライブドア事件も起こり、開業から10年ぐらいは絶え間なく六本木ヒルズが取り沙汰された。マイナスイメージではあるが名前は広まった」(藤巻部長)

転機は11年の東日本大震災。阪神大震災直後の被災地を視察した森社長は、六本木ヒルズを災害時に「逃げ込める街」として設計することに強いこだわりを持っていた。そのため、地下に独自のエネルギープラントを備え、東日本大震災の発生後は一度も停電せず、さらには余剰電力を東京電力に提供。BCP(事業継続計画)対策の評価は盤石なものとなり、外資系金融機関などからのニーズがさらに高まるきっかけとなった。

[写真5]効率優先で死亡事故招いた自動回転ドア｜2004年3月26日、森タワーの2階正面入口で、6歳男児が自動回転ドアに挟まれ死亡する事故が起こった。写真は、事故直後に回転ドアを警視庁が実況見分している様子[写真:日経アーキテクチュア]

2003

VERIFICATION 4

[図2] 長い期間かけて開発を熟成

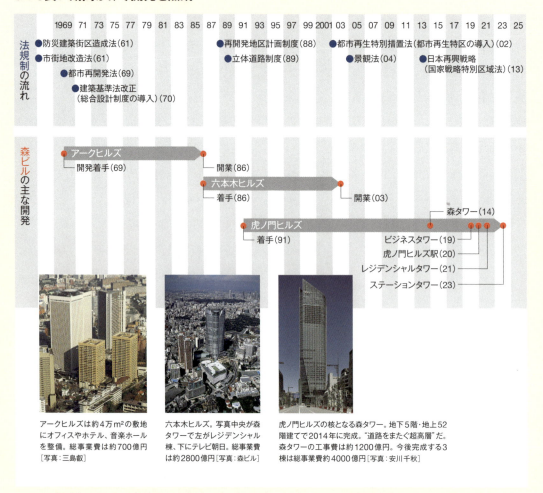

森ビルを代表する大規模再開発事例として、アークヒルズ、六本木ヒルズ、虎ノ門ヒルズの事業期間を並べた。都市再開発法や立体道路制度など、大きな規制緩和の動きがあるときには、そのチャンスを捉えていち早く事業につなげてきた［資料：取材や資料などを基に日経アーキテクチュアが作成］

アークヒルズの成功体験を継ぐ

六本木ヒルズの開発は、国内外の事業者や設計者たちを大いに刺激した。職住近接で文化施設を併設した複合型開発を試みたものもあった。

だが、「財閥系の不動産会社は、住宅部門とビル部門を別々に構えており、同様の複合型開発は容易ではないだろう」と簑原氏。森ビルが複合型開発を実現できた背景にはその前のアークヒルズ（1986年竣工）の経験がある［図2］。

アークヒルズは、森ビルが総事業費約700億円をかけて東京都港区の赤坂と六本木にまたがる密集市街地を再開発したプロジェクトだ。着手したのは69年。当初は銭湯跡地などを超

時代の証言　普通の人が入れる開発も必要

蓑原敬
蓑原計画事務所代表

写真：日経アーキテクチュア

森稔は、先見の明があり、賢い。彼はアークヒルズで世界の金融資本を引き入れ、時代の結節点にいるような面白い男だった。ただ一方で、1930年代、40年代の近代主義が持つ明るい面だけを一生懸命追っていることは問題だと私は感じていた。

私と彼で意見が分かれ始めたのは、彼が六本木ヒルズ型を広く展開したいと言い出したときだった。都市には、集積性の高い部分があれば、低い部分もある。その低い部分で住宅や公共施設をつくらなければならないこともある。経済が上昇する時代は、収益の高い部分だけでそれらをカバーできた。だが、そんな時代が過ぎれば、すぐに資産処分に追われるはずだ、と私は反論した。

基本的に住宅政策は、市場経済の中で成り立つ構造ではない。普通の所得者が入れる家を六本木ヒルズ型の事業で生み出せるか。森稔が自分で開発するのは構わないが、社会全体でそれが通用するとは思わない方がいいというのが私の考えだ。　　（談）

高層ビルに建て替える計画だったが、東京都が都市再開発法（69年施行）のモデルケースとすることを勧め、周辺の住宅密集地まで広げて整備することとなった。

このときに外資系企業の誘致に手応えを感じた森ビルは、六本木や虎ノ門など、国際都市の形成を目指す開発へ邁進することとなった。

高級感からの脱却

六本木ヒルズは今も年間約4000万人の来街者を受け入れ、18年までの延べ来街者数は約6億人に達するという。ただし今後は、「渋谷や虎ノ門、さらには湾岸エリアとの綱引きが始まる」。そうみるのは、RFA（東京都台東区）の藤村龍至主宰だ。

東京都心部では、20年東京五輪開催を控えて数多くの再開発が進行中だ［図3］。02年以降に設けられた都市再生緊急整備地域や国家戦略特区などの規制緩和によって、事業認可などの手続きはさらにスピードアップし、容積率の上乗せで高層化が進む。特に都市の国際競争力の強化を重点的に進める特定都市再生緊急整備地域については、18年10月

VERIFICATION 4

時点で、全国13地域あるうち東京都内は6カ所該当する。その面積は、合計約2900ヘクタールに及ぶ。

　開発が目覚ましいのは、常盤橋や八重洲などの東京駅周辺、駅整備と周辺再開発を兼ねた渋谷、品川といったエリア。選手村の整備が予定されている晴海などの湾岸部も注目だ。湾岸部から、森ビルが建設中の虎ノ門ヒルズを通って赤坂へと抜ける環状2号線の計画は、東京の新たな都市軸として期待が集まる。

　六本木ヒルズでは膨大な事業費の採算をとるのに、他のオフィス街との区別を明確にし、高級感のある街のブランドを演出することが不可欠だった。開業当時、「資本の独り歩き」と批判する声もあった。一方、RFAの藤村主宰は「麻布十番商店街とのつながりを残した設計は、今後の巨大開発のヒントとなる」と評価する。

　都市機能を複合させるだけでなく、既存の街を敷地に引き込んで新旧の文化が交じり合う。しかも、多様な価格レンジを許容できるような再開発が発明されれば、それが平成の次の時代を象徴する都心大規模再開発の進化系になるのかもしれない。

[図3] 30年間で激変した東京の風景

東京都心部で平成の主な再開発と、今後完成予定の注目プロジェクトを並べた。青線は計画を含む環状2号線。2022年度に全線開通予定。平成初期は都庁舎や恵比寿ガーデンプレイス、臨海副都心、中期に六本木ヒルズや汐留シオサイトが登場。現在は、渋谷、品川、虎ノ門、湾岸、八重洲で大規模再開発が進行中だ［地図制作：ユニオンマップ］

釜石の復興を支えた「建築の力」

住民の生活重視で進めた市街地の再建

検証「平成の6大ニュース」——5

VERIFICATION 5
2011

[写真1]津波被害で多くの集落が壊滅状態に｜民家に迫る大型漁船。岩手県釜石市にて2011年3月25日に撮影した。このほかの地域でも、津波によって陸に流された船が建物を破壊する同様の被害が見られた［写真：日経コンストラクション］

2011年3月11日、地震発生後に大津波が発生。沿岸部の都市や集落を襲った。高台移転やかさ上げなどを画一的に進めた復興計画に批判の声も多いなか、従前の地域性の維持と共に将来の発展を目指したのが岩手県釜石市だ。

検証5｜東日本大震災

2011年3月11日午後2時46分。日本の観測史上最大のマグニチュード9.0、最大震度7の巨大地震が東日本を襲った。大津波は防潮堤を破壊し、沿岸の都市や集落に壊滅的な被害をもたらした。

東日本大震災ではその後、東京電力福島第1原子力発電所で爆発事故が発生。放射性物質が大気中に放出された。国による避難

[図1]東日本大震災の特徴は広域災害

阪神大震災		東日本大震災
1995年1月17日午前5時46分	発生日時	2011年3月11日午後2時46分
7.3	マグニチュード	9.0
直下型	地震型	海溝型
1県(兵庫)	震度6弱以上の県	8県(宮城、福島、茨城、栃木、岩手、群馬、埼玉、千葉)
数十cmの津波が発生したとの報告あり。被害なし	津波	各地で大津波を観測 最大波は相馬9.3m以上、宮古8.5m以上、大船渡8.0m以上
建築物の被害。長田区を中心に大規模火災が発生	被害の特徴	大津波により沿岸部で甚大な被害が発生。多数の地区が壊滅
死者6434人 行方不明者3人	死者・行方不明者	死者1万9667人 行方不明者2566人
全壊：10万4906棟 半壊：14万4274棟 一部損壊：39万506棟	住家被害	全壊：12万1783棟 半壊：28万965棟 一部損壊：74万5162棟
公共建物：1579棟 その他：4万917棟	非住家被害	公共建物：1万4527棟 その他：9万2012棟
25市町(2府県)	災害救助法の適用	241市町村(10都県) *長野県北部を震源とする地震で適用された4市町村(2県)を含む

阪神大震災と東日本大震災の被害状況の比較。死者は震災関連死を含む。東日本大震災では震度6弱以上を観測した範囲が広く、さらに津波被害の規模が大きい。東日本大震災の被害状況は2018年9月1日時点
[資料：死者・行方不明者と住家被害は総務省消防庁、他は内閣府の資料を基に日経アーキテクチュアが作成]

2011

VERIFICATION 5

2011年

2013年

2018年

[写真2]商業エリアを早急に復興｜震災直後から「釜石市民ホール TETTO」開業までの、岩手県釜石市の中心部の様子。市民の生活再建を優先的に考えて復興を進めた[写真:左上は日経コンストラクション、右上は松浦隆幸、下は吉田誠]

指示は半径20km圏内に及び、首都圏でも計画停電が実施された。住宅約40万棟が全半壊、死者・行方不明者は2万人を超えた[写真1、図1]。

地震発生から9日後、阪神大震災の復興に携わってきた神戸大学の塩崎賢明名誉教授は、「東北関東大震災のよりよき復興にむけて」と題する文書を、知り得る限りの東北地方の都市計画や建築、防災関係者などに送った。

東日本大震災の復興に関わるうえで、この文書を参考にした1人が、東北大学大学院の小野田泰明教授だ。塩崎名誉教授は「公営住宅のつくり方を間違えると大変なことになる。阪神大震災の復興地のいい例、悪い例を紹介した」と振り返る。

小野田教授はこう語る。「被災地で問題になるのは、計画をどう実装するか。それを被災した東北大学の"プチ復興"で体感し、一緒に汗を流す覚悟で復興に協力してきた」

小野田教授が復興に協力している被災地の1つが岩手県釜石市。多くの被災地の復興計画づくりで建設コンサルタント会社が中心的な役割を果たすなか、建築実務者の提案を積極的に採り込んだ数少ない自治体だ[写真2]。

商業エリアを先行して復興

釜石市は、東日本大震災で738ヘクタールが浸水。当時の人口約4万人に対し、死者1064人(うち行方不明者152人、関連死認定者106人)。住家被害は4704戸、市内避難所への避難者は最大9883人に上った(いずれも2019年3月8日時点)。

07年から同市の市長を務める野田武則氏は、「復旧などを進めながら、震災前よりもいい釜石をつくっていかなくてはいけない、そのチャンスに変えようと考えていた。震災発生1カ月後に、市民に向けて釜石らしい復興を考えようとメッセージを発信した」と話す。

まず、住民との意見交換のためにまちづくり協議会などを設置。釜石に合った復興にするためには専門家の意見が必要と考え、有識者や市民で構成する復興プロジェクト会議を11年5月に設立した。伊東豊雄氏が顧問を務め、小野田教授ら建築やまちづくりの専門家が参加した。

復興プロジェクト会議はワークショップを開催し、住民とまちづくりの考え方を議論した。野田市長は、「全員がワークショップなどに参加できるわけではない。議論の内容を毎回全市民に郵送した」と、合意形成における情報共有の重要さを語る。

復興プロジェクト会議は土地利用計画やハード整備方針など基本計画を作成し、復興まちづくり委員会に提言。委員会は都市工学や防災、産業・観光などの有識者の意見を参考に、復興基本計画を作成した。有識者らは、新しい企業の誘致や雇用の創出、観光産業の重要性のほか、日常生活やコミュニティーへ

の影響を考慮するよう助言した。

　復興計画は、市街地の整備、行政機能の再構築、魚市場の整備の大きく3つを設定した[図2、写真3-5]。まず、住民の生活を支えるために大型商業施設を誘致。震災以前よりも市内で買い物をする市民が増えた。岩手県の調査で08年度に78.8%だった釜石市の地元購買率は、16年度には同83.3%（14年度以降は市が調査）まで上がった。

　大型商業施設の北側では拠点施設を整備するなどして、既存の商店街や点在していた商店などの商業機能をコンパクトに集約し、利便性の高いまちづくりを目指した。中心市街地に人が向かう流れを生み出すよう、大型商業施設の出入り口や広場、小規模な商業施設の配置を工夫した。

　市街地整備は17年12月の「釜石市民ホール TETTO」（設計：aat＋ヨコミゾマコト建築設計事務所）開業で完了。市は、解体した旧市民文化会館よりも活発な利用状況を喜ぶ。小野田教授も「質の高い復興ができた」と振り返る。

復興の「質」をどう高めるか

時代の証言　被災者の生活再建を優先せよ

塩崎賢明
神戸大学名誉教授

写真：日経アーキテクチュア

　前代未聞の災害を見て、東日本大震災の復興はかつてない困難に直面するだろうと思った。そこで、自分の経験を基に、復興において重要だと考えてきたことを伝え、東日本大震災のよりよき復興の助けになれば、との思いで文書をメールでばらまいた。

　最初の一歩を間違えるととんでもない泥沼状態になる。阪神大震災の復興は25年目を迎えているが、まだ復興が続いている地区がある。

　また、従前のコミュニティーを配慮した移転が計画されず、復興公営住宅では10年末までに700人近くが孤独死で亡くなっていた。そういう阪神大震災復興後の現況も伝えた。

　阪神大震災の頃は、バブル崩壊後とはいえ、まだお金も活力もあった。今後、高齢化が進み、人手が足りなくなっていく。自治体に負担をかけ過ぎずに復興を進める制度づくりも考える必要があるだろう。　　　　（談）

市が発注する公共建築物の設計者はプロポーザル形式で選定した。伊東氏をはじめ、復興プロジェクト会議のメンバーなどが審査を担当。復興公営住宅4件、小中学校など2件、市民ホールの計7件のプロポーザルを実施した。選定された設計者は住民とのワークショップを行い、設計に反映した。しかし、労務費や資材費の高騰によって入札不調が続き、市は設計者交代や設計見直しなどを行い、計画通りには実現しなかった。

野田市長は、「住民と議論ができたことが良かった。住民との連携が強まったことは大きな財産になった」と振り返る。

住民との議論醸成に一役買ったのが「コミュニティケア型仮設住宅」だ。仮設生活が長期化しても、安心、快適に生活できるよう、仮設団地内に飲食店などが入居する商業施設、医療福祉的サポートが提供できる施設、そしてコミュニティーの形成を図る配置計画などを盛り込んだものだ。この考え方を採用し、釜石市平田地区の仮設団地には、市内で最大規模の仮設商店街が整備された。

提案した東京大学の大月敏雄教授は、「行政は前例がないことをやりたがらない。コミュ

時代の証言　将来を見据えた発想に共感

野田武則
釜石市長

写真：日経アーキテクチュア

震災前よりもいい釜石をつくっていかなくてはいけない。そのチャンスに変えようと考えていた。たくさんの専門家が提案に来たが、建築家の伊東豊雄氏の復興に向けた提案が、一番インパクトがあった。

今が良ければいいというものではなく、将来の釜石の活性化につながるものをつくる。その考えが我々の思いに通じるものだった。

専門家の意見が全て現実に当てはまるものではない。住民が納得するものになるよう連携する体制を整えた。全てが考えた通りに実現したわけではないが、専門家たちが示した可能性を基に、住民らと議論ができたことが良かった。

生活道路の確保、建設費高騰などの課題に直面し、当初思っていたよりも復興に時間がかかった。復興道路・復興支援道路が完成すれば、次の災害時はより早く復興できるだろう。今後の課題は教訓の継承。主体的な避難ができるよう、防災教育にも力を入れていく。

（談）

VERIFICATION 5

[写真3]にぎわいを生む市民ホール | 2017年12月開業の「釜石市民ホール TETTO」。間仕切りを開けると、大ホールから大屋根の下の広場までシームレスにつながる[写真：吉田誠]

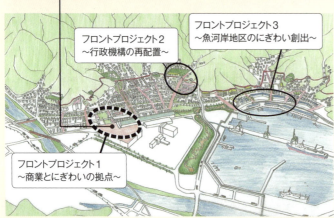

[図2]計画のなかでも優先順位を設定

釜石市は復興計画を、市街地の整備、行政機能の再構築、魚市場の整備の大きく3つに設定した。中心市街地の整備を、復興をリードするプロジェクトとして先行して進めてきた[資料：釜石市]

[写真4]交流しやすいプランを採用 | 釜石市大町復興住宅1号の南側から見た外観。プロポーザルで大和ハウス工業・千葉学建築計画事務所JVが事業者に選ばれた。3階建て1棟、6階建て3棟が、外周に面して設置した「縁側」でつながる[写真：吉田誠]

[写真5]役目を終える仮設 | 釜石市平田地区の仮設住宅団地に立つ「みんなの家」(設計：山本理顕設計工場)。市担当者によると約2年前から使われていないという。同団地は全240戸のうち、2019年3月末に13戸が退去、19年度も5戸が入居を続ける予定[写真：日経アーキテクチュア]

VERIFICATION 5

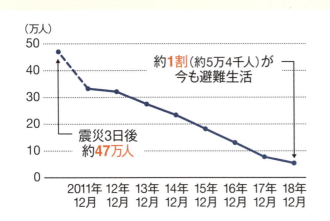

[図4] 5万人超が避難生活

東日本大震災の避難者数は発災直後の推計で約47万人に上った。2018年12月時点で、避難生活を続けている人が全国で5万人以上もいる[資料：右ページ2点とも復興庁の資料を基に日経アーキテクチュアが作成]

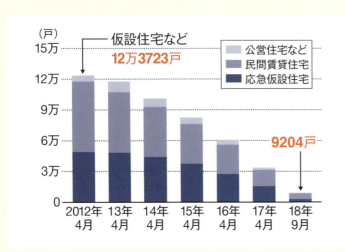

[図5] 仮設1万戸を下回る

全国の仮設住宅などの入居状況。恒久住宅への移転が進み、入居戸数は最大の約12万戸から2018年9月時点で9204戸まで減少した[資料：内閣府の資料を基に日経アーキテクチュアが作成]

ニティケア型という前例をつくれたことは、今後の仮設団地計画のブレイクスルーになるだろう」と話す。

　市の復興は観光産業の促進に向かっている。18年8月に完成した「釜石鵜住居復興スタジアム」では、19年9、10月にラグビーワールドカップの試合が開催される。そのほか魚市場周辺では、19年4月の開業を目指し、にぎわいを創出する広場や観光施設の工事を進めている。

　震災前から耐震性不足で建て替え計画があった市庁舎の建設は、仮設団地の跡地に計画している。全住民が退去予定後の20年度中に着工、21年の開庁を目指す。

復興は道半ば

震災発生から8年が過ぎた。岩手や宮城、福島3県の復興は着実に進んでいるものの、津波や原発事故の傷跡は根深い[図3]。各地で

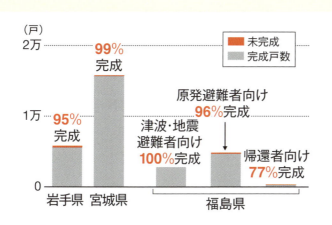

[図6]災害公営住宅は9割完成

災害公営住宅の完成状況。入札不調や人材・資材不足などが原因で着工・完成の遅れがあった。住民への意向調査などを基に戸数を計画したが、年数を経て状況が変わった人も多く、早々に入居条件を変えた自治体も多い

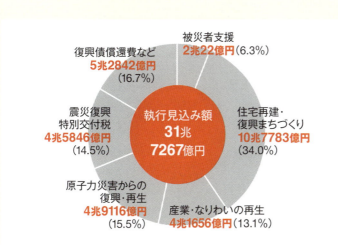

[図7]復興に投じる費用は10年間で32兆円

外側の円グラフは2016年度までの復興関連予算の執行状況。集中復興期間(11-15年度)に投じた費用は約25.5兆円。復興庁は復興・創生期間(16-20年度)を含めると、復興に投じる費用は10年間で約32兆円と見込んでいる

被災した住宅や公共施設の再建が進んでいるが、今なお5万人を超える避難者がいる[図4-7]。復興過程では地域が衰退したり、住民の間に分断が生じたりする弊害も起きている。

東日本大震災の復興のために12年2月に新設された復興庁は、16年度末までを「集中復興期間」、その後20年度末までを「復興・創生期間」と定めた。19年3月時点で生活インフラの復旧はほぼ完了したが、21年3月までに完成しないものもある。政府は19年3月8日、新たな復興の基本方針を閣議決定した。20年度末に設置期限を迎える復興庁の後継組織の設置を盛り込んだ。

30年以内に70-80%の確率で起こるとされる首都直下地震や南海トラフ巨大地震では、甚大な被害が予測されている。東日本大震災などの復興の経過を教訓に、建築実務者自らができることを始める必要がある。

2011

検証「平成の6大ニュース」——6

VERIFICATION 6
2013—2015

集大成としての「世界初」の挫折

ザハ案の白紙撤回を招いた技術への過信

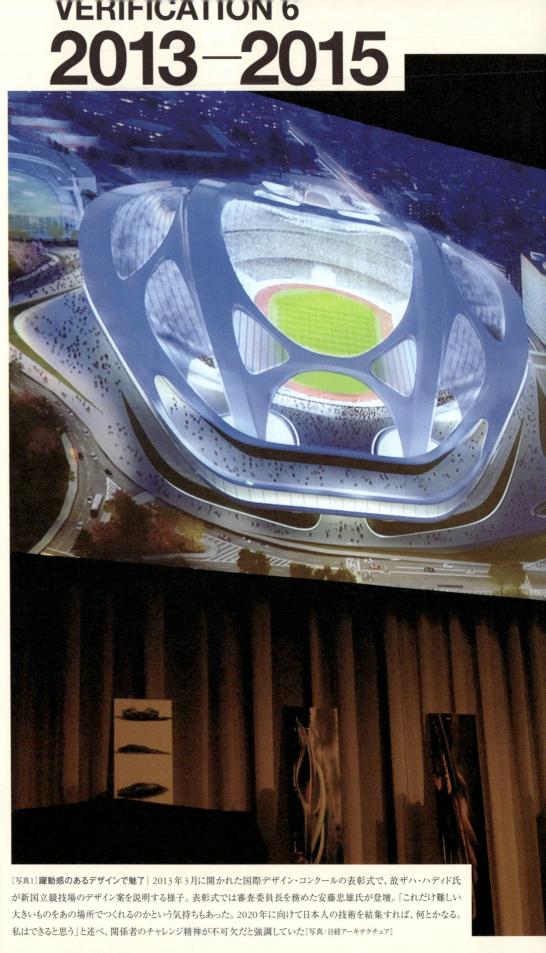

[写真1] 躍動感のあるデザインで魅了 | 2013年3月に開かれた国際デザイン・コンクールの表彰式で、故ザハ・ハディド氏が新国立競技場のデザイン案を説明する様子。表彰式では審査委員長を務めた安藤忠雄氏が登壇。「これだけ難しい大きいものをあの場所でつくれるのかという気持ちもあった。2020年に向けて日本人の技術を結集すれば、何とかなる。私はできると思う」と述べ、関係者のチャレンジ精神が不可欠だと強調していた [写真:日経アーキテクチュア]

着工直前の白紙撤回で幻に終わったザハ・ハディド案の新国立競技場。
その実現は、大空間構造の技術が進んだ平成30年間の集大成だった。
世界最長アーチへの挑戦が挫折した背景には、技術への過信があった。

検証6｜新国立競技場問題

2015年7月17日、新国立競技場の旧整備計画の白紙撤回が発表された。「(白紙撤回を知ったのは)自宅がある名古屋に戻る新幹線の中。新国立競技場の技術アドバイザーから、安倍首相が白紙撤回と言っているが本当なのか、と電話を受けた」と、構造設計を担当していた日建設計エンジニアリング部門構造設計グループの杉浦盛基構造設計部長は、その日を振り返る。実施設計を終える直前で、現場では既に施工者と山留めの打ち合わせを始めていた。

発注者である日本スポーツ振興センター(JSC)が国際デザイン・コンクールを開き、英国

2013–2015

VERIFICATION 6

の設計事務所、ザハ・ハディド・アーキテクツの案を最優秀賞に決定したのは12年11月。19年ラグビーワールドカップと、20年夏季五輪を招致するうえでメインスタジアムとすることが当初の目的だった[写真1、図1]。最優秀賞の発表に際し、審査委員長の安藤忠雄氏は「日本の技術力を示す」と語っていた。

ザハ案の最大の特徴は2本のキールアーチで巨大な屋根を支える上部構造にあった。キールアーチは380mスパンで、屋根開口部を覆う透明膜が開閉する機構を備える。いずれも世界に例のない、印象的なスタジアムになるはずだった。

ザハ事務所のデザイン監修の下、設計を手掛けたのは日建設計・梓設計・日本設計・アラップ設計共同体（設計JV）だ。設計JVは13年5月、2本のキールアーチが屋根を支える案を基に、基本計画を固めるフレームワーク設計に着手した。

13年9月に東京五輪開催が決定すると、斬新で大胆な設計に対して、建築界のみならず社会で議論が巻き起こる。やり玉に挙げられたのが、キールアーチだった。建築家の槇文彦氏らが「巨大過ぎる」と批判するなど、逆風が吹き荒れた。

JSCは、実施設計の途中で施工予定者がコスト調整などを支援するECI（アーリー・コントラクター・インボルブメント）方式を導入。14年10月、屋根工区に竹中工務店、スタンド工区に大成建設を選定し、状況の打開を図る。だが、その後もプロジェクトは曲折をたどり、工事費が膨張。15年7月に白紙撤回に追い込まれた。

構造が握っていた実現の鍵

一連の騒動の裏では、構造設計者たちの挑戦と挫折があった。最大の課題は、世界最長スパンのキールアーチをどうつくるか。構造の革新がデザイン実現の鍵を握っていた。

13年9月から4カ月間、設計JVの中から7人が英国に常駐し、ザハ事務所の一角を借り、日々協議しながら基本設計条件案を固めた。7人のうち5人が構造設計者だった。

設計JVはフレームワーク設計に取り掛かると、まず世界中の大スパンアーチの事例を集めた。日本最大スパンのアーチは、広島空港大橋の380m。建築物に限らず、橋梁など土木構造物についても設計の考え方、施工方法などを調べたという。

橋梁を参照していて目を付けたのが「セミモノコック構造」だ[図2]。セミモノコック構造とはリブを取り付けた鋼板を箱形に構成するものだ。トラスに外装材を取り付ける方法と比較して、意匠性や施工性、メンテナンスコストの面でも有用だと判断した。

ザハ事務所の「力強さを見せるために、外装材でくるむのではなく、構造体そのものを見せたい」という要望にもかなうものだった。杉浦構造設計部長は、「実現できていれば、建築と土木が融合していく契機になっていたの

[図1] 五輪決定から2年で白紙撤回

2012年11月	新国立競技場の国際デザイン・コンクールでザハ・ハディド・アーキテクツ案に決定
13年1月	立候補ファイルを国際オリンピック委員会へ提出
13年5月	東京都都市計審、外苑地区の地区計画（再開発等促進区）を承認
13年5月	フレームワーク設計開始
13年9月	**2020五輪開催都市が東京に決定**
13年11月	基本設計条件案を公表
14年1月	基本設計開始
14年8月	実施設計開始
15年7月	設計概要（案）
15年7月	**✕ 白紙撤回**
15年8月	条件見直し
15年10月	当初着工予定
15年12月	公募型プロポーザル方式で大成建設・梓設計・隈研吾建築都市設計事務所JVを優先交渉権者に選定
16年12月	着工
19年5月	当初完成予定
19年9月	ラグビーワールドカップ開催
19年11月	完成予定
20年7月	**東京五輪開催**

旧計画（ザハ案）:
- 延べ面積：約22万m^2
- 座席数：約8万席
- 最高高さ：75m
- 概算工事費：1785億円（競技場本体と周辺整備）

目標工事費：2520億円に設定

資料：Zaha Hadid Architects & SJV

条件見直し後:
- 工事費上限：1550億円
- 座席数：6万8000席程度
- 屋根は観客席上部のみ設置

新計画:
- 約19万m^2、座席数：約6万席
- 最高高さ：約50m

写真：ITイメージング

新国立競技場整備計画を巡る経緯。ザハ・ハディド案による旧整備計画では、フレームワーク設計で与条件を整理したうえで基本設計に入った。面積は縮小されたが、目標工事費が大幅に膨らみ、世論の反発を受けて安倍晋三首相が白紙撤回を表明した

[資料：取材を基に日経アーキテクチュアが作成]

2013—2015

[図2] 380mスパンのキールアーチへの挑戦

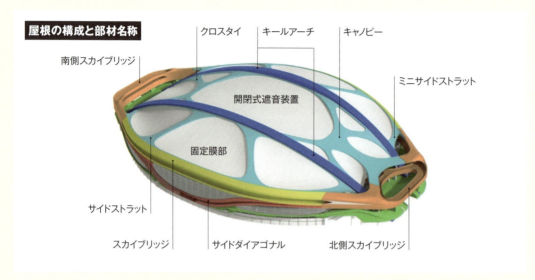

初めに部材の名称を決めてザハ事務所と協議しながら設計を進めた。上は最終的な部材名称
[資料:右ページまで日建設計・梓設計・日本設計・アラップ設計共同体]

ではないか」と振り返る。

　8万人収容の巨大スタジアムを免震構造とすることも日本初の試みだった。規模が大きい分、コンクリートの熱膨張や在館者の偏りなどによる構造への影響が大きく、解決すべき課題は多かった。フレームワーク設計の中で耐震や制振と比較検討し、免震構造で設計する方針を固めた。

　スタジアム全体の中で、屋根に関する資材や施工費の占める割合が大きかった。屋根に入る地震力を小さくして鉄骨量を落とせば、コストを抑えられる。加えて、地震を体験したことがない観客が世界中から多く訪れることも考慮した。

　設計過程では多くの解析やシミュレーションを実施。フレームワーク設計で決めた方針を基に、基本設計、実施設計で1つずつ技術的課題を解決していった。15年10月に着工するスケジュールで確認申請までこぎつけたが、白紙撤回となり、一連の挑戦が日の目を見ることはなかった。

「絵が完成し過ぎていた」

設計JVの構造アドバイザーを務めた日本大学の斎藤公男名誉教授は、ザハ案が白紙撤回に至った原因について「絵が完成し過ぎていて、皆がこれを全てつくらなくてはいけないと考えてしまった。コンピューターと施工技術を過信した」と語る。「プロジェクトの立ち上がりで、もっと構造の視点から計画の在り方をザハ事務所と議論すべきだった」

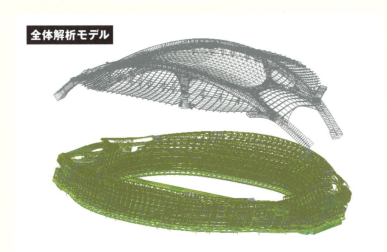

全体解析モデル

ライノセラスで作成した3Dデータを用いてザハ事務所と形状のすり合わせを行い、そのデータを変換して解析した

面要素解析モデル

屋根のみの面要素解析モデル。3Dデータで当初から面を構成して解析のために変換しやすいよう工夫した

キールアーチ断面

橋梁などで使われるセミモノコック構造を採用したキールアーチの断面。座屈を抑制するリブを伴った鋼板を箱形に構成する

VERIFICATION 6

時代の証言　もっと構造の議論をすべきだった

斎藤公男
日本大学名誉教授

写真:日経アーキテクチュア

新国立競技場の当初案を採用した直後に、もっと構造の視点から施設の在り方について、ザハ事務所と議論すべきだった。建築は織物のようなものだ。縦糸は技術。技術は人間が延々と築いてきたもので、時代が変わってもピンと張って切れることはない。

米国から技術を輸入した東京ドームは、雪の日でも野球の試合ができる、と社会に衝撃を与えた。2000年代にコンピューターが普及し、一気に時代が変わった。一方で、プロジェクトの責任を取る人がいなくなったように感じる。技術は進歩するが、いつの時代も一番大事なのは人間の知力や責任感。そして技術に対する社会的なリスペクトだ。

挑戦や冒険はときには必要だが、大きく踏み出してツルっと滑ってしまっては仕方がない。どのくらいの歩幅で踏み出したらいいのか、それを判断できる専門家が、今の時代では特に必要だ。

（談）

白紙撤回後に文部科学省が設置した「新国立競技場整備計画経緯検証委員会」は15年9月に報告書を公表した。フレームワーク設計中に設計JVが当初目安の工事費1300億円を大幅に超える可能性があると示唆したことを踏まえ、五輪決定から基本設計着手までの4カ月間にゼロベースで見直すべきだったと指摘。報告書ではコストのほか、プロジェクトの推進体制、情報発信など様々な問題点を指摘した。

構造設計を担当したアラップの与那嶺仁志氏は「ザハ事務所は、自分たちが設計した建物をどうつくるか、という現実的な提案ができる。それは世界中で建たなかった事例の経験に基づいている。コストを抑える提案をしていたのに、それが社会に伝わらなかった」と悔やむ。

仕切り直しになった新整備計画では、収容人数を縮小、文化イベントでの利用を想定していた開閉式遮音装置が外された。設計・施工者は、大成建設・梓設計・隈研吾建築都市設計事務所JV。競技場本体と周辺整備を合わせた建設費の上限は1550億円と設定した。19年11月の完成を目指して建設が進んでいる[写真2]。

[写真2]隈研吾氏による新案で建設が進む | 2018年7月に公開された新国立競技場の施工現場。スタンド上部には、フィールド側に約60m張り出す屋根を架ける[写真：日経アーキテクチュア]

意匠と技術の両輪が不可欠

平成の30年間は大空間構造の技術革新が進んだ時期だった［図3］。1988年の東京ドーム完成以降、スタジアムなどの施設が各地で建てられた。新国立競技場のザハ案は、その集大成と位置付けられるものだった。

世界最大スパンのキールアーチへの挑戦は白紙になったが、他の五輪施設では世界初となる90mスパンの「複合式木質張弦梁構造」の建設が進んでいる。2019年11月完成予定の有明体操競技場だ。同競技場の技術アドバイザーを務める斎藤名誉教授は、「コンピューターに頼り過ぎず、全体のシステムを考えながら施工性や、木の性質、継ぎ手部分などを並行して設計していく手法は後世の参考になるだろう」と話す。

新国立競技場問題は、日本のものづくりの在り方に課題を突き付けた。「技術に対するリスペクトがないと、エンジニアリングが育たないし、デザインはバーチャルな世界に突き進む。デザインとエンジニアリングの両輪が不可欠だ」と斎藤名誉教授は語る。

VERIFICATION 6

[図3] 30年間で大空間構造の技術が発展

凡例
施設名
竣工年、収容人数もしくは客席数、施工費
※未完成のものは予定。
施工費は日経アーキテクチュア掲載時のデータに基づく

東京辰巳国際水泳場
1993年、5000席、181億円
[写真：安川千秋]

横浜国際総合競技場
1998年、7万人、603億円 [写真：三島叡]

東京スタジアム	2000年、5万人、307億円
埼玉スタジアム2002	2001年、6万3000人、339億円
札幌ドーム	2001年、4万2000人、422億円
新潟スタジアム	2001年、4万2279席、300億円
御崎公園球技場	2001年、4万2000席、300億円
静岡スタジアム	2001年、5万1000人、300億円

大分スポーツ公園総合競技場
2001年、4万人、251億円 [写真：三島叡]

豊田スタジアム
2001年、4万5000人、350億円 [写真：三島叡]

サッカースタジアム建設ラッシュ1998年から2001年

東京体育館
1990年、1万人、350億円

長野市オリンピック記念アリーナ
1996年、2万人、348億円 [写真：吉田誠]

1998年 長野五輪開催

2002年 日韓サッカーワールドカップ開催

東京ドーム
1988年、5.5万人、—

グリーンドーム前橋
1990年、2万人、—

福岡ドーム
1993年、4万人、760億円 [写真：岡本公二]

大阪ドーム
1997年、5万5000人、498億円 [写真：三島叡]

ナゴヤドーム
1997年、5万人、—

さいたまスーパーアリーナ
2000年、3.7万人、649億円

出雲ドーム
1992年、5000人、45億5000万円 [写真：岡本公二]

大館樹海ドーム
1997年、5040席、80億円 [写真：三島叡]

山口きらら博記念公園多目的ドーム
2001年、2060席、80億円 [写真：吉田誠]

1988年の東京ドーム完成を皮切りに、大空間構造の建築物が全国各地で次々と建てられた。規模や目的に応じて開閉屋根を備えたり、木造、膜構造としたり様々なタイプがある。2000年前後からは、2002年の日韓サッカーワールドカップに向けてサッカースタジアムの建設ラッシュに。現在は東京五輪に向けて4会場の建設が進む [写真：特記以外は日経アーキテクチュア]

| プロローグ 平成前夜 | **PART 1 災害・事件・社会** | PART 2 建築デザイン | エピローグ 建築の未来のために |

有明体操競技場
2019年、1万2000席、
205億円

下は有明体操競技場の構造イメージ図。世界初となる90mスパンの「複合式木質張弦梁構造」だ。束下金物は、支圧による応力伝達となるケーブル接合となるよう開発した。スタンドから屋根を見上げた際、木の連続性を遮らない。木─木接合部や片持ちトラスとリフトアップした梁のジョイント部分なども開発した［資料：日建設計、清水建設］

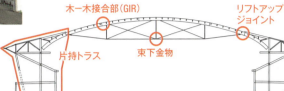

木─木接合部（GIR）　リフトアップジョイント
片持トラス　束下金物

新国立競技場
2019年、6万席、1506億円

東京アクアティクスセンター
2020年、1万5000席、567億円

有明アリーナ
2019年、1万5000席、357億円

市立吹田サッカースタジアム
2015年、4万人、140億円
［写真：生田将人］

五輪施設新設 2019年から2020年

04　05　06　07　08　09　10　11　12　13　14　15　16　17　18　19　20

2020年 東京五輪開催
2019年 ラグビーワールドカップ開催

広島市民球場
2009年、3万350席、
87億円
［写真：生田将人］

しもきた克雪ドーム
2005年、一、一
［写真：赤間慎三］

兵庫県立三木総合防災公園
屋内テニス場
2007年、1500席、40億円
［写真：松村芳治］

大田区総合体育館
2012年、4012席、68億円
［写真：吉田誠］

釜石鵜住居復興スタジアム
2018年、1万6000人、30億円

2013—2015

データで見る平成の変化

バブル期、世界一高かった東京の工事単価

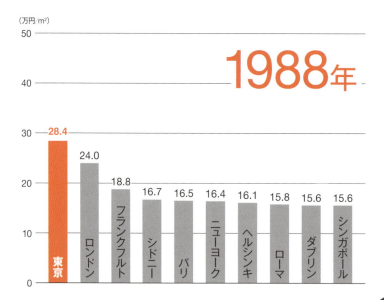

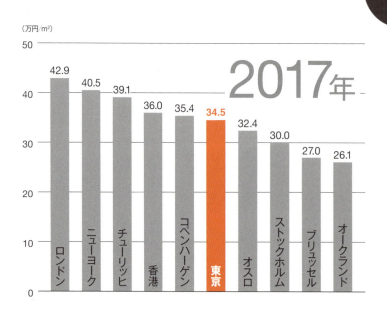

建設費

● 建設費水準の国際比較（1988年と2017年の世界上位10都市）

バブル景気に沸く1988年、東京の建設工事単価は世界の主要都市で最も高かった（上図）。それでも地価の上昇率が高かったため、工事費の高さはさほど問題視されなかった。2017年（下図）で見ると、東京の建設工事単価は6位で、最も高いのは英国ロンドン

［資料：海外建設関連会社から収集したデータを基にサトウファシリティーズコンサルタンツが作成］

栄華遠のく建設業界――建設投資額は10兆円減

実は生産性も高かったバブル期の現場

● 建設業労働時間と着工床面積、1人当たり着工床面積の推移

建設業労働時間は平成に入ってから急減した。バブルピーク時の建設現場の労働時間がいかに長かったかが分かる。それもあり、着工床面積を建設業就業者の数で割った「1人当たり着工床面積」を見ると、むしろバブル時代の方が今よりも高いというやや意外な結果に

[資料：それぞれの公表データを基にサトウファシリティーズコンサルタンツの協力を得て作成。以下も特記以外は同じ]

1988年と今はどう違う？

人

● 建設業就業者数

1988年	今（2017年）
560万人	498万人

建設業就業者数のピークは、バブル崩壊から5年ほど後（1997年）の685万人。近年は500万人前後で横ばいの状態

● 一級建築士試験（学科）受験者数

1988年	今（2018年）
4万8030人	2万5878人

一級建築士受験者数は1999年の5万7431人がピークで、最少は2015年の2万5804人。合格者数は99年の7374人がピークで、17年の3365人が最少

市場

● 建設投資

1988年	今（2018年、見通し）
66.7兆円	57.1兆円

建設投資は1992年度の84兆円をピークに減少に転じ、2010年度にはピークの5割を下回る41.9兆円に。その後緩やかに回復し、18年度は57.1兆円の見通し

● 住宅着工戸数

1988年	今（2017年）
168.5万戸	96.5万戸

バブル期の住宅着工戸数のピークは1990年の170.7万戸。以降、減少に転じ、2017年の96.5万戸は90年の6割を切る戸数

社会

● 高齢化率（65歳以上）

1990年	今（2017年）
12.1%	27.7%

総人口に占める高齢者（65歳以上）の割合は1990年には12.1%だったが、2017年には27.7%と過去最高に。男女別にみると、男性は24.8%、女性は30.6%

● 出生率

1988年	今（2017年）
1.66	1.43

出生率は、1989年にそれまで最低だった1966年（ひのえうま）の1.58を下回る1.57を記録。2005年には過去最低の1.26まで落ち込み、以降はやや回復

気分

● 流行語大賞 新語部門金賞（1988年）／年間大賞（2018年）

1988年	今（2018年）
ペレストロイカ	そだねー

1988年の銀賞は「ハナモク」。大衆賞「5時から男」、特別賞「ユンケルンバ ガンバルンバ」。「ペレストロイカ」はソ連の政治改革 [資料：ユーキャン新語・流行語大賞より]

● 新生児の名前1位

1988年	今（2018年）
翔太／愛	蓮／結月（ゆづき）

女児の「愛」は1983年−90年まで1位。2018年女児は上位3つが「結月（ゆづき）」「結愛（ゆあ）」「結菜（ゆいな）」と「結」始まり [資料：明治安田生命の調査より]

1988−2018

DATA

設計事務所ランキング

順位	1989	90	91	92	93	94	95	96	97	98	99	2000	01	02
1	日建設計 408	日建設計 481	日建設計 523	日建設計 632	日建設計 622	日建設計 544	日建設計 461	日建設計 476 | 43	日建設計 460 | 43	日建設計 389 | 7	日建設計 362 | 22	日建設計 357 | 5	日建設計 329 | -29	日建設計 326 | 1
2	日本設計 146	日本設計 188	日本設計 213	日本設計 246	日本設計 208	日本設計 197	日本設計 201	NTT 251 | 47	NTT 243 | 49	NTT 253 | 18	NTT 239 | —	NTT 246 | —	NTT 233 | —	NTT 223 | —
3	久米設計 105	久米設計 120	久米設計 155	山下設計 151	山下設計 141	久米設計 145	日立 131	日本設計 172 | 7	日本設計 165 | 3	日本設計 147 | 2	日本設計 143 | 1	日本設計 155 | 0.5	三菱地所 129 | 3	日本設計 123 | 1
4	梓計画 84	三菱地所 119	山下設計 137	日立 128	久米設計 139	日立 142	久米設計 124	久米設計 126 | 4	久米設計 128 | 1	久米設計 121 | 0.5	三菱地所 115 | 117	日本設計 110 | 0.3	日本設計 125 | 0.9	三菱地所 109 | 11
5	日立 84	山下設計 116	梓計画 119	梓計画 121	日立 106	梓計画 109	山下設計 117	三菱地所 120 | 163	山下設計 120 | 3	山下設計 106 | 0.5	久米設計 100 | 0.4	山下設計 86 | 0.2	久米設計 93 | 0.3	久米設計 92 | 0.3
6	三菱地所 81	梓計画 102	松田平田 100	安井 91	梓計画 92	安井 83	安井 96	山下設計 110 | 3	安井 102 | 7	三菱地所 85 | 1	山下設計 100 | 1	三菱地所 84 | 64	山下設計 87 | 0.3	山下設計 78 | -4
7	山下設計 81	石本 86	石本 84	松田平田 90	安井 88	梓計画 80	佐藤総合 76	安井 95 | 7	池下設計 94 | 3	三菱地所 85 | 217	安井 77 | 0.3	松田平田 76 | 0.6	池下設計 67 | 0.5	安井 64 | 2
8	石本 76	日立 86	佐藤総合 77	梓計画 89	松田平田 82	RIA 73	梓計画 75	石本 82 | 3	三菱地所 91 | 195	池下設計 80 | 1	池下設計 73 | 0.5	松田平田 61 | —	松田平田 60 | —	松田平田 57 | —
9	長谷工 70	松田平田 83	東畑設計 63	石本 85	石本 81	佐藤総合 72	松田平田 75	松田平田 75 | 1	松田平田 72 | 3	松田平田 72 | —	松田平田 66 | —	梓設計 60 | 0.3	梓設計 59 | 0.09	池下設計 56 | 5
10	松田平田 70	長谷工 77	大建設計 60	大建設計 76	大建設計 78	石本 70	佐藤総合 73	佐藤総合 73 | 3	梓設計 71 | 9	梓設計 66 | 2	梓設計 64 | 0.1	安井 56 | 0.2	安井 54 | 0.4	類設計室 54 | 6

記事の見出しなど

年	見出し
90年7月23日号	天井知らずの設計界 好況の昨年を超える収入を確保
91年8月19日号	頂上は見えるも依然順風 経営改善へ、絶好の環境
92年8月17日号	「宴の後」の伸び率に陰り 目ぞち始めたマイナス成長
93年8月16日号	長引く設計不況 ゼネコン設計施工は受注3割減
94年8月29日号	専業もついに減収へ 頼みの網は「公共」「住宅」
95年8月28日号	減収傾向、一段と鮮明に
96年8月26日号	下落基調に「一服感」
97年8月25日号	大競争時代に突入か 増収だが利益率が低迷
98年9月21日号	競争力強化に「改革途上」の1年
99年9月20日号	市場の縮小が事業選別を迫る 「用途」「地域」「部門」で経営悪化の時代へ
00年9月18日号	設計界にやや収益改善の兆し ゼネコン9部門で清水がトップ
01年9月17日号	合理化するも専業大手には厳しい結果
02年9月30日号	売上高も粗利も低下 準大手・中堅が大苦戦（02年9月16日号）
03年9月15日号	下落傾向に歯止めかからず 地域特化と専門性で勝負

建設会社ランキング

順位	1989	90	91	92	93	94	95	96	97	98	99	2000	01	02
1	竹中 8298	竹中 10593	竹中 11678	竹中 7969	竹中 6061	竹中 4155	竹中 4837	清水建設 4884	竹中 12192 | 201	竹中 10951 | 36	清水建設 9914 | 81	清水建設 10928 | -439	鹿島 10727 | -477	清水建設 9804 | 30
2	鹿島 7428	鹿島 9395	清水建設 9687	清水建設 6575	清水建設 4590	清水建設 3735	清水建設 4653	竹中 4789	清水建設 11383 | 230	清水建設 10099 | -1469	竹中 8799 | 9	竹中 9875 | 5	清水建設 10170 | 51	鹿島 9703 | 85
3	清水建設 7354	清水建設 9374	大成建設 8451	鹿島 4917	鹿島 4505	大林組 3610	鹿島 4352	鹿島 4789	鹿島 10638 | 203	大林組 9697 | 81	大成建設 8624 | -781	大成建設 9728 | 40	竹中 9944 | -309	大成建設 8996 | 80
4	大成建設 6392	大成建設 8092	鹿島 7554	大成建設 4861	大林組 3439	鹿島 3536	大林組 3967	大林組 4255	大成建設 10182 | 252	大成建設 9560 | 55	鹿島 7416 | 76	大林組 8893 | -150	大成建設 9445 | -422	大林組 8332 | 29
5	大林組 4276	大林組 5615	大林組 7142	大林組 4658	大成建設 3388	鹿島 3339	大林組 3816	大林組 3764	大林組 10059 | 237	鹿島 8340 | -1966	鹿島 7385 | 49	鹿島 8519 | 71	鹿島 9340 | -713	竹中 8230 | 12
6	積水化 2799	戸田建設 3177	戸田建設 3409	大東建託 2588	大東建託 3071	熊谷組 2122	熊谷組 2336	熊谷組 2365	熊谷組 6745 | 15	熊谷組 6173 | 14	熊谷組 4524 | 27	熊谷組 4625 | -1527	戸田建設 3867 | 3	戸田建設 3663 | -193
7	フジタ 2359	積水化 3164	フジタ 3201	戸田建設 2252	熊谷組 1895	大東建託 1864	戸田建設 1664	フジタ 1977	フジタ 4371 | 72	シャール 4757 | 59	戸田建設 4191 | 33	戸田建設 4559 | 5	フジタ 3219 | 20	長谷工 3193 | 40
8	戸田建設 2164	熊谷組 3039	熊谷組 2591	熊谷組 2190	戸田建設 1540	戸田建設 1608	フジタ 1576	戸田建設 1309	東急建設 3823 | -16	戸田建設 4673 | 42	フジタ 2991 | 2	フジタ 3365 | -28	長谷工 3007 | -1610	西松建設 3142 | 4
9	三井建設 1546	フジタ 2758	三井建設 2163	フジタ 2154	フジタ 1133	フジタ 1145	東急建設 908	ハザマ 1197	西松建設 3790 | 181	フジタ 3712 | -1372	西松建設 2782 | 81	長谷工 3137 | -212	フジタ 2879 | 9	大東建託 2825 | 233
10	佐藤工業 1203	三井建設 2010	佐藤工業 1571	三井建設 1578	三井建設 1035	三井建設 1109	三井建設 843	三井建設 988	長谷工 3260 | 82	西松建設 3301 | 76	東急建設 2627 | -222	西松建設 2944 | 60	西松建設 2718 | -50	前田 2622 | -82

● 建設大手5社抜く住宅会社

バブル崩壊から、復興、五輪特需まで激動の平成時代。日経アーキテクチュアが実施している経営動向調査の上位10社を年ごとに並べた。各年の記事見出しを見ると、経営環境の変化が浮かび上がる。設計事務所では日建設計が首位独走。建設会社では近年、住宅会社が台頭し、大手5社を抜き去る勢いだ。

図の見方

日経アーキテクチュアが毎年実施している経営動向調査をまとめた。調査指標は2回、大きな変更があったが、各年度の方針に従って掲載した。設計事務所は、1989-97年度は営業収入順、98年度以降は設計・監理業務売上高順。建設会社は、89-96年度は建築設計施工一貫受注額順、97年度以降は建築売上高順。

1988−2018

1989

PART 2

174	**INTERVIEW 5**	インタビュー——5
	1989−1998	ポストモダンは進む方向を誤った

208	**INTERVIEW 6**	インタビュー——6
	1999−2008	模索のなか「挑戦」が実を結ぶ

226	**INTERVIEW 7**	インタビュー——7
	2009−2019	弥生的建築の先に見えるもの

241	**ARCHITECTURE**
	目利きが選ぶ「平成の10大建築」

282	**10 SELECTIONS**
	これは知ってもらいたい「私の平成建築10選」

2019

| プロローグ 平成前夜 | PART 1 災害・事件・社会 | PART 2 建築デザイン | エピローグ 建築の未来のために

建築デザイン編

1989−2019

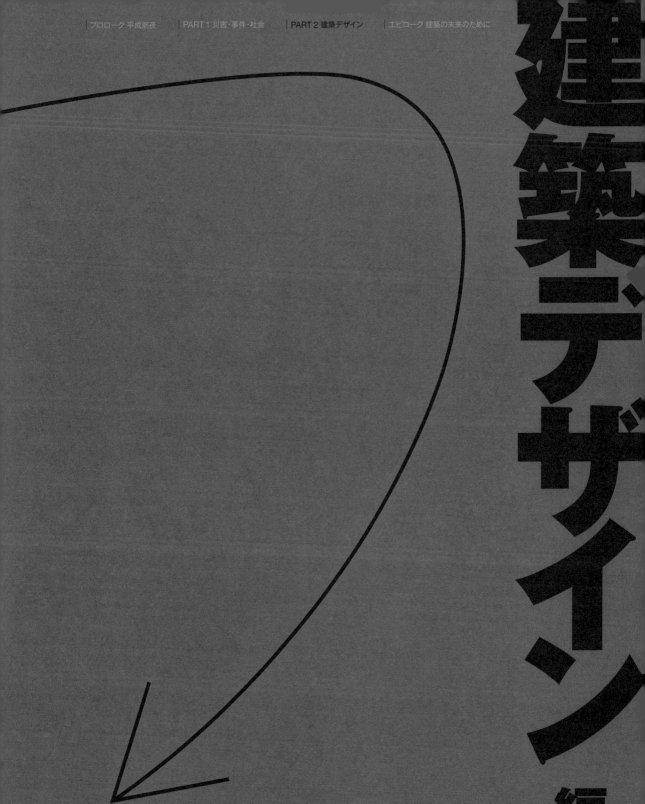

内藤廣氏インタビュー——5

ポストモダンは進む方向を誤った

INTERVIEW 5
1989—1998

建築の目利き20人が「平成の10大建築」に挙げた建築について、
内藤氏に時代背景と評価を聞いた。
得票数の多かった計27件を、竣工年順に、10年ごとに分けて語る。
まず話題に上ったのは、ポストモダンの建築群だ。
「ポストモダンの本義には共感するが、
進む方向を誤った」と内藤氏は言う。

ポストモダン

―― 内藤さんを含めて20人の方に、「平成の10大建築」を選んでいただきました。票の多かったものを中心に、時代のエポックとなる建築を竣工年順に振り返っていただきたいと思います。平成の最初の10年（1989-1998年）は、やはり「ポストモダン」が大きなテーマになりそうです。

「東京都庁舎」（1990年、設計：丹下健三・都市・建築設計研究所）とかですね。

―― はい。東京都庁舎には4票入りました。

ポストモダンは、どう答えたらいいのか難しいんですよね。建築の場合、もともとの意味とだいぶ変わってしまったので……。「水戸芸術館」（1990年、磯崎新アトリエ、三上建築事務所）は入っている？

―― 挙げた方はいましたが、藤森照信さんの1票だけでした。内藤さんは学生時代に『新建築』の月評で、磯崎新さんに激しくかみついていましたが（1975年、15ページ参照）、後のポストモダンにつながる磯崎さんのやり方に当時から違和感があったわけですか。

違和感はかなりありましたよ（笑）。ただ、ポストモダンに違和感があったというのとは違うかもしれない。

モデルニスモ（カトリック教会の近代主義）が植民地支配から抜け出すべくニカラグアの詩人ルベン・ダリオから始まったように、ポストモダンももともとは文学が発

| プロローグ 平成前夜 | PART 1 災害・事件・社会 | **PART 2 建築デザイン** | エピローグ 建築の未来のために |

東京都庁舎(1990年竣工、91年開庁、設計:丹下健三・都市・建築設計研究所)[写真:三島叡]

1989−1998

INTERVIEW 5

ポストモダンは大量消費社会のアンチテーゼのはずだった。

火点だったらしい。それまでは人間が抑圧的にものを受け取る一方だったけれど、受け取る側の自発的な意識こそが重要なんじゃないか、そういう意味合いで発生したんだと思う。

マスプロダクトとマスメディアとマスマーケットで構成されている大量消費社会に対するアンチテーゼだった。人間中心主義というか、形を変えたルネサンスみたいなところがあったんじゃないかな。

その理念自体は「確かにそうだ」と思ったけれど、それがどんどん消費社会の論理にすり替えられていくのが嫌だった。結果的に、建築では商業的な論理にポストモダニズムが一番フィットしてしまった。

例えば、東京都庁舎は、ちょっと中世の大聖堂ふうでもあり、東京都という巨大な権力を表象している。一方でよく見ると細かく分節化した意匠をまとわせている。どちらもポストモダン的なデザインの解決の仕方だけど、なんか中途半端でスッキリしませんね。実態を覆い隠すような、あるいは実態を違った形でプレゼンテーションしてしまうような、そこのズレが嫌だったんです。

磯崎さんは本来「いい空間」をつくる人

—— 当時は、内藤さんのご存じの建築家の方々も、ポストモダンに一気に流れていく感じがあったのですか。

磯崎新氏。1931年大分県生まれ。丹下健三研究室を経て、1963年に磯崎新アトリエを設立。2019年プリツカー賞受賞
［写真：藤野兼次］

水戸芸術館(1990年、設計：磯崎新アトリエ、三上建築事務所)[写真：三島叡]

たぶん99%の建築家がそうでしたよ(笑)。今からは想像つかないと思いますけどね。

　繰り返しになるけれど、ポストモダニズムの理念自体はまずくはない。理念としては正しかったけれど、建築では結果的に大量消費社会の、あるいは資本主義経済の中で単なる道具になってしまったところが気に入らない。

―― 内藤さんは都庁舎も水戸芸術館も選んでいませんね。名作ということでなく、「平成のエポック」という意味でもこれらは入りませんか。

水戸芸術館は選んでもよかったんだけど、ポストモダニズムで選ぶなら、私としては「つくばセンタービル」なんですよね。あれは何年？

―― 1983年です。

つくばセンタービルを見ても私は全く感動しなかった。普通のビルですよね。それを「カンピドリオ広場」とかわざわざ言わなくてもいいじゃないか、と(笑)。ただ、決して好きではないけれど、あのポストモダニズムのばかばかしさの頂点はあの辺りにあったんじゃないかという気がします。何もかもが、逆説的、諧謔的。そして反論されることを前提にその答えも用意してあるような精緻に戦略的に組み上げられた建物ですね。その知的なゲームに乗るのは嫌だった。

INTERVIEW 5

つくばセンタービルを見ても全く感動しなかった。

つくばセンタービル(1983年、設計:磯崎新アトリエ)の「カンピドリオ広場」[写真:磯達雄]

―― 本筋から離れますが、『新建築』の「月評」の連載で、内藤さんが唯一、褒めている磯崎建築が「北九州市立中央図書館」(1974年)でした。

そう、あれは空間がすごくいいんですよ。磯崎さんが初期にやった「大分県立図書館」(1966年、現・アートプラザ)もそう。「切断」とかいろいろ難しいことを言いつつも、空間としていい。図書館の隣に立っていた「大分県医師会館」(1960年、現存せず)も良かった。

もともと空間をつくる才能がありつつ、極めて頭がいい人なので、戦略的に1つの方向でやって行こうとしたんでしょうね。それでも、思わず「いい空間」の尻尾みたいなものが出てしまったのが、北九州市立中央図書館だったと思う(笑)。

―― 東京都庁舎は4票入りましたが、内藤さんは、丹下建築のなかのエポックとは言えないと。

以前、都庁舎のコンペ案をずらっと並べて見る機会があったのですが、並べてみるとやっぱり丹下さんの案がいいんだよね。強い。だからあれが1等案に

なるというところまでは分かるんです。ただ、コンペのときにはシンボリックな全体像が提示されているだけで、結果的に、ああいう空気をまとった建物になるとは誰も思っていなかったはず。

あの建物は空間として良くないよね。僕は都庁舎のヘビーユーザーなんですよ(笑)。委員会で行くといつも気が重くなる。

先駆者はスタルクより山田守?

—— 水戸芸術館と都庁舎の話が先になりましたが、いったん平成元年(1989年)に戻って振り返っていただきます。この年は話題作が数多くできていますが、一般の人にとって大きなインパクトがあったのは「アサヒビール吾妻橋ホール(現・スーパードライホール)」(設計:フィリップ・スタルク、野沢誠)ではないかと。これを推した五十嵐太郎さんは「アイコン建築の先駆け」と評しています。

手前がアサヒビール吾妻橋ホール(現・スーパードライホール、1989年、設計:フィリップ・スタルク、野沢誠)、左がアサヒビール吾妻橋ビル(1989年、設計:日建設計)[写真:磯達雄]

INTERVIEW 5

アイコン建築は、「勝手にすれば」という感じ。

僕の知り合いで、あれが大嫌いなのでアサヒビールは絶対に飲まない、という人がいますよ(笑)。篠原修さん(土木設計家、東京大学名誉教授)です。

── そんなに嫌悪感を持つ人がいるんですか。内藤さんはどうですか。

「どうでもいい」という感じだな。アイコン建築っていろいろあるけれど、そういうのは「勝手にすれば」みたいな感じで(笑)。それに、あのぐにゅぐにゅっとしたきん斗雲も、今となっては結構おとなしく見えるしね。

── 慣れるんですかね。

ほら、そこに山田守(1894–1966年)が設計した「日本武道館」(1964年)が見えるでしょう(内藤廣建築設計事務所の窓からは日本武道館が見える)。あの屋根の上のタマネギをどう考えるかというのと似てるんじゃないですか。吾妻橋ホールは、タマネギがきん斗雲になっただけ。そう考えると、実は、山田守こそポストモダニズムの先駆けだったかもしれない。

　スタルクに関心がないわけじゃなくて、たぶんスペース(空間)がないものは駄目なんです。外見だけでは関心が持てない。都庁舎もそうですよね。中にスペースがない。

── 確かに都庁舎も「空間」として記憶に残るところはあまりないですね。

そう。私自身の体質ですかね。それにしては「六本木ヒルズ」(215ページ参照)を選んでいたりするけれど(笑)。

── 六本木ヒルズは2003年なので、また後でうかがいます。

流行と隔絶した「光の教会」と「葛西」

── 1989年では安藤忠雄さんの「光の教会」に3票入りました。これは内藤さんも10選に挙げていますが、どんな理由で推したのですか。

光の教会(1989年、設計:安藤忠雄建築研究所)の室内[写真:安藤忠雄建築研究所]

1989–1998

INTERVIEW 5

谷口吉生さんのストイックな在り方はすごい。

あのバブルの騒がしさの中で、建築の精神性みたいなものを表現し得たということですね。別に安藤忠雄だからというわけではありませんよ。安藤建築の全てを好きなわけじゃないけれど、あれはいい。

同じ頃に北海道でつくった「水の教会」(1988年)、あれはどうかなと思います。結婚式場みたいなものなので、それには合っているのかなとは思いますが、それが分かりやす過ぎる。

それに対して「光の教会」は深い精神性みたいなものがある。バブルが終わり切っていないときにあれをやるのは、相当闘っていたんだろうなと思います。

―― 1989年には、谷口吉生さんが設計した「葛西臨海水族園」が竣工しています。95年に完成したレストハウスを挙げた人も含めて3票でした。

葛西の水族園は、実は行ったことがないんですよ。近くにあって行きたいと思っているのになかなか行けない建物。困ったものだね(笑)。

1989年というのは、バブル真っ盛りでしょう。バブル経済全盛でディスコで女性たちが踊りまくっていたときに、あのストイックな在り方はすごいですね。

―― 1995年にできたレストハウスはご存じですか。

もちろん。谷口さんのこだわりと、ストイックさと、あとは浮世離れしたような立ち位置。世間のはやりとは全く関係ありません、という姿勢が非常に印象に残りますよね。行きたいなあ。

―― 今からすぐにでも行けますよ(笑)。水族園の方は東京都が建て替えを検討しているという話もありますから、早く見に行ってください。

上の写真は北側上空から見た東京都葛西臨海水族園(1989年、設計:谷口建築設計研究所)とレストハウス(1995年、設計:谷口建築設計研究所)。下の写真はレストハウスの入り口[写真:2点とも吉田誠]

1989−1998

INTERVIEW 5

警察署という最も変えにくそうなところを最初に変えた。

くまもとアートポリス

──1990年では、選者の1人である古谷誠章さんが「熊本北警察署（現・熊本中央警察署）」（設計：篠原一男＋太宏設計事務所）を選んでいます。これは「くまもとアートポリス」の第1号プロジェクトです。

くまもとアートポリスのコミッショナー制度（設計者の選定方法をコミッショナーが決める仕組み）は、その後の行政の中で大きな役割を果たしたと思います。熊本の後、岡田新一さんが岡山県で同じような仕組みをやりました（クリエイティブタウン岡山）。

やってみて、いいところと悪いところとがありますけどね。ある種の「特例」として中央のスターアーキテクトが入っていくわけですから、そこでいい結果を残せば建築にとっていいイメージになっていくけれど、失敗すれば逆効果。功罪相半ばかなという気はします。

──失敗というのは、建築の質としてですか。使われ方ですか。

地元の人から愛されているかどうかだと思います。そもそも県とか国の建物というのは、市町村がつくるものに比べて地元との距離が空く感じがある。それを別のエリアから来た建築家の力によって埋められているかどうか、というのが評価の分かれ目だと思います。

へんちくりんな格好をしていても地元の人に愛されているならばそれでいい。でも、へんちくりんな格好で反発だけ買っているものも中にはある。

──くまもとアートポリスが軌道に乗るうえで、篠原さんの第1号の警察署はすごくインパクトがあったと思います。

警察署という最も変えにくそうなところをこんなふうにつくるのか、という方向性を示した。でも、篠原一男って不思議な人で、どう読むか難しいですよね。アイロニーとして読めば面白い。

住宅でも、屋上に丸窓が2つ開いていて、フクロウの顔みたいになっているのがありますよね（上原通りの家、1976年）。篠原さんは非常にナイーブで切れ味

熊本北警察署（現・熊本中央警察署、1990年、設計：篠原一男+太宏設計事務所）［写真：磯達雄］

が鋭い人なんだけど、ちょっとアイロニカルな部分もあって、「なんちゃって」と舌を出すところもある。熊本の警察署は、どうもその舌を出す方なのかなという気はします。

公共建築に一石投じたアートポリス

── 内藤さんご自身もアートポリスで設計していますね。

「うしぶか海彩館」（1997年）。天草市（旧牛深市）にある「道の駅」です。

── 設計依頼があったのは磯崎新さんがコミッショナーをやっていたときですか。

はい。ディレクターの八束はじめさんがいきなり来てね。アートポリスをやってくれませんかと。海の博物館で建築学会賞（作品賞、1993年）を取ってしばらくしてからだったかな。

　私が「もちろん光栄です」と答えると、「でも遠いですよ」「遠いですよ」と何回

INTERVIEW 5

役所の実績主義をブレークスルーした役割は大きい。

も言うんです。それで、行ってみたら本当に遠い(笑)。熊本空港から車で3時間近くかかる。東京からだと5時間以上。

　当時の市長は当初、水族館をつくるつもりだったらしいんだけど、あの場所で水族館なんかやめた方がいい、と進言してやめてもらったんです。それで市場みたいなものになった。

―― うしぶか海彩館は、地元の人に愛されていますか。

6年前に行ったときには、すごくきれいに使われていました。うれしかったです。

うしぶか海彩館(1997年、設計:内藤廣建築設計事務所)[写真:右ページも内藤廣建築設計事務所]

―― 内藤さんにとって初の公共建築ですか。

「茨城県天心記念五浦美術館」(1997年)や「十日町情報館」(1999年)も同時期に動いていましたが、竣工したのはうしぶかが1997年で、最初ですね。

―― くまもとアートポリスは、公共建築の実績のない若手や中堅の建築家にチャンスを与えるという意味でも、画期的な仕組みだったのではないかと。

そうだと思います。役所はどこも実績主義だから、公共をやったことのない人には仕事を振りにくい。そこをブレークスルーした役割は大きいんじゃないですか。

茨城県天心記念五浦美術館(1997年、設計:内藤廣建築設計事務所)

十日町情報館(1999年、設計:内藤廣建築設計事務所)

1989—1998

INTERVIEW 5

「デザインアーキテクト」はできればやめた方がいい。

　くまもとアートポリスの場合、コミッショナーの磯崎さんは「表看板」で、実際は、アドバイザーを務めていた熊本大学の堀内（清治）先生が仕掛け人だったと思います。堀内先生がみんなからすごく信頼されるタイプの人だったから、うまく回った。

　── 今、内藤さんは渋谷の街づくりのまとめ役をやられていますが、あれは設計者の指名権がある「コミッショナー」的なものなのですか。

そこは微妙で、設計者を決めたわけではなくて、お見合いをしてもらったんです。私が「この人をこの街区に」と言ってあてがったとしても、その事業者と相性が悪いかもしれない。渋谷では、街区ごとに全部事情が違ったので、10人くらいリストをつくって、「この中からそれぞれ相談して選んで」ということにしてもらった。何人かの建築家に面接してもらって、事業者に主体的に決めてもらいました。

　だから、「デザインアーキテクト」といっても関わり方は様々。そこには原則タッチしていないし、どういう契約になっているかも詳しくは知りません。

　── そうなんですか。でも、公共でもそういうやり方はいいかもしれないですね。リストをつくってお見合いで選ぶ。

ただ、「デザインアーキテクト」はできればやめた方がいい。渋谷の超高層の場合は、放っておくと組織事務所だけになってしまうので、やむを得ずそうしましたが。

　私もデザインアーキテクトのような役割を振られることがありますが、どこまで真剣にやったらいいのかが難しい。例えば、事務所の中で仕事がいくつかあったとして、これはデザインアーキテクトの仕事、こっち方はフルターンキーで頼まれた仕事といったら、どうしたって後者に真剣になりますよね。

　だからその意味では、デザインアーキテクトという中途半端な立場はできたら避けた方がいい。

建築家の領域拡大

── 1992年では「海の博物館」に4票入っています。ただ、海の博物館は、ほかの部分でも触れていただいているので、先に進めさせてください(笑)。

はい、票を入れてくれた方がいるというだけで光栄です(笑)。

── 1993年に竣工した「梅田スカイビル」はどうですか。

超高層に形を与えたという意味で画期的だったと思います。ツインタワーにして上をつなぐという構造的な挑戦としても新しい。超高層ビルで常々問題になっている長周期の震動をどうするんだろうという話を、ツインにすることによって解消できるかもしれないという方向性も示した。

建築家主導の超高層「梅田スカイビル」

── 梅田スカイビルの設計の中心になったのは原広司さんですね。

そう。原広司さんという1人のインディペンデントな建築家が、あれだけの超高層ビルをコントロールして実現した、という意味も大きいと思います。

梅田と都庁舎はどっちが先ですか？

── 梅田が都庁舎の約2年後ですね。

都庁舎も丹下健三という1人の建築家がコントロールしたという意味合いは大きいですね。前川國男さんの丸の内の東京海上ビルディングが先例としてあるけれど、都庁舎と梅田は、超高層のデザインそのものに建築家がダイナミックにコミットする進め方としてはパイオニアだったのかもしれない。

── さきほど、「デザインアーキテクト」という中途半端な立場は避けた方がいいという話がありましたが、梅田スカイビルでは、原さんのデザインが細部まで貫

INTERVIEW 5

梅田スカイビル（1993年、設計：原広司+アトリエ・ファイ建築研究所、木村俊彦構造設計事務所、竹中工務店）[写真：松村芳治]

梅田は、原広司さんだからできた超高層。

かれている印象を受けます。

立派ですよね。原さんとアトリエ・ファイ（原広司氏の事務所）の人たちは、今では考えられないような働き方をしたんでしょうね（笑）。原さんだから実現することができた超高層だと思います。

―― 先ほどの話のように、今は渋谷の超高層群に個人の建築家が関わっていますが、梅田スカイビル以降の20年くらいは、「超高層は組織事務所やゼネコンがやるもの」という流れが当たり前になっていたように思います。その辺りの理由はどう考えられますか。

厳しい質問だなあ。梅田や都庁舎のやり方があまりいいと思われなかったんだろうな。

―― 一般の評価が？

いや、つくる側が猛烈に大変だったんだと思う。原さんがあらゆるところに関与するという意気込みで、エレベーターホールのすごく細かい模様まで全部関与してるから（笑）。

でも、つい先日も大阪の講演のときに見たんだけど、あの建物はきれいですよ。空をきれいに映しますね。

―― 梅田スカイビルの展望台は、オープン当時よりも観光客が増えているそうです。

そうですか。確かに超高層が周りに建ち並んでくると、ひときわ映えて個性的。当時よりもアイデンティティーがはっきりしてきた感じがする。

ピアノの先見性が光る「関空」

―― 1994年に竣工した「関空国際空港ターミナルビル」には5票入りました。レンゾ・ピアノと日建設計などが組んで設計したものです。

空港建築っていうのは日建設計とか梓設計とか、少数の設計事務所だけが

1989–1998

INTERVIEW 5

本当かなと思うところもあるけれど、美しいからいいか（笑）。

やっている閉じた世界でした。そこにレンゾ・ピアノみたいな「黒船」がやって来て設計した。閉じた業界が開かれたということの意味は大きかったんじゃないかな。その後は、あまり開かれてないけれど。

設計段階のピアノの模型を見て、きれいだなと思いました。内部空調の在り方が屋根の形を決めるというのは面白いと思ったし、何より、あのフォルムですね。それと、到着と出発のレベルをずらすやり方は、羽田も結局、関空スタイルを踏襲している。ほかの空港も真似しているよね。

屋根の有機的なフォルムについては、あの形自体がどこまで有効なのか分かりませんが。

—— 当時、空調の空気の流れが建築の形を決めるという考え方を、すごく新鮮に受け止めた気がします。

でも、今見ると本当かなというところもあるよね（笑）。あの吹き出し口とか、妙なノズルとか、本当かなと思いつつも、まあ、美しいからいいかと（笑）。

—— 今、BIM（ビルディング・インフォメーション・モデリング）で設計して検証を繰り返したら、全く違う形になるかもしれない。

なるんでしょうね。

—— 内藤さんの建築が好きな人には、レンゾ・ピアノも好きだという人が多いように思います。内藤さん自身はレンゾ・ピアノにシンパシーはありますか。

もちろん、ありますよ（笑）。

レンゾ・ピアノ氏。1937年生まれ。イタリア出身。関西国際空港旅客ターミナルビルコンペ当選後のインタビュー（日経アーキテクチュア1989年1月23日号掲載）時に撮影［写真：名執一雄］

| プロローグ 平成前夜　　| PART 1 災害・事件・社会　　| PART 2 建築デザイン　　| エピローグ 建築の未来のために

関西国際空港旅客ターミナルビル（1994年、設計：レンゾ・ピアノ・ビルディングワークショップ・ジャパン、パリ空港公団、日建設計、日本空港コンサルタンツ）［写真：上は三島叡、下は松村芳治］

1989−1998

INTERVIEW 5

建築学会賞の審査で、かなり強烈に打瀬小を推した。

── やっぱりそうですか！

事務所を開いたばかりの頃だったので、37-38年前のことだと思うんですが、レンゾ・ピアノがイタリア文化会館（内藤事務所の近くにある）でレクチャーをやるというので、聴きに行ったんですよ。そうしたら彼は、講演の3分の2くらい、ポンピドー・センターのトラスの鋳物の話をしたんです。その鋳物の製作がいかに難しいかということや、それがヨーロッパ中世の技術でできているということを得々と説明する。ああ、この人はすごいなと思いました。

── 全体のプログラムの話は少しだけなんですね。

そう。鋳物の話が面白かったので、印象に残ってね。それで、ピアノの仕事にシンパシーを感じて。その後の環境問題に切り込んでいくやり方もいいなと思っています。

　ちなみに、彼が来日したときに伊勢神宮を案内したのは私です。建物が立っていない方の何もない敷地を、長い時間見ていた姿が強く印象に残っています。

前向きな前例をつくった「打瀬小」

── 1995年に竣工した「打瀬小学校」に3票入りました。「校舎」で挙がったのはこれだけです。

打瀬小に関しては、たぶんシーラカンスの人たちも忘れていると思うんだけど、あれに建築学会賞（作品賞、1997年）を出したのは僕なんですよ。

── そうなんですか。そのときの審査委員長ですか？

いや、審査委員長じゃなかったけれど、審査委員の1人で、私はかなり強烈に打瀬を推しました。なので、あれを世に出した張本人だと勝手に思っている（笑）。

── 選考過程で、これは素晴らしいと盛り上がったわけではないんですね。

そうですね。選考では大抵、建築作品として見たときにどの程度の作品密度

| プロローグ 平成前夜 | PART 1 災害・事件・社会 | PART 2 建築デザイン | エピローグ 建築の未来のために |

千葉市立打瀬小学校(1995年、設計：シーラカンス)の全景と内部[写真：2点とも小林研二]

1989—1998

INTERVIEW 5

何の文脈もないところに物語をつくり出した。

があるか、という話になるんです。でも、シーラカンスのつくり方って、そもそも「密度」みたいなものではないじゃないですか。
　だから、これは今後の学校建築を変えていくものだ、と主張した。

―― 実際にご覧になったのですね。
もちろん見に行きました。これは新しいかもしれない、教育の場としてこういうのは評価すべきじゃないかと思いました。僕のつくり方とは全然違う方向だけど、あれはあれで説得力があったと思います。

―― 「新しい」というのは、どういう部分で感じられたんですか。
部分部分が子どものサイズでまとめられていること、開いているということ、空間が明るいことでしょうか。
　幕張の埋め立て地の区画整理の中の1つですよね。何の文脈もないところに物語をつくり出そうということだから、あの在り方、空間のつくり方はありかなと思いました。重厚長大な空間のつくり方ではなく、子どもたちがあの空間を走り回ることこそが歴史をつくっていくんだというスタンス。そういうストーリーを抜きにして、単体であの建物だけを見てどうかと言われたら、私の評価はそんなに高くなかったかもしれない。

―― その後の学校建築に与えた影響が大きいように思います。
そうだね。学校建築っていうのは前例主義だから、新しい試みをつぶそうと思ったらいくらでも言える。でも、ああいうものができてうまくいったとなると、それが前例になるので、いろいろなものが展開していく。そういうパイオニアの役割を果たしたんじゃないかな。

なぜ仮設建築に「紙」なのか？

―― 1995年の阪神大震災については以前にも話をしていただきましたが、このと

きに坂茂さんがつくった「紙の教会」はどう思われますか。3票入りました。個人的には、災害時の仮設が「建築」になるということが驚きでした。

正直に言うと、災害の仮設建築と「紙」という素材の組み合わせが何となくしっくりこない。物の在り方と作家性、そこにアンビバレンツ(相反する感情)なものを感じてしまう。

でも、災害が起こってから、目が覚めたようにアクションを起こす建築家はたくさんいるけど、常日頃からそれを活動のひとつとしている坂さんの姿勢は評価すべきです。

── 坂さんは紙の建築をきっかけに、木の建築へと展開して、2014年にプリツカー賞も受賞しています。その後も含めてどうご覧になっていますか。

いや、よく分からないんですよ、彼の考えていることは……。僕の想像を超えているところがある(笑)。

紙の教会(1995年、設計：坂茂建築設計)[写真：平井広行]

1989—1998

INTERVIEW 5

空間の質

―― 1996年竣工の「風の丘葬斎場」には5票入りました。これは内藤さんも票を入れています。

風の丘葬斎場は、行ってみて感動しましたね。槇(文彦)さんが設計した建物自体はとても控えめで、外構が非常にいいんです。ランドスケープと建築が溶け合っている。槇さんなので、建物はのりをこえず(正道から外れない)、そのたたずまいがいい。ランドスケープの設計は三谷徹さんだったかな。

―― 三谷さんがササキ・エンバイロメント・デザイン・オフィスに在籍していたときに担当したものです。

あれを見て、ランドスケープの新しい可能性だな、と思いました。

私が関わっていた旭川駅前のランドスケープは、最初はピーター・ウォーカー、後半はそのパートナーのウィリアム・ジョンソンが引き継いでやりましたが、シマシマの直線的な緑がすごかった(笑)。三谷さんはそれとは違って、風の丘葬斎

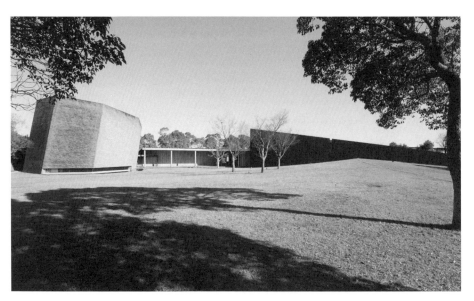

風の丘葬斎場(1996年、設計:槇総合計画事務所)。ランドスケープ設計はササキ・エンバイロメント・デザイン・オフィス[写真:日経アーキテクチュア]

場なんかを見ると、もっと柔らかいですよね。

── それは槇さんと三谷さんのコラボレーションがうまくいったのか、それとも槇さんのコントロール力なんでしょうか。

両方でしょうね。槇さんがうまく引いたんだと思う。そこに「間」が生まれて、それを三谷さんが埋めたということなんだと思います。

── なるほど。内藤さんはランドスケープアーキテクトと組んだ仕事は少ないですね。「安曇野ちひろ美術館」(1997年)はランドスケープが印象的ですが、あれは自分でやっているんですよね。

自分でやりました。予算的にとてもそういう人にお願いするゆとりがなかった(笑)。

── そういうものなんですか。

はい。でも、ランドスケープには興味がありますよ。時代が飛びますが、イサム・ノグチの「モエレ沼公園」(2005年グランドオープン)もとてもいい。

── 風の丘葬斎場やモエレ沼公園は、『日経アーキテクチュア』が一番書きづらいところですね。

なぜ？

── 行くと、実に気持ちがいいですよね。でも、その理由がうまく書けない(笑)。香川のイサム・ノグチのアトリエなんかも、すごく気持ちがいいけれど、その理由を言語化するのはとても難しい。

ああ、なるほどね。でも、それはちゃんとそういうのを書ける書き手を用意しないと。

── そうですね。でも、その感情がどこから生まれているかが、根源的過ぎて分からないことってありませんか。

その部分こそがこれから一番大事なところかなと思っているんですけどね。今はインターネット社会なので、もしそれが紙媒体で伝えられないのであれば、紙媒体は衰退の一途をたどる。

槇さんがうまく引いて、「間」が生まれた。

1989−1998

INTERVIEW 5

モエレ沼公園(2005年グランドオープン、マスタープラン：イサム・ノグチ、設計総括：アーキテクトファイブ)[写真：新津写真]

―― 厳しい！

紙媒体で伝える方法を何か考えなきゃ。発明する必要がありますよ。例えば、「待庵」(千利休作といわれる茶室)だってそう。茶事なんていうのは時間体験なんだから、写真を撮って茶室が良いの悪いのと言っても、よく分からない。その部分は何か発明しないと、ネットメディアに食われちゃいますよ(笑)。

反面教師としての東京フォーラム

―― 1996年竣工の「東京国際フォーラム」は2票ですが、内藤さんも票を投じています。

うん。あのガラスのアトリウムの下に立ったときに、何でこんなに感動しないんだ

ろうと思ったんですよね(笑)。上の方であんなにすごいことをやっているんだけど、この感動のなさは何なんだろうと。それについて触れたくて挙げました。設計者は誰でしたっけ。

—— ラファエル・ヴィニオリです。

あれだけの空間ボリュームをつくって、そこに立った人がその空間の大きさを理解できないというのは大問題ですよ。これは建築にとって非常に古いテーマで、昔からその辺りをさばけるかどうかが建築家の能力だった。

例えばローマの「パンテオン」ですごいと思うのは、パンテオンの中に立ったときに、そこにいろいろなオーナメントとか、大きさをつないでいく仕掛けがいくつも働いている。だから感動があるわけですよ。ゴシックやロマネスクの大空間もそうだけど、そこに立ったときにその大きさが感じ取れるデザインというか、空間構成があるはず。東京フォーラムのアトリウムの場合はそれがない。

—— では、内藤さんが10選に選んだのは空間としてではなく、構造表現としてですか。

構造としては本当によくやったと思います。よくやったと思うと同時に、そんなにしなくても、とも思う(笑)。渡辺邦夫(構造設計集団SDG主宰、海の博物館の構造設計も担当)という1人の構造エンジニアが、ある種の「表現者」として、ああいうものを現実の形にしたという意味を評価して選びました。

それまでは、例えば丹下(健三)さんが代々木のオリンピックプール(国立代々木競技場)の設計で、坪井(善勝)先生に構造を頼んだとしても、作品としては丹下さんだったんですよ。それに対して東京フォーラムの場合、あのアトリウムに関してはどう考えたって渡辺邦夫ですよ。

コンペのときには別の設計者が構造をやっていた。でも、いろいろ解けないことがあったらしくて、渡辺さんが「俺だったら解ける」と言って引き取った。そして、実現した。

ただ残念なことに、渡辺さんは建築家ではないので、そのスケールを人のところまでつなぎ下ろしてくるすべは知らなかったはず。

東京フォーラムから何を学ぶか、ですよね。まず、さっき言ったように、大きいものをつくるときには大きいものをつくるマナーがあるということ。それから、構造

> 東京フォーラムには、大きさをつなぐ仕掛けがない。

1989—1998

INTERVIEW 5

東京国際フォーラム（1996年、設計：ラファエル・ヴィニオリ建築士事務所）のガラス棟内部［写真：吉田誠］

表現主義というのは、形を変えたポストモダンみたいなものなので、そこは気を付けなければいけないということです。

—— 内藤さんご自身も、設計するときに、構造があまり出過ぎてはいけない、という葛藤があるのですか。

それは、ありますよ。何のための構造なのかということをいつも考えています。何のためにこの構造をここまで追い詰めるのか、どうしてそこまで力のことを考えるのか、といったことを年中考えています。その「何のために」という問い掛けがなくなると、凧の糸が切れたみたいに、別の世界に行ってしまいます。

—— 東京国際フォーラムにもほかの構造的解決があったかもしれないと。

そう。例えば、柱を4本にしたらコストは半分ぐらいになるかもしれない、とかね（笑）。

—— なるほど。そういう問い掛けを常に繰り返しながら設計するわけですね。

あれだけの空間をあそこに提示するということの意味をどこまで問うたのか、ということです。

そういう意味で言うと、同じ頃にできたアトリウムでも「京都駅」は、そういう問い掛けがなされている気がします。同じように大きなボイドがあるけれど、あそこを行き交う人とか、街にどうやって開くかということに関して、原（広司）さんは一生懸命考えたんだと思う。空間もうまいことスケールがつながれているので、大きさを感じ取ることもできる。だからいいんです。東京フォーラムの場合は、街のための空間というより、構造のための空間になってしまっている。

内部に都市をつくった京都駅

—— ちょうど次は1997年竣工の「京都駅ビル」です。その話に移りましょう。京都駅は6票で、内藤さんも選ばれていますね。

構造表現主義は形を変えたポストモダン。

1989—1998

INTERVIEW 5

京都駅ビル（1997年、設計：原広司+アトリエ・ファイ建築研究所）のアトリウム［写真：吉田誠］

> 京都駅は、都市の一員となる大規模建築の可能性を示した。

原さんは梅田スカイビルを選んでも良かったんだけど、京都駅はよく使うからなじみがある(笑)。京都の人は、最初はものすごく毛嫌いしていたけれど、そういう人もだんだん減ってきているんじゃないかな。駅は嫌でも使わざるを得ないからね。受け入れられつつあるんだと思います。

―― 内藤さんの推薦コメント、「建築から都市へ働き掛ける」というのは、どういう点を言っているのですか。

それまでは建築は、例えば京都タワーみたいに「異物」をぽんと置く格好で都市に対してオブジェのように建物を置いてきたようなところがあるわけです。そうではなくて、建築そのものが都市に対してメッセージ性を持ち得るということですね。外からやってきた異物としてではなく、都市の一員となる大規模建築の可能性を示した。

―― 京都駅も相当、異物感があったんじゃないかと思いますが……。

外観はね。さっきも話しましたが、中に包み込むような空間がありますよね。あれだけの空間をあそこにつくるということは、それ自体が都市ですよ。あの囲われたアトリウムは、異物感というよりもはや京都のイメージの一つになっていると思います。建物として好きかどうかは別ですよ。

―― 好きなわけではないのですか(笑)。

そうですよ。ほかのものもそうですが、建物として好きなものを10個挙げるなんてとてもできない。せいぜい3つくらい。10個挙げなきゃいけないというので選びました(笑)。

京都駅も、アトリウムはいいと思うけれど、ファサードにあちこちデザインを張り付けているような手法は、別にどっちでもいいかな、と。それ自体には感動しない。

―― 京都駅はポストモダン後期の成功例とは言えないですか。

言えるかもしれない。ただ、私を感動させたのは、パッチワークみたいなファサードではなく内部空間なので、そこはさほどポストモダニズム的ではないですね。

INTERVIEW 5

再びポストモダン考

—— ここまでで平成最初の10年間（1989–1998年）の主な建築を振り返っていただきました。しつこいようですが、「ポストモダン」といわれる建築の中で、内藤さんが好感を持つものは全くないのですか。

その年代設定からは外れますけど、「名護市庁舎」（1981年）は良かったですよ。なるほどと思いましたね。

あそこでいいと思わせてくれているのは、あの名護市庁舎が持っているモダニティーの部分ではなくて、バナキュラー（土着性）な部分。そのバナキュラーな部分が、ああいうふうにエージングしていく（古びていく）のはなかなかいいなと思いました。

それは、さきほど話したポストモダンの「本来的な意味」での在り方なのかもしれない。サプライサイド（供給側）のロジックじゃなくて、デマンドサイド（需要側）に立った建物なんですよ、名護市庁舎は。

あとは、藤森（照信）さんの「神長官守矢史料館」。あれもいいと思いますね。あれは何年完成だろう。

—— 1991年ですね。あれもポストモダンですか。

うん、あれも入れれば良かったな。

—— そうした地域主義のような建築は、ポストモダンと割と近いところにあったということでしょうか。

本義としてのポストモダンはそういう話だったと私は思います。それが進む方向を間違えて、資本の論理や制度の論理に置き換えられていった。道具として使われてしまったわけですね。行政的な部分に置き換えられると都庁舎になり、コマーシャリズムに置き換えられるとアサヒビールのきん斗雲になる。

吉阪（隆正）先生（内藤氏の大学時代の師、1917–80年）の八王子の「大学セミナーハウス」（1965年）だって、構造的ではあるけれどもヒューマニズムに立っている。それはポストモダンとも言えるわけですね。コルビュジエのモダニズムか

本義としてのポストモダンは、地域主義と近いものだった。

神長官守矢史料館（1991年、設計：藤森照信、内田祥士）［写真：安川千秋］

ら吉阪先生がどうやって抜け出すかを考えたときに、強く意識したのはそういう部分だったんじゃないかな。

—— 吉阪さんがご存命の頃からポストモダンの議論はあったんですか。

磯崎さんが60年代には『空間へ』を書いているので、議論はあったんでしょうね。建築の分野ではチャールズ・ジェンクス（米国の建築評論家、1939年—）からでしょう。それを言葉として輸入したのは磯崎さん。それ以前はメタボリズムの時代ですから、磯崎さんはそれをひっくり返したい、戦後モダニズムとその末裔であるメタボリズムをひっくり返したいと考えていたはずです。そこで『空間へ』を書いて、それから『建築の解体』を書いて、ポストモダニズムとか、マニエリスムとかいろいろ書きつつ、モダニズムの解体を進めた。

解体しようとするエネルギーと切れ味の良さはすごかったけれど、それ自体が今度は目的化して、商業的な意味合いに翻訳され、行政的な意味合いの中で利用され、なれの果てみたいになっていった、ということですね。怒濤のバブル経済の中で骨の髄までしゃぶられて、徹底的に消費された、という印象を持っています。

1989—1998

内藤廣氏インタビュー——6

模索のなか「挑戦」が実を結ぶ

INTERVIEW 6
1999—2008

平成中期には、「平成の10大建築」で
投票数上位となった3つの建築が完成している。
せんだいメディアテーク、横浜港大さん橋国際客船ターミナル、
金沢21世紀美術館だ。
ポストモダンの次を模索する取り組みが実を結び始めたこの時代。
内藤氏の口からも「挑戦」という言葉が何度も飛び出した。

壁・床の新表現

——平成中期の建築についてうかがいます。まずは、4票を獲得した2000年竣工の「馬頭町広重美術館（現・那珂川町馬頭広重美術館）」からお願いします。

隈さんは、コメントしにくいな（笑）。

——隈さんの転機といわれているプロジェクトですよ。

転機。確かに、「M2」(エムツー)(1991年)をやった隈さんが宙返りだよね。

広重美術館に関しては印象に残っていることがあってね。青山1丁目の車のショールームで建築の展覧会があったんです。そこに僕も出してたんだけど、広重美術館の模型が出ていて、面白いなと思った。切り妻なんだけど、ただの切り妻じゃなくて全体がルーバーで構成されている。その模型が実にきれいだったんです。実際どうやってつくるんだろうと思った。

出来上がったものは、写真で見るときれい。でも「竣工写真は」というただし書きが付くね。アイデアとしては抜群に面白いんだけど、じゃあ、建築物としてどうかというと、いろいろな思いが交錯する建物ですね。

——これに票を投じた建築史家の五十嵐太郎さんのコメントが、実にうまいなと思いました。「グローバルとローカルを同時に抱え込む必勝のデザインパターンを確立した」。

なるほど、その通り。さすが五十嵐さん。それ以上言うことがありません（笑）。

M2（エムツー、1991年、設計：隈研吾建築都市設計事務所）[写真：磯達雄]

馬頭町広重美術館（現・那珂川町馬頭広重美術館、2000年、設計：隈研吾建築都市設計事務所）[写真：三島叡]

INTERVIEW 6

新しいフラットの在り方

―― 次は2001年に開館した「せんだいメディアテーク」(竣工は2000年)です。16票を獲得して、総合1位でした。内藤さんも票を入れていますが、いかがですか。

これはやっぱり面白いですよ。伊東(豊雄)さんが挑戦していると言うべきか、構造の佐々木(睦朗)さんが挑戦していると言うべきか分からないけれど、とにかく「挑戦した」ということが分かる点で面白いと思います。

この建築のポイントは、「フラット」だと思うんですね。フラット、つまり床版をどう構成するかです。新しいフラットの在り方、それまで誰もやったことのないフラットを提示した。あれが効率的かどうかは別にして、みんな、「ああ、そうか」と思ったと思う。普通にラーメンで考えるんじゃなくて、ああいうつくり方もあるんだなということを示した意味は大きいと思います。

せんだいメディアテーク(2000年竣工、開館は2001年、設計:伊東豊雄建築設計事務所)[写真:三島叡]

ただ、最近行ってみたら、普通の建物になっている(笑)。できたときのインパクトは感じない。それはそれでいいことなのかもしれない。

—— 何度行っても驚きがあるものと、そのうちに普通に見えてしまうのは、何の差があるんでしょうね。

普通に見えるというのは、今の世の中に違和感なく受け入れられて、いい意味で消費されているということでしょう。みんなが使って、なじんだ。メディアテークもそうだけど、妹島(和世)さんの「金沢21世紀美術館」もそういう感じですね。それは、伊東さん・妹島さんの師弟ラインの良いところなのかもしれない。形式的なつくり方でなくて、街に開かれている。あの2人の素晴らしい資質だと思います。

—— 金沢21世紀美術館は2004年竣工なので、また後でうかがいます。今、話に出た「違和感」ということでいうと、内藤さんは設計するときに違和感を意識的に生み出そう、というようなことは考えますか。

それはないですね。違和感は生み出す側が求めてはいけないものだと思うんですよ。生み出す側は自分の与えられた土俵で精いっぱいやるしかないので、結果としてそれがどういうフリクション(摩擦)を生じるかについては、あまり意識的にならないようにしています。

ただ、不安になることはあります。例えば「島根県芸術文化センター」(2005

> それまで誰もやったことのないフラット(床版)を提示した。

島根県芸術文化センター(2005年、設計:内藤廣建築設計事務所)[写真:吉田誠]

1999–2008

INTERVIEW 6

年)を設計しているときに、あの巨大な建物をすべて瓦で覆うとなると、地元の人はどう思うだろうとか、違和感がないだろうか、という恐怖感は抱きましたね。

── むしろ恐怖ですか、違和感は。

うん。その街の命運を左右するんですから、その恐怖感がなかったら傲慢この上ないことになる。島根はうまくいったので、ほっとしました。

横浜港はなぜ折板構造なのか

── 次は「横浜港大さん橋国際客船ターミナル」です。国際公開コンペで当選したアレハンドロ・ザエラ・ポロとファッシド・ムサビ(ともにfoa)の設計で、2002年に竣工しました。7票を獲得し、全体ランキングでは3位になっています。

そんな上位？ちょっと意外だね。

── 完成後はあまり話題に上ることがないように思いますが、やっぱり平成を振り返ると、エポックだったということでしょうか。行かれたことはありますか。

建設中も含めて何度も行きましたよ。

── そんなにあの建築に興味があったのですか。

これも構造設計を渡辺邦夫さんがやっていたので、どうなるのだろうと。果たしてああいう3次元のデザインが、実際にどういう空間を生み出すのかというのは体験してみないと分からないですから興味がありました。

でも、計画が悪いのか、建設技術が稚拙なのか、今だったらああはならないだろうと、いろいろな思いが重なります。例えば、折板構造で解いていますね。

── ホールやピロティの天井の部分ですね。

あの3次元のデザインを、折板構造で解くというのはどうなんだろう。本来なら、ハニカム状のものが力を伝え合って有機的な力の流れに、というところではない

かと。下だけ本来の形式と違う形式で解かれているような気がして、そうすると、すべてがエンターテインメントに見えてくる。がっちり支えるものが下にあって、上がぐにゃぐにゃになっていればいいわけだから。

でも、当時はあれでしか解けなかったんだからしょうがないね。

—— コンペのときには折板構造ではなく、「鋼板のハニカム構造」と言ってましたね。

あれもコンペのときには構造が別の設計者だったんだけど、蓋を開けてみたら解けないという話になったらしい。そこで渡辺さんが出ていった。半分は渡辺さんの作品だよね。

それと、あのプロジェクトは、私の菊竹清訓事務所の大先輩である遠藤勝勧さんが現場の施工監理を手伝っていたので、遠藤さんからもいろいろ話を

> すべてがエンターテインメントに見えてくる。

横浜港大さん橋国際客船ターミナル（2002年、設計：foa［写真：寺尾豊］）

1999—2008

INTERVIEW 6

横浜港大さん橋国際客船ターミナル（2002年、設計：foa）[写真：寺尾豊]

聞きました。

　そのなかで気になったのは防水。あれは鉄骨造で、鉄骨の上を防水するわけですね。その防水したところにピンを立てて木製のデッキを固定している。ということは、あの建物は数万本なのか数十万本なのか、防水層をピンが突き抜けた状態で出来上がっているわけで、あんな海浜部で本当にそれで大丈夫なのかというのが心配でした。でも、まだ立っているから大丈夫なんでしょうね（笑）。

建築と都市

── 2003年に竣工した「六本木ヒルズ」について改めてお聞きします。前に、「六本木ヒルズは好きではないが、森稔さんの先見性には敬意を払わなければならない」とおっしゃっていました(51ページ参照)。六本木ヒルズの意義についてはどのように。

繰り返しますが、好きではないですよ(笑)。でも、森さんのやろうとしたこととか、森ビルのプログラムは認めざるを得ないところはある。つまり、超高層の面的開発という、今につながる都市再開発の事業的プログラムをつくったということです。

今の都市再生はどれも、森ビルのプロトタイプを踏襲している。六本木ヒルズは、いい意味でも悪い意味でもちゃんと評価しなきゃいけないのかなと思います。

── バブルのころの地上げの再開発と具体的にどういう点が違いますか。

バブルのときは札束でほっぺたをひっぱたいて地上げしていくみたいな感じだったじゃないですか。森ビルは、「私たちはまじめに街をこういうふうにするから、みんな土地を提供してくれ」という話の持っていき方です。全部じゃないかもしれないけど、割とそういうやり方をとっていると思うんです。

だから意外とまじめな開発ですよ。都内の大きな開発は、都の景観審議会の委員として見ていますけど、森ビルはほかの大手デベロッパーよりも時代に対してセンサーが鋭いと思う。老舗は殿様商売のところも多いですから。

超高層は「周りの環境」が勝負

── 六本木ヒルズは建築空間としてどのようにご覧になっていますか。そもそも内藤さんが良しとする超高層ビルはあるんでしょうか(笑)。

ないです。超高層はおしなべて嫌いです(笑)。

1999−2008

INTERVIEW 6

六本木ヒルズ(2003年)のけやき坂周辺。右奥の超高層は住宅棟［写真：寺尾豊］

> 超高層は、周りにどんな環境がつくれるかが勝負。

―― 先ほど梅田スカイビルについて語っていただきましたが、梅田にもご自身で票は入れていないですね。

梅田スカイビルはかなりいい方だけど、総じて日本の超高層は中途半端だと思う。上海とか香港に行くと、超高層といったら丸の内の2倍ぐらいのやつが平気で立っているじゃないですか。それに比べれば日本で超高層と呼んでいるのは、高層ビルか中層ビルくらい。高さで世界と競えないのなら、それが建つことによって、周りにどういう環境をつくれるかというところが勝負だと思うけれど、そういう意味においてどれも力不足だと思う。

―― 中高層のオフィスビルは?

古いですけど、「パレスサイドビル」(1966年)はいいですよ、やっぱり。オフィスライフの新しい時代をつくろうという心意気と、ディテールの密度と。でも、あれを設計した日建設計も、今は山のようにプロジェクトがあるから、超高層を設計するといったって、そういう挑戦的な気持ちで臨んでいるようには見えませんね。

　それと心配なのは、これから超高層が選別の時代に入って、勝ち負けがはっきりしてきたときのこと。ものによっては廃墟化するか壊さなきゃいけないということになるはず。だとしたら超高層なんて壊しやすさを重視してつくるべきだとも思います。今まではあまりそういうことを考えてやっていないよね。ワッと建ち上げて、いらなくなったら、それを解体して、別のところに建てる。これからの超高層の計画はそういう考え方でやるべきだと思います。

H&deMが本気を出した「プラダ」

―― 次は4票を獲得した「プラダブティック青山店」(2003年)です。商業施設では、これが最も票を集めました。行かれたことありますか。

ありますよ。中には入ったことはありませんが。買い物はしないので(笑)。

　あの建物はヘルツォーク&ド・ムーロン(H&deM)が本気でやった感がありますね。

1999—2008

INTERVIEW 6

―― 確かに、外国人が日本で設計した建物のなかでは本気度がすごいです。

それで皆さん評価するんじゃないかな。ヴォーリズとか、コンドルとか、ライトとかを別にすると、ここまで密度のあるものってあまりないと思う。

―― 建築の質としてはどのようご覧になりますか。

面白いパビリオンだよね。あの精度は日本じゃないと出せないかもしれない。でも、それはしょせんパビリオン。面白くてやがて悲しきというか。古びていく姿が想像つかない。

―― 常にぴかぴかであってほしい。

そう。でも、それは商業ビルだから一つの宿命でしょう。表参道にどんどんできている中途半端なビルに比べたら、やっぱりあれは存在感がありますよ。

プラダブティック青山店(2003年、設計:ヘルツォーク&ド・ムーロン、竹中工務店)[写真:吉田誠]

金沢21は「公共建築のコンビニ化」

> 「文化のコンビニとしての美術館」という新たな問い。

―― 次は2004年竣工の「金沢21世紀美術館」です。これは14票を集めて、総合2位でした。面白いのは、選んだ方の着眼点がばらばらなんですよね。

へえ、どんなふうに。

―― 平屋の在り方とか、ランドスケープとの関係性とか……。内藤さんも票を入れていますが、どういう点を評価されましたか。

妹島さんに怒られないといいんだけど(笑)、僕は、「これはコンビニだ」と思ったんです。コンビニが人を集めるように美術館が人を集める。せんだいメディアテークも若干そういうところがありますけど。

―― それ以前の美術館と具体的にどこが違うから、コンビニなんですか。

1つは、強要されない。物を買わないで出てもいい。それから、ほとんどのことがそこで満足される。すし屋のすしは食べられないし、フレンチも食べられない。それでも、ほとんどの用は足りる。それまでの多くの公共建築が、重々しくどっしり構えて、「どうだ」という感じだったのに対して、その真逆のものを提示したと思うんですよ。

　文化のコンビニエンスストアとしての美術館はどうあるべきかという問いに、とてもよく応えている。

―― 空間がどうこうというよりも、プログラム的なところですか。

そうですね。だけど、それを建築に持ち込むためには、ものすごくいろいろなスタディーや努力があったと思う。あまり人を驚かせるようなこともなく、「みんな入ってきてねー」、みたいな感じにたどりつくまで。

―― 本当にみんな吸い込まれるように入っていきますよね。

大成功だったんじゃないですかね。

1999―2008

INTERVIEW 6

金沢21世紀美術館（2004年、設計：SANAA）［写真：吉田誠］

―― そうして美術館とか文化がコンビニ化していくことには危険性もあるぞ、ということですか。

うーん、どうだろう……。

あれだけ人が来ているんだから良かったんでしょうね。だけど、それだけでいいかという問い掛けはやっぱりあった方がいい。つまり、非常に深い精神性みたいなものを問い掛けるアート、それは音楽だったり、美術だったりですが、そうしたものが置かれるべき空間というのも別にあってもいいんじゃないかな。でもそれは金沢21世紀美術館の中にある必要はないと思うんですよ。それはまた別のところでやればいい。

―― 内藤さんも美術館を数多く設計されていますが、金沢21世紀美術館の前後で何か意識が変わったりしましたか。「わが道を行く」ですか。

妹島さんが金沢をやっているときに、僕は島根（島根県芸術文化センター）をやっていたんですよ。真逆なんですね。

―― 軽くはないですね。

全く（笑）。変わったことといえば、「重い」のもいいことだ、と私自身が再認識したことでしょうか。

「重い」のもいいことだ、と再認識した。

島根県芸術文化センター（2005年）［写真：内藤廣建築設計事務所］

1999-2008

INTERVIEW 6

建築の境界・極限

―― ここから平成後半に入ります。2007年竣工の「ふじようちえん」に3票入りました。ふじようちえんは分かりますか。

分かりますよ。リング状になっている幼稚園でしょう。設計は手塚さん？

―― はい。手塚貴晴さんと手塚由比さんの手塚建築研究所による設計です。

あれは分かりやすい形をしているよね。だから票が入るんでしょう。

今は幼稚園や保育園がいろいろできているけど、そういう中で一つのプロトタイプをつくったという意味で評価できる。シンプルだけど、子どもだましではない。

―― 幼稚園でも「建築」に成り得ると。

成り得る。それまで成り得ていなかったのは、あまり本気で取り組んだ人がいなかったからかもしれない。

それにしても、この建物の分かりやすさは、本当にこの幼稚園の事業に貢献してるよね。

ふじようちえん(2007年、設計：手塚建築研究所)[写真：木田勝久]

彼（石上純也氏）の能力を見抜く眼力がなかった（笑）。

KAIT工房には「大人が捨てた純粋さ」

—— 分かりやすさが重要だというのは、次の「神奈川工科大学・KAIT工房」にも言えるのではないかと。石上純也さんの設計で2008年に竣工したものです。6票入りました。

これは、実物を見てはいないのですが、石上純也という人は評価しています。

—— そうなんですか。

彼は2010年に毎日デザイン賞をもらっているんだけど（受賞業績は「一連のギャラリー展示・空間構成に対して」）、強く推したのは、私です（笑）。

彼はうちの事務所でバイトをしていたことがあるらしい。後になって本人に聞きました。バイトをしていたことがあるんですよ、と。

—— 石上さんは学生時代、SANAAでもアルバイトをしていて、優秀なので、そのまま入所したとか。

そう。うちには彼の能力を見抜く眼力がなかった（笑）。

神奈川工科大学KAIT工房（2008年、設計：石上純也建築設計事務所）［写真：日経アーキテクチュア］

INTERVIEW 6

↑2010年ベネチア・ビエンナーレで展示部門の金獅子賞を受賞した石上純也氏のインスタレーション「空気のような建築」。作品解説によれば極細の柱と梁、支持材で構成した14m×4m×4mのボリュームだった（写真の白いライン）。2010年8月26日のプレビュー開始から数時間後に崩壊。表彰式のあった8月28日には、誰も完成作品を見ることができなかった［写真：junya.ishigami+associates］

←東京都現代美術館で2007年に展示された石上純也氏のインスタレーション「四角いふうせん」［写真：junya.ishigami+associates］

> 表現者として極限を目指す道もあってっていい。

—— それはさておき、石上さんのどんな点を評価しているのですか。

建築を先鋭的に追い詰めていく若手が2人いて、注目しています。1人は藤村龍至さん。彼は論理的に突き詰めていこうとしている感じ。もう1人が石上さんです。

　石上さんは藤村さんとは違う方向で、極限を目指そうと常に挑んでいる。例えば、ベネチア・ビエンナーレで金獅子賞を取った石上さんの展示「空気のような建築」(2010年)はすごかった。ああいう志向は、建築の純粋な部分を見ようとしていて、とてもシンパシーがある。

　何か大人たちが捨てちゃったものを容易には捨てられない子どもたちのような……。そういう感じがします。

—— なるほど。

KAIT工房はまだ見ていないけれど、あれもある種の極限でしょうね。構造設計は誰だっけ？

—— 小西泰孝さんです。

列柱も面白いけれど、全体のつくり方の発想がいい。要するに、圧縮力を重しでかけておいて、最後にそれを解放して安定したあの構造体をつくっている。あの考え方は、なるほどと思った。

—— 先ほど話に出たベネチア・ビエンナーレの展示と同様に、東京都現代美術館で2007年に展示された「四角いふうせん」も衝撃的でした。一般的な「建築」のイメージを超越しています。

吹き抜けにぽわんと浮いたやつね。別に全員が建築をやらなくてもいいんだから、ああいう方向で、建築家としてでなく、表現者として極限を目指すというのもあるかもしれないね。

—— フェイルセーフを重視する内藤さんが、アーティスティックな石上さんを評価しているのはちょっと意外でした。

すごく評価していますよ。石上さんはどうしているのかな、大丈夫かな。宇宙人みたいな人だから(笑)。そろそろ決定的なものをつくってほしいと思うんですけどね。

1999−2008

INTERVIEW 7
2009—2019

内藤廣氏インタビュー——7

弥生的建築の先に見えるもの

「今回の企画で一番最初に頭に浮かんだ」と
内藤氏が言うのが、「豊島美術館」(2010年)だ。
日本人がこれまで追ってきた建築を「弥生的建築」と位置付けたうえで、
豊島美術館の魅力を「原初的な体験」にあると見る。
一方で、弥生的建築を支えてきた技術の革新こそが、
建築を前に推し進めるとも言う。

「原始的」な建築

── では、平成最後の10年間に入ります。10年区切りでお話しいただいていますが、3票以上入った建築が10件→8件→3件と少なくなっています。記憶に残る建築が少なくなっているのか、時代が近いものは相対化して評価しにくいのか……。

── 後者であることを願いたいですね。この10年で最も票を獲得したのは、西沢立衛さんが設計した「豊島(てしま)美術館」(2010年)でした。票数は6票で、内藤さんも票を投じていますね。

これはいいよね。素直にいいと思った。「平成の10大建築を選べ」と言われて、一番最初に頭に浮かんだのはこれです。
　実は、着工する前からこのプロジェクトのことは知っていて、僭越だけど西沢さんに「これはすごくいいから、乾坤一擲で頑張れ」と言っていました(笑)。

── 着工前からそんなに期待値が高かったんですか。

ええ。これまではSANAA(妹島和世氏と西沢立衛氏のユニット)という形が多くて、どこからどこまでが彼なのかよく分からなかったけれど、これは西沢さんが個人として設計するものだから、「とにかく頑張れ」と言ったんです。
　出来上がったものを見て、あの内部空間はやっぱりいいと思った。内藤礼さん(アーティスト)のインスタレーションもすごく良かった。あのアートと、空間と、あの

豊島美術館(2010年、設計：西沢立衛建築設計事務所)［写真：日経アーキテクチュア］

場所とが非常に響き合っている。ああ、こういうことなのかとよく分かった。久々にいいと思った建築ですね。

ノンディテールの強さ

—— あれもなかなか言語化するのが難しい空間の良さだと思うのですが、内藤さんなりにそこを言葉にしていただけますか。

原始的な感じがするよね。僕たちは所詮、弥生文化の末裔なわけですよ。物事の精度を上げて、きっちり組み上げて……とかくそういうのが好きですよね。そうではない非常に原始的な建築の在り方というか……。あの建物は、弥生的な日常の暮らしにはない原初的な体験を思い出させてくれる。

INTERVIEW 7

あれ以上手を加えたら、つまらなくなる。

―― なるほど。その感じはよく分かります。

支保工の代わりに土を盛って、その上に鉄筋を組んでコンクリートを流し込むという施工方法もすごく原始的ですよね。都会の人たちが忘れていたようなもの、あるいは数寄屋的なものから一番遠いもの。そこに感動するんじゃないかな。

見に行ったのが完成直後ではなく2013年、「3.11（東日本大震災）」の後だったんです。それで余計に響いた。内藤礼さんのあのインスタレーション、水滴がぴっぴっと動くのを眺めていたら、何か涙が出てきた。

―― 数寄屋的なものから最も遠いというのは確かにそうですね。ディテールとか、素材の取り合いとか、何もないですね。

何もない。ノンディテール。たぶん、あのつくり方ではあれ以上、精度を上げることはできない。でも、あれに手を加えたらつまらなくなると思う。

あんなつぶれたシェル構造、大変ですよ。普通はああはしない。シェルだったら、普通、もう少しライズを取ってコンクリートを薄くしようとする。構造重視の建築家だったら、キャンデラみたいに厚さ4cmのコンクリートシェルとか合理性を追求するところだけど、豊島はそもそも非合理だよね。あんなにつぶれているんだから。つくることの合理性を追求することも、もしかしたら弥生的な思考なのかもしれない。あの建物はそういうことから隔絶している。

西沢立衛氏。1966年生まれ。95年、妹島和世とともにSANAA設立。97年、西沢立衛建築設計事務所設立。2010年、妹島和世氏とともにプリツカー賞を受賞［写真：花井智子］

施工中の豊島美術館。支保工の代わりに土を盛って、その上に鉄筋を組んでコンクリートを流し込んだ。施工は鹿島[写真提供：鹿島]

　間接的には、さっき話した石上純也さんも影響を受けているんじゃないかな。夾雑物を取り除いたときに、建築の先に何が見えるかというのは、西沢さんの豊島ともつながっている気がする。

──　内藤さんが目指されているのは、それとは違うベクトルの建築だという理解でよいですか。

いや、ああいうのをやってみたいです。ノンディテールの建物。

──　えっ、そうなんですか。

やりたいですよ（笑）。所内でもよく「ノンディテール」って言っている。

──　意外です。

目指してもなかなかできないんだよね。やっぱりやっているうちに精度が上がっちゃう。それが問題。

大学セミナーハウス本館（1963年、設計：吉阪隆正+U研究室）［写真：磯達雄］

── 過去にノンディテールを実現できたものはありますか。海の博物館の収蔵庫とか？

あれもディテールの建築だよね。例えば、師匠の吉阪（隆正）さんが設計した「大学セミナーハウス」の本館みたいなもの。ああいうディテールがほとんどないような強さというものが、建築の大事な価値としてあると思う。私も、ここまで来た以上、目指すべきはあそこかなと思っているんですが。

── 今後、デジタルファブリケーションや3Dプリンター的なつくり方が進化すると、そうしたノンディテールの建築にトライしやすくなりますか？

いや、むしろやりにくくなるんでしょうね。デジタルそのものが精度の産物ですから。そこからどれだけ逸脱できるかが建築のこれからの挑戦になるでしょう。それを目指したい。

時代が求める手法

「東京駅復原」には時代が求める要素が全部入っている。

—— 次は「東京駅丸の内駅舎復原」(駅舎は2012年に工事完了)です。5票入りました。

選択肢方式ではないのに、東京駅に5票も入るのは意外でした。
時代が求める要素がいろいろ全部入っているので、選んでおかなきゃと、みんな義務的に思ったんじゃないかな(笑)。

やっぱり首都の中心の建物ですしね。容積移転によって既存建物を保存して、免震にして、3階を復元して……。最後にできた駅前広場は、土木の要素も入ってくるし。

—— このプロジェクトには内藤さんも関わっているんですか。

保存自体には関わっていませんが、駅前広場には深く関わっています。

駅前広場は、全体の委員会の座長が篠原修さんで、僕がワーキングの座長をやりました。東大の会議室を使って数カ月に1回、JR東日本、メトロ、東京都、千代田区、三菱地所の人など40−50人が集まって話し合う場を設けました。それを5年くらいやったかな。そのあとデザインの調整役をやって、全部で10年余り。それで、ようやくあの広場ができたんです。出来上がってみれば、何もなくてスッキリ見えるけど、ものすごく手間のかかった広場です。

唯一やり残したのはキャノピー

—— 保存・復元についてはどう思われますか。

正確に把握しているわけではないけれど、まず、「保存しなければ」という鈴木博之さん(建築史家、1945−2014年)の大きい存在があった。そして、それが現実に可能になったのは、たぶん伊藤滋さんが委員長の「街づくり検討委員会」で、「容積移転」という流れができてからだと思います。保存・復元して本当に良かった。あれがなければ、丸の内なんて金のかかった普通の超高層街区にし

INTERVIEW 7

東京駅丸の内駅舎と駅前広場。駅舎は2012年に復原工事が完了。広場は17年12月に完成[写真：日経コンストラクション]

かならなかった。

　大変意味のあるプロジェクトだと思いますが、唯一やり残したと思うはキャノピーですね。変な大きいキャノピーが付いていますが、あれは、駅舎の保存委員会と広場の委員会とが切れていたからです。何かの資料でこのキャノピーの絵が出てきたとき、広場の委員会としては受け入れられないと言ったら、これは保存の委員会の担当だと言われた。それで、「鈴木さん、知っていますか」と聞いたら、鈴木さんは「いや、知りません」と言う。そういう隙間であのキャノピーはできちゃったんですよね。残念です。

　—— 昔の写真にもキャノピーは付いていますよね。
全く違うデザインです。JRには、次の改修の機会があれば、あれをやり直した方がいいと言い残してあります。

　—— 「保存」の大きな話として、日本の近代建築とか古いものの再生事例のデザインを、内藤さんはどうご覧になっていますか。日本の保存は、原形を守ることにこだわり過ぎているようにも思うのですが。
ケース・バイ・ケースだよね。残した方がいいものと、残さなくてもいいようなものがあるから。その境界のグレーゾーンが結構広いので、難しい。何でもかんでも、

そのまま残せばいいという話ではないと思います。過去はリスペクトすべきだけど、あくまでもそれは「現在と未来に属している」という意識が大切だと思っています。

超高層を改めて問う「赤プリ解体」

——票数は1票ですが、「赤坂プリンスホテルの解体」(2013年)をアラップの金田充弘さんが挙げていて、なるほどと思いました。保存と対極にある「壊す技術」ということで、これについても考えを聞かせていただけますか。

赤プリ解体は、下からだるま落としみたいに壊していったやつですか。

——それは鹿島のカットアンドダウン工法(2008年に鹿島旧本社ビルを解体)で、赤プリの解体は大成建設です。最上階のやや下に腹巻のようなカバーを付けて、上から壊していく「テコレップシステム」という工法です。どちらもだんだん背が低くなって、いつの間にかなくなっているという現場でした。

確かに、超高層の解体というのは1つの新しいテリトリーとしてあると思う。技術も磨くべきでしょう。

でも、先ほども話したけど、建築家が考えるべきは、むしろ、壊しやすいつくり方の提案。壊すことなんて想定していなかった超高層を、今は大変な苦労をして壊している。日建設計なんかは、あれだけ超高層を設計しているんだから、これからは壊しやすい超高層を提案すべきだね。

——内藤さんはそんな超高層を設計しないのですか。

誰も頼みに来ないから(笑)。

いくつか委員会の委員をやっているので、森ビルも三菱地所も三井不動産も、都内の大規模開発の企画や模型はほとんど見せられるんだけど、誰も設計を頼みには来ない。建築家と思われていないんだろうね(笑)。面倒くさい委員会の先生と思われている。

> 建築家が考えるべきは、壊しやすいつくり方の提案。

INTERVIEW 7

―― 超高層はさておき、内藤さんが設計する「普通のオフィスビル」はどんなものになるのか見てみたいです。

オフィスビルの案はいくつかあったんだけどね。スーパーブロックで多層階免震とか、そんなのを提案するから実現しない。

―― もっと「普通」のものでも……（笑）。

もちろんできるので、誰か頼んでほしいね。

グランドプリンスホテル赤坂（旧赤坂プリンスホテル）の解体工事の様子。解体には大成建設が開発した「テコレップシステム」を採用。屋上階の外周に防音パネルなどを取り付けて、騒音や粉じんを防ぎながら解体した［写真：日経アーキテクチュア］

ROKIは弥生型建築の最前線

── 現代のオフィス空間ということで、次は「ROKIグローバルイノベーションセンター」です。これが平成30年間のプロジェクトを振り返る最後になります。小堀哲夫さんの設計で2013年に浜松市に竣工しました。小堀さんのことは、ご存じですか。

実は彼も、うちでバイトをしていた（笑）。牧野富太郎記念館の模型をつくっていたらしいです。でも、久米設計に入社した。

── バイト経験を通して、すごい人材を育てていますね。

でも、みんな見過ごしている。スタッフとして採用できていない。見る目がないんだね。

彼（小堀哲夫氏）の能力も見抜けなかった（笑）。

ROKIグローバルイノベーションセンター（2013年、設計：小堀哲夫建築設計事務所）［写真：川澄・小林研二写真事務所］

2009—2019

INTERVIEW 7

小堀哲夫氏(右手前)。「NICCAイノベーションセンター」(2017年)の「キューブ」と名付けた吹き抜けにて(2017年、設計：小堀哲夫建築設計事務所)
[写真：吉田誠]

NICCAイノベーションセンター(2017年、設計：小堀哲夫建築設計事務所)の外観[写真：吉田誠]

―― 小堀さんは、先ほど話のあったレンゾ・ピアノに近いかもしれませんが、熱環境とか照明エネルギーとか、環境シミュレーションの結果をデザインに落とし込んでいくタイプの建築家です。日本でもようやくこういう人が出始めたかという感慨があります。

彼は超まじめ。だから弥生型（笑）。さっき私自身は原始的なものに引かれるという話をしましたが、もちろん、弥生型建築家も必要だと思います。こういう尖った弥生型建築家がもっとたくさん出てくるべきだと思う。

ROKIは性能的にもいいし、挑戦的でもある。できた後も性能を検証しながら設計を続けるというのは大変だと思います。彼なりのリスクを取りながらやっているんでしょう。

―― 確かに、必ず「結果がどうなのか」を問われる建築は、つらいだろうと思いますね。挑戦し続けてほしいですね。でも、ぐるっとガラスで覆ったROKIと、その後、福井にできたオフィスビル（NICCAイノベーションセンター、2017年）とはかなり違うよね。

福井のオフィスは、かなり大人の建物になっていますね。やっぱりROKIのようなワンルームの大空間ばかりはつくり続けられないから。

でも、そうなると組織設計事務所と何が違うの、みたいなところはある。組織設計事務所がやるものをちょっと小ぎれいにしただけのものだったらつまらない。やっぱり最終的には、小堀さんにしかつくれない空間をつくれているかというところに帰着するのかな。

―― 確かに、シミュレーションは組織設計事務所やゼネコン設計部の方がむしろやりやすい環境かもしれません。

西沢さんや石上さんの挑戦とは違う挑戦のやり方が小堀さんの中にはあると思う。そこをどうマネジメントしていくのか。小型久米設計みたいになってもしょうがない。イノベーティブな、ああいうチャレンジを続ける中で、エアコンディションの濃度と同時に空間の濃度が高まるというか、技術と空間が一体化するような状況がつくれるのか。それを見てみたいですね。

> 尖った弥生型建築家がもっと出てくるべき。

INTERVIEW 7

30年の進化、この先

―― 平成30年間のエポックとなる27件のプロジェクトについて話をうかがいました。30年の間に日本の建築のデザインは、どう変わったか、どう進化したのか。それらを見返してみた印象を聞かせていただけますか。

難しいなあ。本当に進化したのかな……。

　この30年は、指標が見えない時代だったんだろうと思うんです。戦争で焼け野原になって社会制度も変わり、何から何まで全部が変わってしまった後に何かを生み出していくときの50年代、60年代。そして、右か左かのイデオロギッシュな時代。高度経済成長があって、オイルショックがあって、バブルで有頂天になり、その後ですよね。解体され尽くした価値観の中で、みんなが模索している30年だったような気がします。

　ただ、決して「失われた30年」ではなくて、その次のパラダイムをみんなが探していた。そう思いたい。1つの方向じゃなくて、みんなが違う方向で探していた。ある人はエコロジーを向くし、ある人は構造の方を向くし、ある人は木造みたいなものに行くし、ある人は都市的文脈で見つけようとした。次の時代の根拠、あるいは自分がものをつくっていくうえでの根拠を探した。特にこの10年は、そういう要素が強いんじゃないかな。それは決して無駄ではなく、目指す方向性は見えてきていると思う。

―― 目指す方向性の指針とすべきものはありますか。

前にも話したけれど、私は建築の方向性を考えるときに、「文化はあてにならない」と思っています。文化はコロコロ変わっていく。変わらないのは技術進化です。この30年で言うと、情報化社会の進化というのは不可逆的ですよね。

　今からもう携帯電話なしで暮らしましょうとか、インターネットなしで暮らしましょうなんて誰も考えない。そういうものが伸びてくる中で、社会に受け入れられる建築がどう変わってきたのかということなのかな。

　キーワードで言えば、ダイバーシティー（多様性）でしょう。それは間違いない。でも、それって、何も言っていないのに等しいかな（笑）。

> 建築は雨から解放されたら劇的に変わる。

防水技術の革新が建築を変える

―― 情報化以外でも、素材とか工法とか、これからの建築を変え得る技術があると思いますが、何か期待する技術はありますか。

なんだろう。防水ですかね。

―― 防水。内藤さんらしい、シブいところですね(笑)。

いや、建築家は、ずっと悩まされているでしょう。

―― どういう防水ができたら、いいものなんですか。

この防水を使ったら、特別なことをしなくても100年保証します、みたいなものができれば、建築はある種の自由を獲得できる。ふざけているわけではなく、それは大きいですよ。建築が雨から解放されたら、劇的に変わるでしょう。

―― 内藤さんは、あれだけきっちりしたディテールをやっていても、そんなに雨漏りが心配なのですか。

それは心配ですよ。大きな台風が来ると、うちのスタッフはそれぞれ担当したところに電話しています。

―― 1950年代、60年代の名建築といわれるものを取材すると、雨漏りがひどかっ

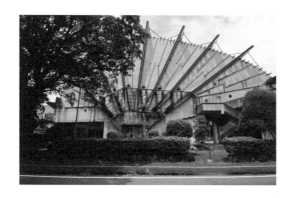

旧都城市民会館(1966年、設計：菊竹清訓建築設計事務所)。都城市は解体の方針[写真：日経アーキテクチュア]

INTERVIEW 7

「置き忘れた身体」をすくい取らなければならない。

　　　　　たものも少なくないようです。例えば、内藤さんの師である菊竹清訓さんが設計した「都城市民会館」(1966年竣工)もそうですね。でも、そういう建築は、今は許されないと。

あの頃の日本と今とは、技術が全く違いますからね。何もないところに建ち上がるものの在り方として、あの建物はやっぱりすさまじかった。すべてが新しい挑戦でしたから。そうなると、確かに性能面で問題も起きるよね。

―― 先ほど「原始的」という話がありましたが、性能の担保なしにそういうものにチャレンジしてはだめだと。

もちろんです。もうスクラップ・アンド・ビルドの時代ではありませんから。公共性の高い建物であればあるほど、社会資本の蓄積の役割を果たしていかないと。

　ただ、公共の施設と民間の施設は全然違う役割があるような気がします。商業施設の中には、新陳代謝をすることで事業を継続していくものもある。そこでしかできない建築的チャレンジもあるでしょう。

　それと公共の施設は別です。技術的な裏付けをちゃんとして、寿命の長い建物が蓄積されていかないと、日本はどんどん不幸になっていきますから。

　「原始的なもの」をあえて「縄文的なもの」*と言って、「弥生的なもの」と相対化してもいいかもしれません。

　長い間この国の歴史や制度をつくり上げてきた「弥生的なもの」は、実は資本主義やバーチャルな世界にとてもなじみがいい。だからこの先ももっといくんでしょう。でも、そんな社会が急激に広がっていくにつれて、「置き忘れた身体」がどこかで復権するはず。それは「弥生的なもの」の外、手の届かないところにあります。建築はそれをすくい取らなければならない。それこそが建築の主戦場であるべきだと思っています。

―― 新しい意味での「縄文・弥生論争」*ですね。建築デザイン編の締めにふさわしいお話でした。

*縄文・弥生論争:1950年代半ばの『新建築』誌上で議論されたテーマ。伝統論争ともいう。編集者・川添登が、丹下健三のモダンデザインを「弥生的なもの」、白井晟一を野性味あふれる「縄文的なもの」として、論争を仕掛けた。

| プロローグ 平成前夜 | PART 1 災害・事件・社会 | PART 2 建築デザイン | エピローグ 建築の未来のために |

目利きが選ぶ「平成の10大建築」

平成30年間のエポックと言うべき建築は何か。
それらは既存の建築の何を変えたのか――。
建築家、エンジニア、歴史家など、
多くの建築を見ている目利き20人に
それぞれ10件を選んでもらい、
その票数の合計で「平成の10大建築」を決めた。
各人の推薦コメントと共に紹介する。

尾島俊雄	早稲田大学名誉教授
細田雅春	佐藤総合計画代表取締役社長
藤森照信	建築家、建築史家、東京大学名誉教授
佐々木睦朗	佐々木睦朗構造計画研究所代表
内藤廣	内藤廣建築設計事務所代表
河野晴彦	大成建設顧問
古谷誠章	早稲田大学教授、NASCA代表
千鳥義典	日本設計代表取締役社長
菅順二	竹中工務店常務取締役
印藤正裕	清水建設常務執行役員生産技術本部長
松隈洋	京都工芸繊維大学教授
山梨知彦	日建設計常務執行役員設計部門設計代表
磯達雄	建築ジャーナリスト
五十嵐太郎	建築史家、東北大学教授
金田充弘	構造エンジニア、東京芸術大学准教授、Arupシニアアソシエイト
小堀哲夫	小堀哲夫建築設計事務所代表
倉方俊輔	建築史家、大阪市立大学准教授
豊田啓介	noiz共同代表
藤村龍至	東京芸術大学准教授、RFA主宰
成瀬友梨	成瀬・猪熊建築設計事務所代表取締役

1989―2019

ARCHITECTURE 1/10

目利きが選ぶ「平成の10大建築」——1

うねるチューブが床を支える

1位 [16票]

せんだいメディアテーク
設計:伊東豊雄建築設計事務所 | 2000年

尾島俊雄氏
海草のような多機能チューブの柱によって、建築そのものを公園のごとくにしつらえた。総ガラス張りの公共施設に、元気な若者たちが集まり、情報発信する痛快な作品。

藤森照信氏
建築における内と外の対立を世界で初めて"反転"という秘術で突破し、ここから台中国家歌劇院(2016年)というピークに至る。

階段室見上げ。たて穴区画とするため、ドイツ製の断熱ガラスを使って囲った

← 南側の定禅寺通りから見た開業当時の外観。コンペ案では1階はピロティになっていたが、冬場のことを考えて室内とした [写真：特記以外は三島叡]

古谷誠章氏

新しい時代の新たなアーキタイプとしてのメディアテークのアイデアが競われたコンペティションから生まれた。構造体である柱自体も透明化しようとする究極のドミノ像が示された。

成瀬友梨氏

自由な床に有機的なチューブが場をつくり、利用者が自由に動き、とどまり、思い思いに過ごしている。その全てが見えているのに心地よい、都市の立体公園のような、新しい公共建築の在り方を示した。

山梨知彦氏

ドミノシステムに始まりモダニズムの中で脈々と育まれ誰もが完成を疑わなかったカルテジアングリッド（直交座標）的空間。建築化した柱とスラブとコアからなる形式に、あえて挑み、新たな図式の発見に至った稀有な作品。

ARCHITECTURE 1/10

けやき並木越しに見た全景。総合設計制度を適用して斜線制限を緩和するため、1階は公開空地扱いとした。そのため、昼間は誰でも自由に出入りできる

世紀の変わり目に登場したせんだいメディアテークは、1995年のコンペ時から注目されたプロジェクトだった。透明なボックスの内部において、ランダムに配置されたうねるチューブが林立する姿は、未知の建築を予感させるのに十分な衝撃をもたらしたからである。

ポストモダンの後の透明なガラス建築の流行にも影響を与えた作品だが、その射程はもっと大きい。実際、これは20世紀の建築に代わる、情報化時代のドミノというべき新しいモデルを意識したものだった。1990年代以降のコンピューターの汎用化により、複雑な構造計算が可能になったことも、その実現を後押ししている。

建築家による震災復興の起点に

設計者の伊東豊雄は、これをきっかけに構造的な実験を伴う大胆なプロジェクトを次々に発表し、後の台中国立歌劇院(2016年全館オープン)につながったという意味でも、彼にとって大きな転機となった作品といえるだろう。

せんだいメディアテークが、建築ファンの訪れるべき聖地となったことを受けて、この施設をどう活用するかという議論から、3月の風物詩となった卒業設計日本一のイベントが誕生した。

2011年の東日本大震災では、天井やガラス壁が一部破損し、5月までの閉館を余儀なくされたが、復旧工事の際、天井のデザインなどを変更している。伊東は、せんだいメディアテークを設計した縁で早くから被災地に出入りしたことから、復興アドバイザーを務めたり、「みんなの家」のプロジェクトを展開したことも特筆される。

［五十嵐太郎＝東北大学教授］

所在地	仙台市青葉区春日町2-1
敷地面積：3948.72m²	建築面積：2933.12m² ｜ 延べ面積：2万1682.15m²
構造：鉄骨造、鉄筋コンクリート造 ｜ 階数：地下1階・地上8階	
発注者：仙台市	
設計者：伊東豊雄建築設計事務所(建築)、佐々木睦朗構造計画研究所(構造)、イーエスアソシエイツ(設備)	
監理者：仙台市、伊東豊雄建築設計事務所、佐々木睦朗構造計画研究所	
施工者：熊谷・竹中・安藤・橋本JV(建築)	
施工期間：1997年12月-2000年8月 ｜ 総工費：124億6665万円	

| プロローグ 平成前夜 | PART 1 災害・事件・社会 | PART 2 建築デザイン | エピローグ 建築の未来のために |

開館当時の7階スタジオ。2011年の東日本大震災で吊り天井が落下する被害があった

7階の現況。東日本大震災での天井落下を受けて、天井の仕上げと固定方法が変更された[写真：日経アーキテクチュア]

開館当時の3階ライブラリー（仙台市民図書館）。施設全体の運営は仙台ひと・まち・交流財団だが、3−4階のライブラリーは市の運営

3階の現況。2018年7月に3階西側天井の壁際から、耐火被覆材が落下する事故があったため、チューブのまわりをシートで覆っている[写真：日経アーキテクチュア]

2階の情報ラウンジの現況。開館時とほどんど変わっておらず、チューブと開口部の当初の関係性が分かる

2000

ARCHITECTURE 2/10

目利きが選ぶ「平成の10大建築」——2

2位 [14票]

金沢21世紀美術館
設計：SANAA｜2004年

都市とつながる直径100mの円

| プロローグ 平成前夜 | PART 1 災害・事件・社会 | PART 2 建築デザイン | エピローグ 建築の未来のために |

西側から見下ろした開館当初の外観。ガラス張りの平面の中に、大小の四角い展示室がランダムに配置されている[写真:吉田誠]

河野晴彦氏

大都市では面的開発が街を変える。地方の中核都市では1つの点が街の活性を高めることがある。この建築は金沢のアート拠点ではあるが、複数エリアの結節点として全方位から人を迎え入れ、多彩なアクティビティーを滑らかにつなぐ。

千鳥義典氏

新しい実験的な活動を可能とするイノベーティブな美術館建築。円形で水平的に展開するプラン構成で美術館の新しい在り方を提起した。

菅順二氏

従来の美術館のプランニングと異なる新しい空間試行。キュレーターのプロデュースによりいかようにも変化する空間の柔軟性は、これまでの美術館建築と、異なる他の建種にも展開できる新しいスペース計画を提示した。

印藤正裕氏

既存の構造形式にとらわれない軽快な構造部材と美術館の内部構成とが見事に調和した美しい建築。シンプルな構造に対して空間は豊かで変化に富んでいる。

藤村龍至氏

グリッドの上のランダムネス、ヒエラルキーのなさなど、2000年前後に現代美術家の村上隆が提起した「スーパーフラット」と感覚を共有した、CAD世代のマットビルディングである。表現の成立には構造設計の進化が大きく関与した。

2004

ARCHITECTURE 2/10

建物の中には入館料を払わなくても通り抜けできるルートが複数ある。以下の写真は2019年1月に撮影[写真：以下は日経アーキテクチュア]

北東側の開口部に面した休憩スペース。開口部近くにこうしたスペースが複数あり、椅子に腰をかけて外を見ている人が多い

北西側の開口部に面した休憩スペース。妹島氏がデザインした椅子が並べられており、記念写真の撮影に人気のスペースとなっている

常設されている現代美術作品の中でも特に有名な「スイミング・プール」(レアンドロ・エルリッヒ作)。水を張ったプールの底から地上を見上げる

地下1階と地上をつなぐ階段。地下1階には市民ギャラリーがある

雪景色のなかの夕景。金・土曜日は20時まで、通常時は18時まで開館している

日本三名園に数えられる兼六園と、活気ある繁華街の香林坊。両者をつなぐ都市の中心地に建設された平成の建築が、開館当初から入館者を集め、金沢を訪れるべき理由を増やしたのは、驚くべきことかもしれない。

というのも、平成には伝統や工芸、木の文化や地域性といったことが見直され、金沢はその恩恵を多く受けた街と捉えられるが、この建築は、そんな潮流と対称的なのだ。

現代美術が同館の収蔵や展示の主眼である。その姿も、多くの人にとってなじみのない「現代建築」そのものに感じられるだろう。

現代美術への逆風が出発点

芝生の中に直径100mあまりのガラスの円があって、その内側に大きさが違う箱としての展示室がポコポコと立っている。抽象的なので、言葉で言える。いわゆる地域性から説明がつかない形態だ。

しかし、これが成功を収めた。幾何学的で正面がない形が、公園の延長のように、どの方向からもふらりと立ち寄れる感覚を生む。透明な外壁は実際、内外を厳しく隔てるものでなく、内部には無料で入れるゾーンが多くある。美術館と交流館を別々ではなく、1棟にするSANAAの提案を受け入れた成果だ。

美術館の建設準備事務局は「現代美術」や「公共美術館」に対する世間の逆風を正当に感じ取っていた。関係者や市民と開館前から密なコミュニケーションを図ったことも成功の秘訣だ。

新たな原理で既存のビルディングタイプを更新すると同時に、目に見える社会的効果を挙げたことで、十和田市現代美術館（2008年竣工、設計：西沢立衛建築設計事務所）などの後続事例を生み、またSANAAが国内で公共的な仕事を本格的に手掛けられる道を開いた。

1997年に開館したビルバオ・グッゲンハイム美術館（設計：フランク・ゲーリー）をはじめ、世界では現代美術館のインパクトを使った都市活性化が大きな潮流となった。金沢21世紀美術館の成功がもし無かったら、平成の日本はそれと無縁に過ぎ去っていたかもしれない。

［倉方俊輔＝大阪市立大学准教授］

所在地：金沢市広坂1-2-1
敷地面積：2万6009.61m² | 建築面積：9651.99m²
延べ面積：1万7363.71m²
構造：鉄骨造、鉄筋コンクリート造、一部鉄骨鉄筋コンクリート造
階数：地下2階・地上2階 | 発注者：金沢市
設計・監理者：妹島和世＋西沢立衛／SANAA（建築）、佐々木睦朗構造計画研究所（構造）、イーエスアソシエイツ（設備）
施工者：竹中工務店・ハザマ・豊蔵組・岡組・本陣建設・日本海建設JV（建築）
施工期間：2003年3月-04年9月
総工費：113億2215万円

2004

ARCHITECTURE 3/10

目利きが選ぶ「平成の10大建築」——3

3位 [7票]

連続する床・壁が屋上へ誘う

横浜港大さん橋 国際客船ターミナル

設計：foa｜2002年

| プロローグ 平成前夜 | PART 1 災害・事件・社会 | PART 2 建築デザイン | エピローグ 建築の未来のために |

2002年6月1日にオープンした翌日の横浜港大さん橋国際客船ターミナル。複雑な起伏のウッドデッキが屋上広場へと誘う[写真:右もき寺尾豊]

開業翌日のウッドデッキ

細田雅春氏
デジタル思考によって生まれた提案を実現した、極めて先駆的な作品だろう。床と壁、天井の境界の概念を軽やかに飛び越えた刺激的で挑戦的な建築。

佐々木睦朗氏
コンピューターが可能にしたデザインは、1.5万トンの鉄でつくられた。熟練した職人の技術が制作を可能にしたが、鉄による自由な形態の創造への課題を浮き彫りにした、平成を代表するビッグプロジェクトとして選定した。

古谷誠章氏
平成時代に行われた国際コンペティション当選作の中でも出色の作品。海外の無名の若手建築家と国内のベテラン建築家が組んで実現した。客船さん橋を市民に開かれたランドスケープとした。

倉方俊輔氏
世界では建築ないし建築的思考を通じた港湾都市の再活性化が大きな主題となった平成という時代、日本では見るべきものがほとんど無いなか、従来の都市像・空間像を塗り替え、実現までの労苦と紆余曲折も世界レベルの作品。

藤村龍至氏
ジル・ドゥルーズらの哲学と設計の情報化を背景に、床・壁・天井を区別せず3次元で設計していくコンティニュアス・サーフェイス（連続的表面）に関する議論のピークでいち早く決定打を示し、世界の思想的潮流の最先端に位置付く作品。

2002

建設途中の横浜港大さん橋国際客船ターミナルを西側上空から見る[写真:三島叡]

2002年のFIFAワールドカップ開催に合わせて建設された施設で、設計案を決めるに当たっては、国際公開コンペが実施された。最優秀を射止めたのは、レム・コールハースの事務所OMAの出身で、英国で活動していたアレハンドロ・ザエラ・ポロとファーシッド・ムサビのチーム。コンペ時にはまだ30歳前後と若く、ほとんど無名の存在だった。

海に向かって突き出た幅70m、長さ430mの建物内には、出入国ロビー、税関・入出国管理施設、多目的ホール、駐車場などが収まる。フロアを分けるのでなく、スロープによって床が立体的につながっていく。床と壁の境も曖昧で、なめらかに連続する面で建物全体が構成されている。屋上は自然地形のように起伏のある面を、ウッドデッキと芝生が覆っていて、公園として開放されている。

1990年代に先端的な建築手法として、ジル・ドゥルーズの哲学理論から影響を受けた「フォールディング・アーキテクチャー」の概念が注目されたが、この建物の折り紙を彷彿とさせる空間は、それを代表するものとも位置付けられる。複雑な形状を設計するプロセスにおいては、模型の製作を控えて、コンピューターによる3次元グラフィックスを用いた検討が繰り返された。後のコンピューテーショナル・デザインの手法に結び付くものとも言えるだろう。

[磯達雄=建築ジャーナリスト]

所在地:横浜市中区海岸通り1-1
敷地面積:3万4293.00m² | 建築面積:2万7270.35m²
延べ面積:3万4732.12m²
構造:鉄骨造、一部鉄骨鉄筋コンクリート造 | 階数:地下1階・地上2階
発注者:横浜市 | 設計者:foa
建築設計協力:オーヴ・アラップ&パートナーズ(コンペ)、現代建築研究所(設計)、構造設計集団SDG(構造)、森村設計(設備)
施工者:清水・東亜建設工業・東亜建設産業・日本鋼管工事・松尾JV(第1工区)、鹿島・フジタ・相鉄・工藤JV(第2工区)、戸田・東急・山岸・駿河JV(第3工区)
施工期間:2000年3月-2002年11月(2002年6月一部供用)
総工費:235億円(消費税を含む)

| プロローグ 平成前夜 | PART 1 災害・事件・社会 | PART 2 建築デザイン | エピローグ 建築の未来のために |

2019年2月現在のターミナル入り口付近。タクシーを待つ外国人観光客でごった返していた［写真：このページは日経アーキテクチュア］

屋上広場の突端から入り口方向を見返す。屋上緑化の芝はきれいに定着している。この日は大型クルーズ船「ダイヤモンド・プリンセス」が寄港していた

2階の待合ホール。折板構造の天井が印象的

乗船待ちの客でびっしりの待合ホール。折板構造の天井仕上げはパンチングメタル

1階駐車場の天井も折板構造

2002

ARCHITECTURE 4/10

目利きが選ぶ「平成の10大建築」——4

複合化の魅力引き出す大階段

4位 [6票]

京都駅ビル

設計：原広司＋
アトリエ・ファイ建築研究所
1997年

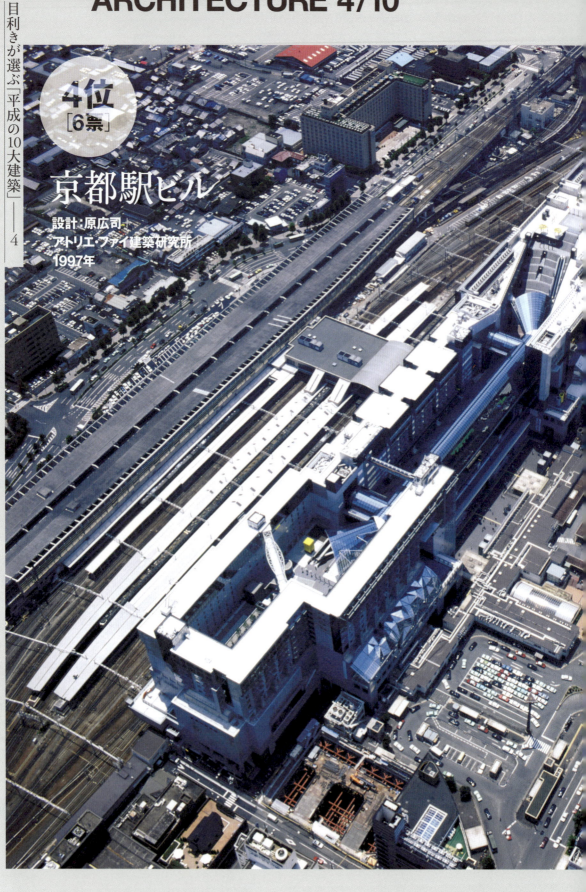

| プロローグ 平成前夜 | PART 1 災害・事件・社会 | PART 2 建築デザイン | エピローグ 建築の未来のために

藤森照信氏
建築造形上の微分と積分の成果。

内藤廣氏
建築から都市へ働き掛ける可能性を提示した。

山梨知彦氏
公有化されていた基幹施設を民営化し収益施設への転換を図るという平成の課題に対して、駅という建築形式を変貌させることで解決を図った先駆的な建築。これ以降、TOD（公共交通指向型）関連開発、地下鉄駅、空港、バスターミナルなどへの連鎖が起こる。

磯達雄氏
不況が続いた平成期だが、駅ビルという商業施設の形態は発展を続けた。中でも建築的に高く評価できるのはこれだろう。地形を内包したような大空間を、世界中から訪れた人が通り過ぎて行く。

倉方俊輔氏
外国人3人を含む指名建築家7人による国際コンペを制した当選案が、ほぼそのまま実施され、都市の新たな空間表現となった。もし今現在、京都の駅を建て替えたら、どのように惨憺（さんたん）たるものになるだろうか。

藤村龍至氏
戦後史のピークの1つである1987年の国鉄解体から10年をかけて生み出されたJR建築。巨大な吹き抜けに内包された階段状のボリュームは、原の自邸をそのまま拡大したような構成。時代の変わり目に介入し、実現した奇跡の建築。

←北東方向から見下ろした全景。右上に大階段が見える。手前側にも大階段がある［写真：三島叡］

→ホテル側のプラザから大階段を見通す［写真：特記以外は吉田誠］

1997

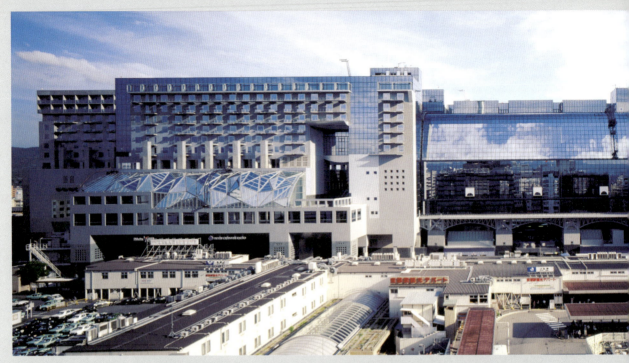

駅前広場に面した北側ファサード。向かって左側にホテルと劇場、右側に百貨店が入る。京都駅ビルは2016年に熱源設備を含む改修工事を実施、熱源光熱費を年間で6割削減した。改修設計は日建設計

中央コンコースから大階段方向を見る

北側、中央コンコース入り口

百貨店側とホテル側を結ぶブリッジの内部。途中に展望スペースが設けられている

| プロローグ 平成前夜 | PART 1 災害・事件・社会 | PART 2 建築デザイン | エピローグ 建築の未来のために

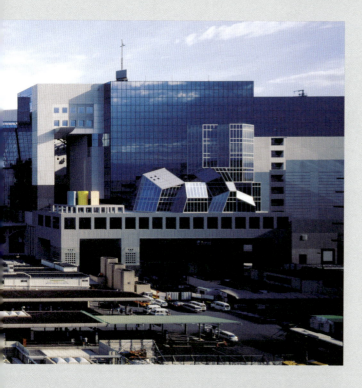

平安建都1200年を記念して実施された京都駅の建て替え事業で、海外建築家を含む7者を指名した国際指名設計競技が行われ、その中の最優秀案として実現した。建物は長さ470m、延べ面積23万8000m²のボリュームに及ぶ。高さは60mで、これは特定街区制度によって認められたもの。古都の景観を損ねる建物として、計画案が出たときには批判も沸き起こったが、年月を経るとともに京都の玄関口として広く認められるようになっている。

圧巻の「地理学的コンコース」

中央コンコースから両側に段状で上がっていく断面が特徴だ。特に、改札から屋上まで見通せる大階段が連続する西側の大階段は圧巻。この構成を設計者の原広司は谷と段丘に例え、「地理学的コンコース」と名付けた。その上にはガラスの大屋根が架かり、巨大スケールの半屋外空間が、京都駅を利用する30万という人の群れに対応する。その一方で、南北に貫通する自由通路を既存の街路に合わせて配置するなど、京都の歴史に培われた坊条制への配慮も見られる。

　建物内には、プラットホーム以外の駅機能のほか、ホテル、百貨店、劇場、美術館、駐車場なども収める。単に鉄道に乗り降りするための施設ではなく、商業施設であり文化施設なのである。こうした都市複合施設としての駅ビルの在り方は、日本において特に発展し、平成期を通じてさらに広まった。京都駅ビルはそうした傾向を代表する建築とも位置付けることができる。　［磯達雄＝建築ジャーナリスト］

大階段見上げ。上部にブリッジが架かり、さらにその上に「メガホントラス」が架かる

所在地	京都市下京区烏丸通塩小路下る東塩小路町
敷地面積：3万8076m²	建築面積：3万2351m²　延べ面積：23万7689m²
構造	鉄骨造（地上）、鉄骨鉄筋コンクリート造（地下）
階数	地下3階・地上16階（ホテル部）・地上12階（百貨店部）
発注者	西日本旅客鉄道、京都駅ビル開発
設計者	原広司＋アトリエ・ファイ建築研究所（建築）
監理者	西日本旅客鉄道、原広司＋アトリエ・ファイ建築研究所
施工者	大林組・鉄建建設・大鉄工業・フルーア・ダニエル・ジャパン・公成建設JV（建築）
施工期間	1993年12月～97年7月
総工費	950億円（テナントエリアの内装仕上げ、設備などを除く）

1997

ARCHITECTURE 5/10

目利きが選ぶ「平成の10大建築」——5

ランダムに分散化された構造

4位 [6票]

神奈川工科大学 KAIT工房
設計：石上純也建築設計事務所 ｜ 2008年

佐々木睦朗氏
繊細な部材で建築を構成する構造デザイン手法の試みの一例として選んだ。抽象性の高い空間と建築（構造）表現を実現するため、柱と耐震要素、間仕切りを同化させ、構造の存在を消去している。

五十嵐太郎氏
コンピューターがなければ計算不能な複雑性と不規則さを抱えた柱のデザインが自然の森のような空間に近づく、極北の建築。パビリオン建築史の大事件である。同時に「かわいい」の感覚も備える。

| プロローグ 平成前夜 | PART 1 災害・事件・社会 | PART 2 建築デザイン | エピローグ 建築の未来のために |

開館当初の室内。作業スペースの間にある休憩スペースは柱が密度濃く立つ。ランダムに立つ鉄骨柱が「白い森」のようだ［写真：柳生貴也］

← 開館当初の南西側夕景。屋根面は全体の面積の約30％をトップライト、70％をデッキプレートで覆っている［写真：柳生貴也］

倉方俊輔氏

原寸のような、模型のような、観念的なようでいて実際に訪れないと分からない。公共的な場所の新しいつくり方を出現させた才能の生起は、平成の事件と言えるだろう。『才能』という言葉があったことを思い出させる意味でも。

金田充弘氏

平成は、「スーパー○○」や「メガ○○」といった、「より大きく、より高く」の右肩上がり思考と決別し、小さな材の集積的な構造システムが台頭した時代だった。KAIT工房の分散化され極限まで研ぎ澄まされた構造は、その象徴的存在。

豊田啓介氏

柱や梁と壁、床という建築的な常識や構成を問い直し、通常建築構造としては成立しない板の離散的な集合で構造と機能を成立させるアプローチは1つの解法。離散的なプレートの系としての構造・配置プログラムは徳山知永氏による。

2008

KAIT工房は、神奈川県厚木市にある神奈川工科大学キャンパスの中央広場に2008年1月、開館した。学科や専攻を問わずに学生たちが自由にものづくりをできる工房だ。授業では使わないが、最新の制作機器を取りそろえており、人力飛行機やソーラーカーの大会で好成績を収めた機体もここで制作された。

まだ建築の実作のなかった石上純也氏に、学校法人の理事長がほれ込み、特命で設計を発注した。施工は鹿島。鉄骨造、平屋建てで、1989m²の不整形な四角形の平面だ。その四周を透明なガラスで囲んで、内部に鉄骨柱をランダムに立て、わずかに傾斜したフラットな屋根を載せた。柱の数305本。それがこの建築の最大の特徴だ。

吊り柱は小さな耐震パネル

305本の鉄骨柱は、基礎から立ち上がる42本が鉛直荷重を、屋根から吊り下がる263本が水平荷重を受け持つ。柱の配置に規則性はなく、向きも1本ごとに異なる。断面サイズもバラバラで、薄いものは厚さ16mm×幅130mmしかない。向きによっては、存在していることを感じさせない。構造設計を担当した小西泰孝建築構造設計の小西泰孝代表は「考え方はブレース構造と同じで、水平力を負担する耐震パネルを小さくしていった格好だ」と説明する。

実際に現地を訪れると、作業スペースはゆったりと確保されており、柱の多さゆえの不便さはさほど感じない。開館後、遮熱のために南や西のガラス面にカーテンを取り付けたり、トップライトに遮光シートを設置したりしているが、これらは設計時から想定していたことだという。総じて、狙い通りにうまく使われている印象だ。

なお、この工房の東側には、石上純也氏の設計による多目的広場が建設中（2020年5月竣工予定）。1枚の鉄板で覆われた大空間は、ポスト平成のエポックとなるだろうか。

［宮沢 洋＝日経アーキテクチュア編集長］

開館から10年たった現状（2018年12月撮影）。トップライトは一部を除いて、半透明のシートを張って遮光している［写真：以下は日経アーキテクチュア］

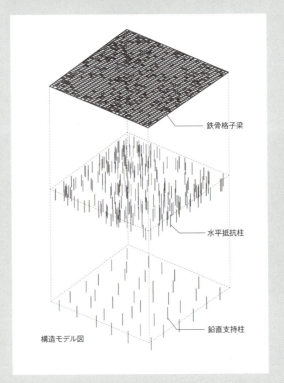

構造イメージ図。施工の手順としては、まず鉛直力を受け持つ支持柱42本を立て、上に鉄骨格子梁を組む。その段階で水平力を受け持つ柱263本を梁につなぐ。屋根架構の上に積雪荷重を載せ、吊り鋼板の脚部を基礎に固定。その後、屋根の荷重を外すと、鋼板に張力が加わる（資料：小西泰孝建築構造設計）

| プロローグ 平成前夜 | PART 1 災害・事件・社会 | PART 2 建築デザイン | エピローグ 建築の未来のために

現在の室内。柱を縫うようにして、天井に人力飛行機が吊り下げられている。工房の担当である教諭に「柱が作業の邪魔にならないか」と聞くと、「作業スペースは広く取られており、慣れている学生や職員たちは、柱の存在は気にならないのではないか。ただ、体験イベントで来た子どもたちには、走り回ってぶつからないように注意している」とのこと

現在の南東側外観。西面と南面の一部には遮熱のためにカーテンが取り付けられているが、東面は竣工時とほとんど変わらない透明感

室内には3Dプリンター（写真中央）やレーザーカッターなど、最先端の製作機器が多数置かれており、学生たちの利用率は高い

西側から見下ろす。南から北（右から左）に75分の1の水勾配がついている

所在地：神奈川県厚木市下荻野1030
敷地面積：12万9335m² ｜ 建築面積：1989.15m²
延べ面積：1989.15m²
構造：鉄骨造 ｜ 階数：地上1階
発注者：学校法人幾徳学園神奈川工科大学
設計・監理者：石上純也建築設計事務所
設計協力者：小西泰孝建築構造設計（構造）、環境エンジニアリング（設備）、徳山知永（ソフト製作）
施工者：鹿島
施工期間：2007年6月-08年1月

2008

ARCHITECTURE 6/10

目利きが選ぶ「平成の10大建築」——6

4位
[6票]

穴あきシェルが生む複雑な体験

2010年10月、
オープン直後の豊島美術館を南側から見る。
右手に見えるのがアートスペース。
左奥に見えるのは
カフェなどがあるラウンジ
[写真:日経アーキテクチュア]

豊島美術館

設計：西沢立衛建築設計事務所｜2010年

細田雅春氏
大地のくぼみに生み出された空間に、建築の原型を見る思いがする。天蓋の開口からの一条の光が、時の変化もあらわに自然の全てを受け入れる。饒舌な現代建築に対する一撃である。

内藤廣氏
アートと一体になった新しい建築空間を提示した。

山梨知彦氏
平成の建築家たちは、建築とランドスケープ、土木、アートとの境界を積極的に解体することで、新しい建築の在り方を模索した。横浜大さん橋、葛西臨海水族園や展望台、イサムノグチ庭園美術館やモエレ沼公園などに見られる姿勢のひとつの極致。

金田充弘氏
建築家は異なれど、構造家の佐々木睦朗さんが開拓してきた自由曲面シェル構造の金字塔。構造体そのものが空間の質を生み出している稀有な例。土を盛って型にするという構法も温故知新。施工者の貢献も大きい。

小堀哲夫氏
光、風、水に祝福されている建築。人間の根源や環境の根源を感じさせられ、風の動き、水の変化、雲の動きは何時間でもたたずむことができる。素直に建築と環境と人間を強く感じる場は他の建築にはないと思う。

2010

豊島美術館のアートスペースの内部。天井部から吊り下げられたリボンが、開口部からの風の動きを感じさせる。床の小さな穴から湧き出した水が生き物のように動いて、消える［写真：森川昇］

豊島美術館の機能は、そこから形を決定することが不可能なくらいに単純だ。目的は内藤礼のアート作品「母型」ただ1つを恒久的に収めること。展示の入れ替えも無ければ、学芸員の部屋なども必要ない。設計者はチケット売り場やカフェといった付属機能を別棟に収め、主目的のためにアートスペースと呼ばれる約40×60mのワンルーム空間をつくった。

ここには内部が厳密な意味では存在しない。自由曲線で描かれた、水滴のような平面の外形線からコンクリートの薄いシェル板が緩やかなカーブで立ち上がり、無柱の空間を成立させている。ただし、天井には大きな穴が2つある。空が望め、雨が入り、空気とともに蝶や鳥も行き来できる、開きっぱなしの開口部だ。

土を盛ってコンクリートを打設

つくられ方も新しい。土を盛った上にコンクリートを打設し、硬化後に中の土をかき出す工法で、継ぎ目のない厚さ250mmの連続体を生み出した。

通常の建物のように、複数の機能を調整していない。閉

豊島美術館のアートスペースの内部。内藤礼「母型」2010［写真：森川昇］

じた内部が無い。部材の組み立てからできてもいない。ただし、その体験は単純ではない。

床に開いた小さな穴から少しずつ湧き出た水は、水滴となり、わずかな床の傾斜に沿って動いていくうちに合流し、水たまりになったかと思えば、不意に流れ出す。雲や光の流れがそれに同期するようでもあり、遠くの鑑賞者の嘆息が曲面に反射して耳元で聴こえるのも不思議な経験だ。

その姿は通常の建物よりもむしろ、内包しているアートや、内包されているランドスケープに近い。それでも、その間にあって、両者の見え方を変え、内部に独自の時間と空間を生み出している点は、確かに建築だ。

［倉方俊輔＝大阪市立大学准教授］

| プロローグ 平成前夜 | PART 1 災害・事件・社会 | PART 2 建築デザイン | エピローグ 建築の未来のために |

コンクリート打設前の2009年11月に撮った航空写真。盛り土の上にモルタルを塗って（写真手前）、型枠にした。図面データを入力した測量計で座標をプロットし、土を盛って重機で整形した［写真提供：このページ全て鹿島］

屋根のコンクリートは下部から上部へと打設。急勾配のエントランス周辺では、打設後にステンレスメッシュで押さえた（2010年3月撮影）

屋根のコンクリート打設中の様子

コンクリートを打設した後、パワーシャベルをクレーンで吊り上げて円形の開口部上に載せ、型枠に使った土をベルトコンベアーでかき出した（2010年4月撮影）

所在地：香川県土庄町豊島唐櫃607
敷地面積：9959.59㎡
建築面積：2155.4㎡
延べ面積：2334.73㎡（アートスペース1958㎡）
構造：鉄骨造、鉄筋コンクリート造・シェル構造
階数：地上1階・一部地下1階
発注者：直島福武美術館財団（現・公益財団法人福武財団）
設計・監理者：西沢立衛建築設計事務所
設計協力者：佐々木睦朗構造計画研究所（構造）、鹿島（設備）
施工者：鹿島
施工期間：2009年2月－10年9月

2010

ARCHITECTURE 7/10

目利きが選ぶ「平成の10大建築」——7

空気の流れを大胆に視覚化

7位 [5票]

関西国際空港 旅客ターミナルビル

設計：レンゾ・ピアノ・ビルディング・ワークショップ・ジャパン
（協力：オーヴ・アラップ＆パートナーズ・インターナショナル・リミテッド）、
パリ空港公団、日建設計、日本空港コンサルタンツ｜1994年

東側上空から見た旅客ターミナルビル。
[写真：三島叡]

細田雅春氏

海に浮かぶ人工島につくられた国際空港にふさわしい曲線を用いたしなやかな造形。そこに内包された空間の豊かさに目を奪われるが、その交通システムの明快さも特筆すべき点である。

佐々木睦朗氏

流体力学的な統一体のイメージを徹底した幾何学的ルールにのっとりデザインすることで、部材製作・建設の合理化を図っている。現代の生産技術で意匠、構造、環境を精緻に統合した建築の代表として選定した。

松隈洋氏

2018年7月4日の台風により大きな被害を受け、地盤沈下や交通アクセスの危うさを露呈したが、流れるような空間構成と巧みな断面形状、緻密な構造体のディテールとおおらかな屋根のシルエットによって生み出された造形は、この時代を代表するモニュメントとして欠かせない。

山梨知彦氏

平成の始まりには、昭和の名残のバブル経済のなかで大規模コンペが乱発され、建築家による東京都庁舎や東京国際フォーラムなどの大型建築が林立。一方でバブル崩壊後、大型建築は「悪しきもの」となり、建築家の撤退が始まる。その時代の頂点が、この作品。

金田充弘氏

過去30年間で環境に対する意識は大きく変化した。平成に改元されて間もなく設計された関空では、空気の流れを可視化したカタチが屋根架構のデザインに昇華。近年の「環境配慮型建築」の後付け感、言い訳感と違い、圧倒的に先駆的。

空港連絡橋から見た全景。全長1.7km、南北に延びるウイングは、地表の下に中心を持つ半径16.4kmの円弧を描いている［写真：特記以外は松村芳治］

1994

エアサイドから見た旅客ターミナルビルの夕景。ガラスファサードを通してストラクチャーや内部空間が見える。屋根は高耐候性のステンレスタイル

パリ空港公団による基本構想を基にして国際設計競技が行われ、15の指名参加者から最優秀に選ばれたのがレンゾ・ピアノの案だった。

建物は出発ロビー、入国審査、商業施設などの機能を収めた中央のメインターミナルビルと、南北両側に伸びて搭乗ゲートが並ぶウイングから成り、全体で鳥が翼を広げて飛び立つ姿を連想させる。全長1.7kmにも及ぶウイングは、遠くから眺めると微妙にカーブしているのが分かるが、これは地表のはるか下に中心を持つ半径16.4kmのリングを切り取ったもの。こうしたジオメトリー(幾何学)を採用することにより、複雑な三次元曲面でも合理的にステンレスパネルで覆うことが可能となった。

気流を視覚化した大空間

一方、メインターミナルビルは波打つ大屋根が全体に架かって、内部に柱の無いロビーを実現している。内部の空調を担うのは、端部に設けられたジェットノズルと天井に長く架かるオープンエアダクト。その空気の流れやすさから、この絶妙な断面の曲線が決まったという。こうした手法を採ることで、大空間を効率的に快適化している。1990年代には地球環境問題が大きなテーマとなり、建築もその対応が強く求められたが、これにデザインから応えようとしたエコテック建築の代表といえよう。

また、この空港は大阪湾泉州沖、約5kmを埋め立てて生まれた世界初の本格的海上国際空港である。想定される地盤沈下にはジャッキアップ・システムで対応する設計となっている。

[磯達雄=建築ジャーナリスト]

所在地	大阪府泉佐野市泉州空港北
建築面積	11万6572m² 延べ面積:29万4441m²
構造	鉄骨造、一部鉄骨鉄筋コンクリート造
階数	地下1階・地上4階(本館)、地上3階(ウイング) 発注者:関西国際空港
設計者	レンゾ・ピアノ・ビルディング・ワークショップ・ジャパン(協力:オーヴ・アラップ&パートナーズ・インターナショナル・リミテッド)、パリ空港公団、日建設計、日本空港コンサルタンツ
監理者	関西国際空港、日建設計
施工者	大林・清水・フルーアダニエルジャパン・戸田・奥村・鴻池・西松・間・佐藤・不動JV(建築北工区)、竹中・鹿島・大成・オーバーシーズベクテルインコーポレーテッド・フジタ・銭高・浅沼・松村・東急・飛島JV(建築南工区)
施工期間	1991年4月-94年6月 総工費:約2100億円

| プロローグ 平成前夜 | PART 1 災害・事件・社会 | PART 2 建築デザイン | エピローグ 建築の未来のために |

4階、国際線出発階の天井を見上げる。スパン約80mのアーチトラスの間に、フッ素樹脂膜のオープンエアダクトが吊られている。オープンエアダクトは間接照明の反射板としての役割も担っている

キャニオンから立ち上がるジェットノズル。7m／秒の空気が吹き出される

4階の現況［写真：日経コンストラクション］

キャニオンは、ターミナルビルのランドサイドに設けられた4層吹き抜けの大空間。4階まで立ち上がっている青いダクトは4階の大空間を空調するためのジェットノズル

1994

ARCHITECTURE 8/10

目利きが選ぶ「平成の10大建築」——8

7位
[5票]

ランドスケープと建築の融合

風の丘葬斎場

設計：槙総合計画事務所 ｜ 1997年

細田雅春氏
環境の広がりの中に全ての要素があたかも元いた場所のように収まる。敷地の大きさ、起伏、緑などと、点在する建築物との調和、サイトスペシフィックな建築のありさまが秀逸だ。

内藤廣氏
ランドスケープと建築の融合する姿を提示した。

千鳥義典氏
建築とランドスケープの融合を通して、人を葬る施設でありながら「死」より「生」を強く意識させる建築である。

菅順二氏
風景に溶け込むような造形。入念に練られた空間展開、ディテールと素材。なんの疑問も起こさせない完成された造形と建築計画。建築を志す者にとって、どんなに技術的にデザインの可能性が広がったとしても、忘れてはいけない深い感動を覚える。

小堀哲夫氏
建築はランドスケープの一部なのだと初めて感じさせてもらった。空間、形、光、すべてにおいて丁寧かつ真摯(しんし)な姿勢。

←南側から見た全景。左から相原山首遺跡(古墳群)、葬斎場のホール、葬斎場の待合室や炉室。手前が楕円形の「アースディッシュ」。すり鉢状にわずかに傾斜している。開館当初に撮影[写真：吉田誠]

1997

ARCHITECTURE 8/10

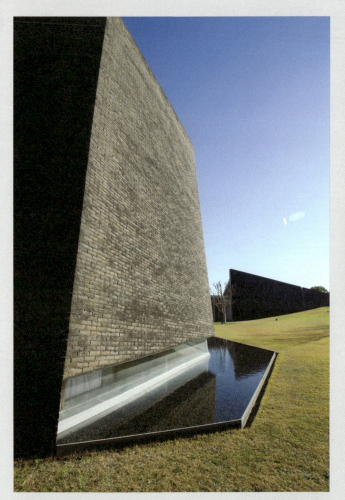

八角形平面のホールの外観。外壁はれんが積み。足元の水盤は、ホール内に太陽光を反射させる。下の写真とも2018年12月に撮影［写真：特記以外は日経アーキテクチュア］

エントランスホールから前庭方向を見返す

炉前ホールの開口部から中庭を見る［写真：吉田誠］

炉前ホール。左が炉室。写真右方向には告別室があり、スリットで光を抑えている

現在も当初のランドスケープが見事に保たれている。JR中津駅から車で10分ほどの閑静な場所で、敷地内を散策していると鳥の声しか聞こえない

八角形平面のホール。南側足元のスリットを通して、外部の水盤の光が室内に反射する

　大分県中津市の火葬施設である。火葬施設と言えば、日常から隔離されたイメージがあるが、この施設は敷地の一部が「相原山首遺跡風の丘遺跡公園」となっており、誰もが気軽に立ち入ることができる。

　1960年竣工の旧火葬施設を、槇文彦氏の設計で建て替えたもの。竣工は1997年。旧施設は、規模や衛生面で周辺住民から改善が望まれていた。そこで市は、道路や広場を含めた一体的な環境整備を計画。93年、建て替えに伴う発掘調査で見つかった古墳群を敷地内に復元し、公園兼火葬施設とした。

すり鉢状の楕円形広場を主役に

　素材や光を丁寧に扱った葬斎場の内部空間も見応えがあるが、主役はやはりランドスケープだろう。ランドスケープデザインは、ササキ・エンバイロメント・デザイン・オフィスに所属していた三谷徹氏(現・千葉大学教授)が槇氏と議論を重ねてまとめた。

　「アースディッシュ」と設計者らが呼ぶ、すり鉢状の楕円形広場を中心に、西側に古墳群、北側に葬斎場の建築が位置する。葬斎場の南側(待合室や炉室)は1枚の高耐候性鋼板の壁によって外観がほとんど隠され、北側に独立して立つホールは、八角柱を斜めに突き刺した形状となっている。どちらも建築というより、彫刻のようだ。

　開館から20年がたつが、今もランドスケープは見事に保たれており、広々とした青空と緑の中で、「生」の喜びを感じずにはいられない。

［宮沢 洋=日経アーキテクチュア編集長］

所在地：大分県中津市相原3032-16
敷地面積：3万3316m² ｜ 建築面積：2514m² ｜ 延べ面積：2259m²
構造：鉄筋コンクリート造、一部鉄骨造 ｜ 階数：地上2階
発注者：大分県中津市、三光村
設計者：槇総合計画事務所(建築)、花輪建築構造設計事務所(構造)、総合設備計画(設備)、ササキ・エンバイロメント・デザイン・オフィス(ランドスケープ)
監理者：槇総合計画事務所 ｜ 施工者：飛鳥建設
施工期間：1995年3月-97年2月
総工費：約13億5000万円

1997

ARCHITECTURE 9/10

目利きが選ぶ「平成の10大建築」——9

7位 [5票]

「必勝法則」生んだスギルーバー

馬頭町広重美術館
[現・那珂川町馬頭広重美術館]

設計：隈研吾建築都市設計事務所 | 2000年

| プロローグ 平成前夜 | PART 1 災害・事件・社会 | **PART 2 建築デザイン** | エピローグ 建築の未来のために |

北側から南北の貫通通路部分を見る［写真：三島叡］

←エントランスホールから風除室の方向を見る。手前のルーバーには烏山和紙という地元で生産される手すきの和紙を貼り、ムクの杉材とは異なる風合いを見せた

尾島俊雄氏
歌川広重の作品が持つ芸術性を余すところなく引き出している美術館の美しさは、隈研吾の天分によるもの。地元産の八溝杉を科学的に処理した内外装のルーバーと共に、壁紙や床石の素材の使い方も見事と言うほかない。

河野晴彦氏
隈研吾さんの建築は土地の恵みを生かす。地元の杉材、石材、和紙を使い、地域と共につくる。素材が自然循環とコミュニティーをつなぐ。東京から離れ、鉄とコンクリートから距離を置くことで、素材という建築の基本要素が再発見された。

藤村龍至氏
CAD世代的な反復表現に、素材の表現が加わり地域主義との両立を成し遂げた決定的作品。構造は一般的な鉄骨造で、表層を堂々と分離した。どんな構造、規模でも表現が成立するため、以後は飛躍的に活躍の場を拡張していくこととなる。

菅順二氏
絶えずその時代の持つ表現の志向性を増幅して建築を発信する隈研吾氏の代表的な建築。中国の「14 GREAT (BAMBOO) WALL」と共に、隈研吾氏の現在の表現法につながっていく初期の作品だけに純度が高く、発信性も強い。

五十嵐太郎氏
隈研吾はその後、さらなる洗練と多作へと向かうが、地産の材料でルーバーを反復するというグローバル×ローカルを同時に抱え込む必勝のデザインパターンを確立した記念碑的な作品。

2000

ARCHITECTURE 9/10

北側外観。屋根と外壁に使ったスギルーバーは、遠赤外線くん煙熱処理後に難燃剤を浸透させて不燃化した。表面には塗料を塗ったが、色はほとんど付けていない。屋根のスギルーバーの下には銅板吹きの屋根がある

南側外観。ルーバーには地元の八溝山から採れるスギ材を利用。60mm×30mmの角材を120mm間隔で並べた

初期の代表作は、バブル期だからこそ可能だった引用型の過激なポストモダン建築である「M2」(1991年)だったが、その後、地方において異なるデザインを試み、この美術館によって、隈研吾は完全にそのイメージを変えた。

　全体の形状はシンプルな切妻。最大の特徴は、屋根、天井、壁のほとんどを繊細なルーバーで覆ったミニマルなデザインだろう。これは歌川広重の浮世絵における斜めの細い直線の集積として表現された雨のイメージに触発されたものであり、地産のスギ材に不燃加工や防腐加工を施すことで実現した。

グローバルかつローカルな表現

その後、ルーバーは根津美術館(2009年)、アオーレ長岡(2012年)、浅草文化観光センター(2012年)、新国立競技場(2019年)を含む、隈研吾の国内外の数多くのプロジェクトにおいて、建築の威圧感を減らしながら、洗練されたデザインを達成させるための重要な手法となった。

南北を貫く通路。左にレストラン、右にエントランスホールがある。波板ガラスの屋根からルーバーを通して光が差し込む

展示室2。展示ケース内は、ハロゲンランプの光源からプラスチックパイプを通して照射する方式を採用した

南側の軒下

　ルーバーは木や石など、地産の材料を使えば、同時に地域性の表現にも使える。日本で木を用いれば、和風の表現となるように。すなわち、グローバルかつローカルに応用することが可能な必勝パターンといえる。現在、ルーバーを用いたデザインがあちこちで散見されるが、隈の影響によるものと考えてよいだろう。

　また彼は圧倒的なポピュラリティーを獲得し、膨大なプロジェクトを抱えるようになった。その一因は、建築のデザインにおいて表層のテクスチャーを効果的に操作することが、一般人の心をつかむのに重要な役割を果たしているからだろう。

[五十嵐太郎＝東北大学教授]

所在地	栃木県那須郡那珂川町馬頭116-9
敷地面積：5586.84m²	建築面積：2188.65m² ｜ 延べ面積：1962.43m²
構造：鉄筋コンクリート造、一部鉄骨造	階数：地下1階・地上1階
発注者：馬頭町	
設計・監理者：隈研吾建築都市設計事務所（建築）	
施工者：大林組（建築）	
施工期間：1998年12月-2000年3月	
総工費：10億2977万3000円（消費税含む）	

ARCHITECTURE 10/10

技術の集大成で過去が輝く

目利きが選ぶ「平成の10大建築」──10

7位 [5票]

東京駅丸の内駅舎 保存・復原

改修設計:ジェイアール東日本建築設計事務所｜2012年

藤森照信氏
空襲で失われた日本の、東京の、表玄関がやっと回復。辰野金吾の皇居に向かっての横綱土俵入り再び。

河野晴彦氏
東京中央郵便局部分保存のJPタワー、広場と行幸通りの整備と併せ駅前空間を一変させた。綿密な調査、素材の再生、駅舎地下全体の免震レトロフィット、容積移転による都市再生への貢献など、多分野の叡知を結集させている。

内藤廣氏
歴史的建造物保存の有効性を提示した。

| プロローグ 平成前夜 | PART 1 災害・事件・社会 | PART 2 建築デザイン | エピローグ 建築の未来のために |

南ドームの屋根周辺。黒い部分は天然石のスレート。屋根上部の銅板で囲った丸窓は南北16カ所ある[写真：下も安川 千秋]

中央部付近。保存部と復元部が自然に融合するように、タイルの色合いを調整した。建設当初から残る化粧れんがの色を測定。壁面を南北6区画に分け、色分布の傾向を把握したうえで、分布に即した割合で3段階に焼き分けたタイルを張っている

←2012年10月1日の開業当日、南ドームを見上げて写真を撮る人々。丸の内駅舎は1945年の東京大空襲で3階部分を焼失し、2階建てに改修された状態で60年以上使われていた。復元した南北2カ所のドームの内装は、創建当時の写真や資料を基にした[写真：澤田 聖司]

千鳥義典氏

免震などの現代の建築技術を駆使して保存・復元した歴史的建築物。駅前広場の整備と合わせて、東京の玄関口の顔づくりを実現した。

金田充弘氏

阪神淡路大震災後に急速に普及した免震構造。災害後の機能維持、ストックとして建物を長く使うという意識の変化。近代遺産を守る手法として、既存建築物を使用しながら免震化した代表的事例。

2012

ARCHITECTURE 10/10

南西側から俯瞰した東京駅丸の内駅前広場。同広場は2017年12月7日に完成した。真っ白な"帯"は広場の西端(下方)まで延びる。帯の駅舎側端部の両脇には夏場、水が張られる[写真:日経コンストラクション]

東京駅の東側上空から見る。写真の中央、丸ビル(左手)と新丸ビルに挟まれる格好で、行幸通りが皇居まで延びている。2つのビルの手前に「東京駅丸の内駅前広場」が南北に連なる[写真:川澄・小林研二写真事務所]

地上で見た丸の内駅前広場。中央広場と交通広場の間を列状に植えたケヤキで仕切っている。植栽への散水には、丸の内駅舎の排水を浄化処理した再利用水を用いる[写真:日経コンストラクション]

東京ステーションホテルの客室。国が指定した重要文化財として唯一の現役ホテルとなる。南北のドームに面して並べた「ドームサイドタイプ」の客室は、天井高4mを確保[写真:右ページも安川千秋]

ステーションギャラリー2階。従前の1000m²から3000m²に拡張した。内壁やしっくいの仕上げを取り除いて、れんがを露出させた

「東京駅丸の内駅舎保存・復原」は2012年に完成。日本の近代建築の基礎を築いた辰野金吾(1854-1919年)が、皇居に向き合う中央駅として設計に力を尽くし、1914年に竣工したときの威容が復活した。

2階建てから3階建てとなり、左右のドーム屋根の内外観が復元された。長く見慣れていたのは、1945年の戦災によって創建時の屋根や内装を失い、戦後の復興工事で改変された姿だった。復元は学術的な調査を基に行われ、当初の意匠や素材の再現が目指された。

保存・復元した駅舎を未来に受け継ぐために、免震化がなされた。長さ330mを超える長大な鉄骨煉瓦造を杭で仮受けした上で、地下躯体を新設し、その間に免震層を構築。既存の鉄道施設が上下方向にも横方向にも存在し、旅客機能を1日たりとも止めることができないという駅舎ならではの困難が、最新技術で乗り越えられた。

容積移転で巨額の費用を捻出

丸の内駅舎に関しては1958年ごろ、超高層ビルへの建て替え構想が当時の国鉄から打ち出された。解体の計画はその後も浮上。1977年には日本建築学会から保存要望書が提出された。

議論の流れは1987年の国鉄の分割・民営化を経て変化した。都市の魅力向上の観点から、2001年には国土交通省、東京都、学識経験者などによる専門委員会が発足。2002年に東京駅周辺地域が特例容積率適用地区に指定され、容積移転で巨額の費用が捻出できるようになったことが実現を後押しした。駅舎は2003年に国の重要文化財指定を受け、翌年、保存・復元のための設計が始まった。

保存が過去だけを、技術や都市の開発が未来だけを対象にしていた昭和の時代から、平成への転換を物語る。その後、2017年には東京駅丸の内駅前広場も完成。写真映えする建築の姿が一層、集客に貢献している。

［倉方俊輔＝大阪市立大学准教授］

所在地	東京都千代田区丸の内
建築面積	約9683m² ｜ 延べ面積：約4万2971m²
構造	鉄骨れんが造、鉄筋コンクリート造(一部鉄骨造・鉄骨鉄筋コンクリート造)
階数	地下2階・地上3階(一部4階) ｜ 発注者：東日本旅客鉄道
改修設計者	ジェイアール東日本建築設計事務所
監理者	東日本旅客鉄道、ジェイアール東日本建築設計事務所
改修施工者	鹿島・清水建設・鉄建JV、ハザマ
改修年	2007年5月-12年10月
総事費	約500億円

10 SELECTIONS 1989—2019

これは知ってもらいたい「私の平成建築10選」

「平成の10大建築」の選定に協力いただいた建築界のキーパーソン20人について、それぞれ10選の推薦理由と共に紹介する。
アンケートでは、平成の30年間に竣工、または計画された建築・建設関連事業で「時代のエポック」といえるものを10件挙げてもらった。
国内で外国人設計者が設計したものや、海外で日本人が設計したものを含む。
紹介するプロジェクトの並び順は、原則として竣工年の古い順。

尾島俊雄
細田雅春
藤森照信
佐々木睦朗
内藤廣
河野晴彦
古谷誠章
千鳥義典
菅順二
印藤正裕
松隈洋
山梨知彦
磯達雄
五十嵐太郎
金田充弘
小堀哲夫
倉方俊輔
豊田啓介
藤村龍至
成瀬友梨

尾島俊雄

早稲田大学名誉教授
おじま・としお｜1937年富山市生まれ。60年早稲田大学第一理工学部建築学科卒業。65年同大学大学院理工学研究科建設工学専攻博士課程修了。74年教授。97年日本建築学会会長(2年間)などを歴任。2008年日本建築学会大賞受賞。1970年日本万国博覧会などの基幹施設設計に携わる

東京都庁舎
1990年｜丹下健三・都市・建築設計研究所｜東京都新宿区
バブル期には東京の「五大粗大ゴミ」と評され、公共建築賞にも選ばれなかった丹下健三の遺作。歴史様式をちりばめたポストモダン庁舎は、都民のためのデザインとは思えないが、昭和から平成にかけてのシンボルであることは確かだ。

島根県立美術館
1998年｜菊竹清訓建築設計事務所｜松江市
菊竹清訓の気品を心ゆくまで表現した秀作。夕日の景勝地で知られる宍道湖畔に立つチタン合金のおおらかな曲線屋根を持つ美術館は、宍道湖周辺の自然と調和している。閉館時間を日没に合わせるなど館運営者の配慮も素晴らしい。

馬頭町広重美術館
[現・那珂川町馬頭広重美術館]
2000年｜隈研吾建築都市設計事務所｜栃木県那珂川町
歌川広重の作品が持つ芸術性を余すところなく引き出している美術館の美しさは、隈研吾の天分によるもの。地元産の八溝スギを科学的に処理した内外装のルーバーと共に、壁紙や床石の素材の使い方も見事と言うほかない。

せんだいメディアテーク
2000年｜伊東豊雄建築設計事務所｜仙台市
杜の都・仙台の常禅寺通りに、海草のような多機能チューブの柱によって、建築そのものを公園のごとくにしつらえた。総ガラス張りの公共施設に、元気な若者たちが集まり、情報発信する痛快な作品。

茅野市民館
2005年｜NASCA・茅野市設計事務所協会JV｜長野県茅野市
JR茅野駅に連結した可変型マルチホールや美術館、コンサートホール、駐車場。それらに加えて、プラットホームと平行に立つ長さ100mもの総ガラス張りの図書室は、プラットホームにいるようで、実に使いやすい。地域住民が参加してつくった雰囲気が伝わってくる。

京都迎賓館
2005年｜日建設計｜京都市

中村昌生氏の「日本の文明開化はこれでやっと終焉か」に共鳴した。京都の職人たちが総出演した「庭屋一如（ていおくいちにょ）」の現代和風迎賓館は、数寄屋風でありながら、鉄筋コンクリート造の近代建築である。

由利本荘市文化交流館［カダーレ］
2011年｜新居千秋建築都市設計｜秋田県由利本荘市

大船渡市民文化会館（リアスホール）で新居千秋は圧倒的な造形力を見せた。市民と一緒につくり上げたその施設は、東日本大震災時には避難拠点としての重責を果たした。由利本荘市の駅前に実現したこの施設もまた、見事な公共建築として、この地のレガシーになっている。

東京スカイツリー
2012年｜日建設計｜東京都墨田区

東京タワーを昭和の10大建築とするなら、東京スカイツリーも平成の10大建築に入れるべきか。634（ムサシ）mの世界一高い電波塔としてのみならず、観光施設として、日本を代表する建築物としてよかろう。

静岡県草薙総合運動場体育館
2015年｜内藤廣建築設計事務所｜静岡市

日本三大美林の天龍スギを垂木や天井のルーバーとして延べ1000m³、7000本の原木を使用。上屋根を下屋根で支える3次元曲面のドーム屋根を採用している。銘木で包まれた体育館は、アスリートのみならず、観客にとっても心温まる空間である。

東京駅周辺の建物群
2002年丸ビル、13年グランルーフ｜三菱地所設計（丸ビル）、東京駅八重洲開発JV（日建設計・JR東日本建築設計事務所、グランルーフ）など｜東京都千代田区

昭和の時代を象徴する東京駅八重洲口や空襲で焼失した旧丸の内駅舎を平成に復元。八重洲口は「グランルーフ」を中心にノースとサウスタワーをつくり、丸の内側は、新丸ビルと丸ビルの再生で、八重洲通りから行幸通りを吹き抜ける風道をつくった。

細田雅春
佐藤総合計画代表取締役社長
ほそだ・まさはる｜元日本建築学会副会長。1941年東京生まれ。65年日本大学理工学部建築学科卒業。65年佐藤武夫設計事務所（現・佐藤総合計画）入社。98年代表取締役副社長に就任。2009年代表取締役社長に就任。代表的な建築に、東京国際展示場（1995年）などがある

海の博物館
1989、92年｜内藤廣建築設計事務所｜三重県鳥羽市

自然と技術に対する素直な応答が、原初的な力強さと美しさを両立させている。合理的な構造、構法、素材の組み合わせの中に、リダンダンシー（冗長性）のある思考が造形化されている。

関西国際空港旅客ターミナルビル
［現・関西国際空港第1ターミナルビル］
1994年｜レンゾ・ピアノ・ビルディング・ワークショップ・ジャパン、パリ空港公団、日建設計、日本空港コンサルタンツ｜大阪府泉佐野市

海に浮かぶ人工島につくられた国際空港として、曲線を用いたしなやかな造形。そこに内包された空間の豊かさに目を奪われるが、その交通システムの明快さも特筆すべき点である。

千葉市立打瀬小学校
1995年｜シーラカンス｜千葉市

変化する教育プログラムの提示。ダイナミクに解きほぐした開放的な学習環境。成長と創造の場の新たな挑戦である。

風の丘葬斎場
1997年｜槇総合計画事務所｜大分県中津市

環境の広がりの中に全ての要素が、あたかも元いた場所のように収まる。敷地の大きさ、起伏、緑などと、点在する建築物との調和、サイトスペシフィックな建築のありさまが秀逸だ。

埼玉県立大学
1999年｜山本理顕設計工場｜埼玉県越谷市

人間の社会行動と、建築的空間をダイアグラム化した試み。大学という既成の概念から一歩踏み出して、システム化した総合性の新たな造形が提示されている。

せんだいメディアテーク
2000年｜伊東豊雄建築設計事務所｜仙台市

何よりも構造と空間への新たな挑戦であった。立体的に全てが連鎖するのみならず、流動性とよどみ・居場所が交錯し、均一性の中に多様性を喚起させる建築である。

横浜港大さん橋国際客船ターミナル
2002年｜foa｜横浜市

デジタル思考によって生まれた提案を実現した、極めて先駆的な作品だろう。床と壁、天井の境界の概念を軽やかに飛び越えた刺激的で挑戦的な建築。

豊島美術館
2010年｜西沢立衛建築設計事務所｜香川県土庄町

大地のくぼみに生み出された空間に、建築の原型を見る思いがする。天蓋の開口からの一条の光が、時の変化もあらわに自然の全てを受け入れる。饒舌（じょうぜつ）な現代建築に対する一撃である。

ルーブル・ランス
2012年｜SANAA｜フランス・ランス

ガラスという素材が建築化され、美術館という固定概念を脱し、内部空間を環境に開く。いわば建築を透明化する試みであろう。進化するガラスの技術が作り出した美術館である。

ROKIグローバルイノベーションセンター
2013年｜小堀哲夫建築設計事務所｜浜松市

大屋根に包み込まれた地形化したオフィス空間が、人間の自然に対する許容力と感性を呼び覚まし、心地よさが感じられる。宇宙的空間の創出。

藤森照信
建築家、建築史家、東京大学名誉教授
ふじもり・てるのぶ｜1946年長野県茅野市生まれ。71年東北大学工学部建築学科卒業。78年東京大学大学院博士課程満期退学。98年日本建築学会論文賞、2001年「熊本県立農業大学校学生寮」で日本建築学会賞作品賞を受賞。東京大学名誉教授、工学院大学特任教授。16年から東京都江戸東京博物館館長

水戸芸術館
1990年｜磯崎新アトリエ、三上建築事務所｜

10 SELECTIONS

佐々木睦朗

佐々木睦朗構造計画研究所代表、法政大学名誉教授

ささき・むつろう｜1946年愛知県生まれ。68年名古屋大学工学部建築学科卒業、70年同大学大学院工学研究科修士課程修了。70-79年木村俊彦構造設計事務所に勤務、80年佐々木睦朗構造計画研究所設立。99-2004年名古屋大学大学院工学研究科建築学専攻教授、04-16年法政大学工学部建築学科教授、16年から同名誉教授

茨城県水戸市
磯崎新による城郭建築。

―

東京都庁舎
1990年｜丹下健三・都市・建築設計研究所｜東京都新宿区
20世紀後半の世界の建築界を代表する丹下健三の最後の贈り物。

―

京都駅ビル
1997年｜原広司＋アトリエ・ファイ建築研究所｜京都市
建築造形上の微分と積分の成果。

―

せんだいメディアテーク
2000年｜伊東豊雄建築設計事務所｜仙台市
建築における内と外の対立を世界で初めて"反転"という秘術で突破し、ここから台中国家歌劇院（台湾・台中市、2016年）というピークに至る。

―

金沢21世紀美術館
2004年｜SANAA｜金沢市
伊東豊雄に続き、内外対立の無化を目指す。

―

地中美術館
2004年｜安藤忠雄建築研究所｜香川県直島町
地中を意識した初の空間。打ち放しコンクリートは地中にこそふさわしい。

―

森山邸
2005年｜西沢立衛建築設計事務所｜東京都
世界初の"分離派建築"の実現。

―

東京駅丸の内駅舎（保存・復原）
2012年｜ジェイアール東日本建築設計事務所｜東京都千代田区
空襲で失われた日本の、東京の、表玄関がやっと回復。辰野金吾の皇居に向かっての横綱土俵入り再び。

―

4WTC［Four World Trade Center］
2013年｜槇総合計画事務所｜米国・ニューヨーク
ついに建築が空に届いて消えた。

―

東京湾の海辺のタワーマンション
日本の新しい都市光景。

海の博物館・収蔵庫
1989年｜内藤廣建築設計事務所｜三重県鳥羽市
海辺の文化遺産収蔵庫としての安定した室内環境と、高い耐久性をPCaPC造（プレキャスト・プレストレストコンクリート造）とすることで獲得している。建築全体の秩序から部材の構成、生産の全プロセスまでを一体でデザインした一例として選定した。

―

出雲ドーム
1992年｜鹿島｜島根県出雲市
集成材を用いた木質大空間構造の代表として選定した。放射状に配置された骨となる大断面集成材と膜や棒鋼といった繊細な部材で構成されたハイブリッド張弦アーチにより最小限の部材で最大限の空間効果を生み出している。

―

関西国際空港旅客ターミナルビル
［現・関西国際空港第1ターミナルビル］
1994年｜レンゾ・ピアノ・ビルディング・ワークショップ・ジャパン、パリ空港公団、日建設計、日本空港コンサルタンツ｜大阪府泉佐野市
流体力学的な統一体のイメージを徹底した幾何学的なルールにのっとりデザインすることで、部材製作・建設の合理化を図っている。現代の生産技術で意匠、構造、環境を精緻に統合した建築の代表として選定した。

―

リアスアーク美術館
1994年｜早稲田大学石山修武研究室｜宮城県気仙沼市
鏡鉄加工などの造船技術を建築分野に持ち込むことで鋼板が大きく湾曲した独特なデザインを可能とした。造船技術により建築表現の幅が広がる契機となった作品として選定した。

葛西臨海公園展望広場レストハウス
1995年｜谷口建築設計研究所｜東京都江戸川区
柱とサッシを同化させることによって柱の存在を消去し、より抽象性の高い空間と建築（構造）表現を実現しようとする構造デザイン手法の試みの一例として選定した。

―

東京国際フォーラム
1996年｜ラファエル・ヴィニオリ建築士事務所｜東京都千代田区
平成以降の鉄が使われた巨大建築の代表として、また構造表現主義の代表的な作品として選定した。

―

大館樹海ドーム［現・ニプロハチ公ドーム］
1997年｜伊東豊雄建築設計事務所・竹中工務店｜秋田県大館市
木加工技術の発達と徹底した精度管理により、3次元的に変化する木造トラスアーチの接合ディテールを可能にした。建築家の描くダイナミックな空間表現の技術的な解法を示した平成を代表する木造ドームである。

―

公立はこだて未来大学・本部棟
2000年｜山本理顕設計工場・アジア航測JV（基本設計）｜北海道函館市
諸室が内在する大空間に対して、躯体をシステマチックに構成しTスラブから柱梁、耐震壁までPCa（プレキャスト）部材を用いている。PCa耐震壁の採用により、短工期での施工を可能にした日本初のフルPCa構造として選定した。

―

横浜港大さん橋国際客船ターミナル
2002年｜foa｜横浜市
コンピューターが可能にしたデザインは、1.5万トンの鉄でつくられた。熟練した職人の技術が制作を可能にしたが、鉄による自由な形態の創造への課題を浮き彫りにした、平成を代表するビッグプロジェクトとして選定した。

―

神奈川工科大学 KAIT工房
2008年｜石上純也建築設計事務所｜神奈川県厚木市
繊細な部材で建築を構成する構造デザイン手法の試みの一例として選んだ。抽象性の高い空間と建築（構造）表現を実現す

るため、柱と耐震要素、間仕切りを同化させ、構造の存在を消去している。

内藤廣
内藤廣建築設計事務所代表
ないとう・ひろし｜プロフィルは3ページ
—
光の教会
1989年｜安藤忠雄建築研究所｜大阪府茨木市
バブルの最中、建築の原点を提示した。
—
風の丘葬斎場
1997年｜槇総合計画事務所｜大分県中津市
ランドスケープと建築の融合する姿を提示した。
—
東京国際フォーラム
1996年｜ラファエル・ヴィニオリ建築士事務所｜東京都千代田区
構造が空間にもたらす可能性を提示した。
—
京都駅ビル
1997年｜原広司+アトリエ・ファイ建築研究所｜京都市
建築から都市へ働き掛ける可能性を提示した。
—
せんだいメディアテーク
2000年｜伊東豊雄建築設計事務所｜仙台市
新しいフロアの在り方を提示した。
—
六本木ヒルズ
2003年｜森ビル、入江三宅設計事務所、KPF（デザイン監修）、JPI（デザイン監修）（以上、森タワー）｜東京都港区
都市開発のプロトタイプをつくり上げた。
—
金沢21世紀美術館
2004年｜SANAA｜金沢市
公共建築の新たな可能性を提示した。
—
モエレ沼公園
2005年｜イサム・ノグチ（マスタープラン）、イサム・ノグチ財団（監修）、アーキテクトファイブ（設計総括）、キタバ・ランドスケープ・プランニング、佐々木環境建築研究所、オリエントインダストリー｜札幌市
アートによる大地への回帰を提示した。
—
豊島美術館
2010年｜西沢立衛建築設計事務所｜香川県土庄町
アートと一体になった新しい建築空間を提示した。
—
東京駅丸の内駅舎（保存・復原）
2012年｜ジェイアール東日本建築設計事務所｜東京都千代田区
歴史的建造物保存の有効性を提示した。

河野晴彦
大成建設顧問
こうの・はるひこ｜1952年東京生まれ。75年東京工業大学建築学科卒業後、大成建設入社。2012年4月より、大成建設設計本部長を務め、19年4月から大成建設顧問。主な作品は「霞が関コモンゲート・中央合同庁舎7号館」（設計：久米設計・大成建設・新日鉄エンジニアリング設計共同企業体、08年竣工、11年BCS賞）など
—
東京都庁舎
1990年｜丹下健三・都市・建築設計研究所｜東京都新宿区
昭和を締めくくった丹下さん70歳代の作品。平成になっても教え子の槇文彦、磯崎新、黒川紀章、谷口吉生、原広司各氏の活躍が続き、「平和な時代の野武士達」と槇さんが評した安藤忠雄、伊東豊雄両氏の世代から「ゼロ世代」まで、多世代が割拠し建築への注目が高まった。
—
さいたまスーパーアリーナ
2000年｜MAS2000共同設計室（代表：日建設計）｜埼玉県与野市
東京ドームを皮切りに2002年ワールドカップまで数々のドームが登場したが、屋根の開閉ではなく、観客席を6000席から3万7000席まで変えられる可動建築は唯一。ロケット発射台を動かす技術に着目し、大胆にも客席ブロック全体を動かす。
—
馬頭町広重美術館
[現・那珂川町馬頭広重美術館]
2000年｜隈研吾建築都市設計事務所｜栃木県那珂川町
隈研吾さんの建築は土地の恵みを生かす。地元のスギ材、石材、和紙を使い地域と共につくる。素材が自然循環とコミュニティーをつなぐ。東京から離れ、鉄とコンクリートから距離を置くことで、素材という建築の基本要素が再発見された。
—
せんだいメディアテーク
2000年｜伊東豊雄建築設計事務所｜仙台市
要項にあるプログラムの「再編」も含めた提案が求められたコンペ。審査委員長、磯崎新さんの提言だった。大胆な要望に応えた伊東豊雄さんの先鋭的な建築には、開館時から年間100万人の老若男女が集う。「みんなの家」の先駆けか。
—
六本木ヒルズ
2003年｜森ビル、入江三宅設計事務所、KPF（デザイン監修）、JPI（デザイン監修）（以上、森タワー）｜東京都港区
アークヒルズから始まる民間主導の大規模な都心大改造。平成にはこの潮流が拡大・加速し、これに続き東京ミッドタウンや霞が関、大丸有、虎ノ門などビッグプロジェクトが進む。建築・インフラが一体化した総合的な建設力の発揮しどころだ。
—
金沢21世紀美術館
2004年｜SANAA｜金沢市
大都市では面的開発が街を変える。地方の中核都市では1つの点が街の活性を高めることがある。これは金沢のアート拠点ではあるが、複数エリアの結節点として全方位から人を迎え入れ、多彩なアクティビティーを滑らかにつなぐ。
—
ニューヨーク近代美術館MoMA
2004年｜谷口建築設計研究所、MoMA Project Team（Design Architect）（基本設計｜実施設計）、KPF（Executive Architect）
自作はコンペ向きでないと自認する谷口吉生さんの国際コンペ当選作。安藤忠雄、伊東豊雄、隈研吾、坂茂各氏やSANAAなど日本人建築家が海外でコンペに勝つ先陣を切った。国内で海外建築家の活躍も目立つ平成日本のグローバル化を象徴する。
—
茅野市民館
2005年｜NASCA・茅野市設計事務所協会JV｜長野県茅野市
平成はコンペの時代。そして住民参加が公共建築の潮流となった。市民代表37人

10 SELECTIONS

と建築家、各専門家によるワークショップが143回も開催された。利用者と建築家の粘り強い対話は、親しまれ、活用される建築への最短コースなのかもしれない。

ソニーシティ大崎［現・NBF大崎ビル］
2011年｜日建設計｜東京都品川区
外装のテラコッタルーバー「バイオスキン」は、貯留雨水の循環で外壁を気化冷却し空調負荷を削減。その「打ち水効果」は周辺の温度を約2℃下げヒートアイランド現象を抑制する。建築の「利他性」という考え方には感服した。

東京駅丸の内駅舎（保存・復原）
2012年｜ジェイアール東日本建築設計事務所｜東京都千代田区
東京中央郵便局を部分保存したJPタワー、広場と行幸通りの整備と併せ駅前空間を一変させた。綿密な調査、素材の再生、駅舎地下全体の免震レトロフィット、容積移転による都市再生への貢献など、多分野の叡知を結集させている。

古谷誠章

早稲田大学教授、NASCA代表
ふるや・のぶあき｜1955年東京都生まれ。78年早稲田大学卒業。80年同大学大学院博士前期課程修了。86-87年文化庁芸術家在外研修員として、マリオ・ボッタ事務所に在籍。90-94年近畿大学工学部助教授。94-97年早稲田大学理工学部助教授。97年から同大学教授。2017年から日本建築学会会長

熊本県熊本北警察署［現・熊本中央警察署］
1990年｜篠原一男アトリエ＋太宏設計事務所｜熊本市
磯崎新氏と当時の細川護煕熊本県知事らが創設したコミッショナー指名による設計者選定制度である「くまもとアートポリス事業」。制度自体が画期的であり、これはその代表的作品。

神長官守矢史料館
1991年｜藤森照信、内田祥士｜長野県茅野市
モダニズムでもポストモダニズムでもない第3の建築を志向し、歴史的でも土着的でもない独特な造形を共鳴者のセルフビルドを伴って施工するユニークな建築手法。

丸亀市猪熊弦一郎現代美術館・図書館
1991年｜谷口建築設計研究所｜香川県丸亀市
都市に対して建築に何が可能かを体現する建築。駅前広場のランドスケープデザインとも呼応する。質の高い建築空間と市民や子どもに対して敷居の低い美術館・図書館は、画家と建築家の強いリーダーシップが実現した。

千葉市立打瀬小学校
1995年｜シーラカンス｜千葉市
「まちに開かれた学校」を文字通り体現したほぼ最初の学校。意欲的な若手の建築家グループと、学校施設の研究者である上野淳がタッグを組んで生み出した。

養老天命反転地
1995年｜荒川修作＋マドリン・ギンズ（基本構想）｜岐阜県養老町
芸術活動の実空間への拡張を目指した荒川＋ギンズの世界でも初の実作。観賞者の足元を不如意とすることで、強く既成の都市や建築を批評し、人々の自らの知覚を取り戻させる試み。

牧野富太郎記念館
1999年｜内藤廣建築設計事務所｜高知市
作者のそれまでの建築手法を大胆に乗り越えた大型木造建築。平成時代に一段と関心の高まった景観に対する建築の姿勢や、公共建築木造化の先鞭をつけた作品。

せんだいメディアテーク
2000年｜伊東豊雄建築設計事務所｜仙台市
新しい時代の新たなアーキタイプとしてのメディアテークのアイデアが競われたコンペティションから生まれた。構造体である柱自体も透明化しようとする究極のドミノ像が示された。

横浜港大さん橋国際客船ターミナル
2002年｜foa｜横浜市
平成時代に行われた国際コンペティション当選作の中でも出色の作品。海外の無名の若手建築家と国内のベテラン建築家が組んで実現した。客船桟橋を市民に開かれたランドスケープとした。

金沢21世紀美術館
2004年｜SANAA｜金沢市
この時代に始まるダイアグラマティックな平面をそのまま形にする「平屋建築」の元祖的作品。美術館の平面計画がそのまま、まちのランドスケープにつながるアイデア。

高知県梼原町の一連の建築
1994年（梼原町地域交流施設）-20XX年｜隈研吾建築都市設計事務所｜高知県梼原町
平成時代に入って急速に各地に広まった「地方の時代」の建築の一つの表れとして極めてユニーク。通常の設計者選定の枠組みを超えて、地域と建築家の付き合いが生まれている。

千鳥義典

日本設計代表取締役社長
ちどり・よしのり｜1955年東京都生まれ。78年横浜国立大学建築学科卒業、80年横浜国立大学大学院工学研究科を修了して日本設計事務所（現・日本設計）入社。海外プロジェクトも数多く担当し、2012年国際代表、13年代表取締役社長

光の教会
1989年｜安藤忠雄建築研究所｜大阪府茨木市
スリットから差し込む美しい光が十字架の象徴性を高める祈りの空間。現代的でありながら荘厳さを感じさせる教会建築である。

梅田スカイビル
1993年｜原広司＋アトリエ・ファイ建築研究所、木村俊彦構造設計事務所、竹中工務店｜大阪市
「超高層ビルの上部をつなぐ空中庭園」という、当時としては近未来的なテーマを実現した建築。25年経過した現在でも大阪のランドマークとして存在感を示す。

風の丘葬斎場
1997年｜槇総合計画事務所｜大分県中津市
建築とランドスケープの融合を通して、人を葬る施設でありながら「死」より「生」を強く意識させる建築である。

| プロローグ 平成前夜 | PART 1 災害・事件・社会 | **PART 2 建築デザイン** | エピローグ 建築の未来のために |

埼玉県立大学
1999年｜山本理顕設計工場｜埼玉県越谷市
それまでの大学キャンパスの概念を打ち破り、大学教育と建築空間との関係性に向き合い、新しいキャンパス像を提示した。

せんだいメディアテーク
2000年｜伊東豊雄建築設計事務所｜仙台市
建築・構造・設備計画とデザインがインテグレートされた斬新な建築として異彩を放つ。

六本木ヒルズ
2003年｜森ビル、入江三宅設計事務所、KPF（デザイン監修）、JPI（デザイン監修）（以上、森タワー）｜東京都港区
後世「平成」が巨大複合開発の時代と位置付けられるかもしれない。その代表ともいえる、都市再開発事業のメルクマールとなるプロジェクトである。

金沢21世紀美術館
2004年｜SANAA｜金沢市
新しい実験的な活動を可能とするイノベーティブな美術館建築。円形で水平的に展開するプラン構成で美術館の新しい在り方を提起した。

ふじようちえん
2007年｜手塚建築研究所｜東京都立川市
楕円形プランとループ状の回遊性のある屋上の活用によって、施設全体を子どもの活動空間とするという斬新な計画により、これまでの幼稚園建築の概念を変えた。

東京駅丸の内駅舎（保存・復原）
2012年｜ジェイアール東日本建築設計事務所｜東京都千代田区
免震などの現代の建築技術を駆使して保存・復元した歴史的建築物。駅前広場の整備と併せて、東京の玄関口の顔づくりを実現した。

ROKIグローバル イノベーションセンター
2013年｜小堀哲夫建築設計事務所｜浜松市
先進的なワークスペースの提案に加え、自然環境要素を積極的に取り込んだ環境建築としての評価もできる、時代性を反映した低層オフィス建築である。

菅順二
竹中工務店常務取締役

すが・じゅんじ｜1955年京都市生まれ。79年早稲田大学建築学科卒業。81年同大学院修士課程を修了し、同年竹中工務店に入社。17年4月から現職。17年本建築学会副会長。主な担当作は「竹中工務店東京本店」（04年竣工。06年村野藤吾賞）、「明治安田生命 新東陽町ビル」（11年竣工、14年日本建築学会賞作品）など

豊田市美術館
1994年｜谷口建築設計研究所｜愛知県豊田市
極めて洗練されたモダニズム表現にまとめ上げられた作品。シンプルなディテールの裏に隠された緻密な部材構成は、建物としての品質と性能を確保し、建築家が制御すべきことは見た目のデザインだけではないことをこの建築の美しさが発信している。

千葉市立打瀬小学校
1995年｜シーラカンス｜千葉市
画一的だった学校建築の平面計画に様々な提案の可能性を開いた記念碑的作品。作者のメンバーがつくり出す、その後の多くの学校建築空間の提案に発展していく。

紙の教会
1995年｜坂茂建築設計｜神戸市
仮設建築とはいえ、建築の素材に対する可能性を開いた作品。設計者は紙管構造のさらに大規模な施設への利用や、海外での高層木造建築への取り組みなど建築の素材とその造形の可能性について、目を向けさせてくれる。

風の丘葬斎場
1997年｜槇総合計画事務所｜大分県中津市
風景に溶け込むような造形。入念に練られた空間展開、ディテールと素材。なんの疑問も起こさせない完成された造形と建築計画。建築を志す者にとって、どんなに技術的にデザインの可能性が広がったとしても、忘れてはいけない深い感動を覚える。

馬頭町広重美術館
［現・那珂川町馬頭広重美術館］
2000年｜隈研吾建築都市設計事務所｜栃木県那珂川町

絶えずその時代の持つ表現の志向性を増幅して建築を発信する隈研吾氏の代表的な建築。中国の「14 GREAT (BAMBOO) WALL」と共に、隈研吾氏の現在の表現法につながっていく初期の作品だけに純度が高く、発信性も強い。

せんだいメディアテーク
2000年｜伊東豊雄建築設計事務所｜仙台市
建築のストラクチャーとスペースのシステムを統合した新しい建築表現として鮮烈な印象を与えた。台中国家歌劇院へと続いていく、伊東豊雄氏のその後の様々な構工法への取り組みからくる、多彩な造形表現に発展していく。

プラダ ブティック青山店
2003年｜ヘルツォーク&ド・ムーロン（デザインアーキテクト）、竹中工務店｜東京都港区
ラチス状の鋼構造にはめ込まれた曲面の複層ガラス。モニュメンタルな結晶形状の外形の中に展開する空間づくり。素材の使い方やスペースに対する新しい発想とそのハイセンスなデザイン処理は大きな影響力を持った。

金沢21世紀美術館
2004年｜SANAA｜金沢市
従来の美術館のプランニングと異なる新しい空間試行。キュレーターのプロデュースにより、いかようにも変化する空間の柔軟性は、これまでの美術館建築と、異なる他の建種にも展開できる新しいスペース計画を提示した。

ふじようちえん
2007年｜手塚建築研究所｜東京都立川市
これも既成の同種施設の計画にとらわれない新しい教育施設の提案。使い手（園児）の自由な使い方（行動）に建築の発展を任せていく可能性を用意するという、平成で増えたスペースのつくり方の先駆けの一つ。

ロレックス・ラーニング・センター
2009年｜SANAA｜スイス・ローザンヌ
ルーブル・ランスと共にスペースを規定する最小要素を最小限に緩やかに変化させることで空間をつくり出していく一連の作品の代表格。平成の建築の流れの一つである建築のパビリオン化の特性を持ち、影響力も強い。

10 SELECTIONS

印藤正裕

清水建設常務執行役員生産技術本部長
いんどう・まさひろ｜1956年大阪府生まれ。79年京都大学工学部建築学科卒業、清水建設入社。95年神戸支店工事長、2008年海外支店チャンギ空港第3ターミナル建設所長などを経て、09年生産技術本部副本部長、10年から同本部長。11-12年に原子力・火力本部主査や同副本部長を兼務。16年から常務執行役員

日本コンベンションセンター
［幕張メッセ］
1989年｜槇総合計画事務所｜千葉市
国際展示場、コンベンションホール、国際会議室を含む国際会議場およびスポーツなどが開けるイベントホールの3つの施設を持つわが国初の本格的コンベンション施設。大屋根部分において、小さな部材（極小部材）の集合体により大スパンを構築する構造的な取り組みは注目に値する。

光の教会
1989年｜安藤忠雄建築研究所｜大阪府茨木市
実体（物）としての十字架ではなく、光という表現とすることで、より信仰性が高まっている。不要な装飾を取り除いた素材の使い方も素晴らしく、建築というカテゴリーを超えた造形となっている。

梅田スカイビル
1993年｜原広司+アトリエ・ファイ建築研究所、木村俊彦構造設計事務所、竹中工務店｜大阪市
超高層のツインビルを最上階で連結することにより、未来的でありながら古代からの夢であるバベルの塔のような景観（空中庭園）をつくり出している。上部躯体を地上から148mの高さまで引き上げ、取り付けるという世界初の「ワイヤリフトアップ工事」にも挑戦した。

せんだいメディアテーク
2000年｜伊東豊雄建築設計事務所｜仙台市
図書館、ギャラリー、映像メディアセンターなどの機能が集約された未来志向型の複合施設。主体構造である13本の鉄骨独立シャフト（チューブ柱・主に鉄管トラス構造）と床組み構造である7枚の鉄骨フラットスラブ（鋼板サンドイッチ構造）で構成する、これまでにない構造形式が大きな特徴。

プラダ ブティック青山店
2003年｜ヘルツォーク&ド・ムーロン（デザインアーキテクト）、竹中工務店｜東京都港区
ガラスファサードと一体化した斜め格子構造の外殻架構が、建物の鉛直荷重の約50%、地震時の水平荷重のほぼ100%を負担し、この先進的なデザインを免震技術によって実現した。商業施設への免震技術の展開。

東京ミッドタウン
2007年｜日建設計（統括設計・監理）、SOM（マスターアーキテクト）、EDAW（ランドスケープデザイン）、SOM（ミッドタウン・タワー）、Communication Arts（ガーデンサイド商業部分）、隈研吾建築都市設計事務所（美術館・レストラン部分）、坂倉建築研究所（住宅部分 外装）、日建スペースデザイン（インテリア）、青木淳建築計画事務所（パーク・レジデンシィズ外装）、Frank Nicholson（インテリア）、安藤忠雄建築研究所（デザイン・ウイング）｜東京都港区
町との距離感、動線と店舗の距離感、玄関と裏（公園）との連続感など、その場所で完結させようとするのではなく、しっかり場所になじむ心地よい街区を形成している

金沢21世紀美術館
2004年｜SANAA｜金沢市
既存の構造形式にとらわれない軽快な構造部材と美術館の内部構成とが見事に調和した美しい建築。シンプルな構造に対して空間は豊かで変化に富んでいる。

国際教養大学新校舎群
2010年｜環境デザイン研究所、コスモス設計｜秋田市
半円形の遠くの書棚まで見渡せる空間は人知の蔵の中にいるような感覚にさせる。また、木材で構成された笠状のトラスの下は森の中のような心地よさである。ずっと居続けたい場所となっている。

ROKIグローバルイノベーションセンター
2013年｜小堀哲夫建築設計事務所｜浜松市
研究者やエンジニアの想像力をかき立てる場所として、無機的なものを取り去り、外部の自然と一体感のあるワンルームの大空間を提供している。テラス状の床に立つと、丘の上にいるかのようである。

台中国家歌劇院
2016年｜伊東豊雄建築設計事務所｜台湾・台中市
カテノイド（懸垂面）という3次元曲面を用い、内部と外部の境界にすることで創造的な空間を演出している。構造や防火設備など難度の高い設計を克服し、施工においても難度の高い工法に挑戦した。

松隈洋

京都工芸繊維大学教授
まつくま・ひろし｜1957年兵庫県生まれ。1980年京都大学建築学科卒業後、前川國男建築設計事務所に入所。2008年京都工芸繊維大学教授。専門は近代建築史、建築設計論。13-18年DOCOMOMO Japan代表。「生誕100年・前川國男建築展」（05年）のほか、多くの建築展企画に携わる。文化庁国立近現代建築資料館運営委員も務める

代官山ヒルサイドテラス
1992年｜槇総合計画事務所など｜東京都渋谷区
アーバン・デザインの貴重な継続的実践であり、近くにあった同潤会アパートに連なるような、中立的で控え目な表情と陰影を持つ集合住宅による都市の公共空間創出の方法論は、高い普遍性と未来への持続的な影響力を持つ。

東京都葛西臨海水族園
1989年｜谷口建築設計研究所｜東京都江戸川区
対岸にある、外部と隔絶した東京ディズニーランドとは対極的な、東京湾との親和性を持つ開かれた公共空間を創出したランドスケープデザインの秀逸な実践であり、新しい風景を生み出した明晰な設計手法は今も新鮮である。

海の博物館
1989、92年｜内藤廣建築設計事務所｜三重県鳥羽市
バブル経済に日本中が酔いしれていた最中に、人知れず、石原義剛館長（2018年9月に逝去）との地道な共同作業により、「建

築の素形」を求めて厳しく追求された造形は、変わらない建築のありようを発信し続けている。

関西国際空港旅客ターミナルビル
[現・関西国際空港第1ターミナルビル]
1994年｜レンゾ・ピアノ・ビルディング・ワークショップ・ジャパン、パリ空港公団、日建設計、日本空港コンサルタンツ｜大阪府泉佐野市

2018年7月4日の台風により大きな被害を受け、地盤沈下や交通アクセスの危うさを露呈したが、流れるような空間構成と巧みな断面形状、緻密な構造体のディテールとおおらかな屋根のシルエットによって生み出された造形は、この時代を代表するモニュメントとして欠かせない。

洲本市立図書館
1998年｜鬼頭梓建築設計事務所｜兵庫県洲本市

地元の一大産業だった紡績業の中核施設の鐘淵紡績洲本工場（1909年）を保存活用した図書館。歴史を刻んだ産業遺産を巧みに取り込んで過去と未来をつなぎつつ、居心地の良い読書空間が生み出そうとする姿勢に、設計者の誠実さを感じる。

沖縄県立博物館・美術館
2007年｜石本建築事務所・二基建築設計室JV｜那覇市

太平洋戦争で焼失した沖縄郷土博物館の再建から始まり、米軍基地の返還で生まれた新都心地区に建設された戦後の沖縄にとって悲願の記念碑的建築。沖縄の気候風土への眼差しが生きる造形。

犬島アートプロジェクト「精錬所」
2008年｜三分一博志建築設計事務所｜岡山市

長く放置されていた銅の精錬所を、アートを軸に再生させるプロジェクトであり、不法投棄で傷ついた瀬戸内海を元の姿へ戻そうという発注者の眼差しが共有されている。埋もれていた先人たちの遺したものを未来へつなげる実践として。

武蔵野プレイス
2011年｜kwhgアーキテクツ｜東京都武蔵野市

「居場所としての公共空間」を目標に、図書館を中心に多様な人々がそれぞれの活動を通して時間を共有できる空間構成を実現。交流とコミュニケーションの場としての新しい図書館像を求め、「ルーム」と名付けたドーム状の単位空間が連続する構成で、ヒューマンな居心地の良さを持つ。

イヴェール ボスケ
2012年｜堀部安嗣建築設計事務所｜石川県加賀市

白山を遠望する丘陵地に、クルミの大木に寄り添うように立つ小さな宝形屋根の木造平屋のカフェ。静かな時間が流れ、小さいけれど大きな公共性を醸し出す。変わらない建築の原型を求めたその姿は、これからの建築の手掛かりとなる。

豊中市立文化芸術センター
2016年｜日建設計｜大阪府豊中市

地元の文化への理解度の高さと周到な企画に基づいた建築計画から独自の構法の開発や素材の追求に至るまで、正統派の堅実な空間が実現されている。隣の既存の文化施設との関係性も良く、その控え目なたたずまいと安定感は時間に耐え得る力を持っている。

山梨知彦

日建設計常務執行役員設計部門設計代表
やまなし・ともひこ｜1960年神奈川県生まれ。84年東京芸術大学美術学部建築科卒業、86年東京大学大学院工学系研究科都市工学専攻修了、日建設計入社。現在、常務執行役員設計部門設計代表。14年日本建築学会賞受賞の「NBF大崎ビル（旧ソニーシティ大崎）」（11年）などを設計

海の博物館
1989、92年｜内藤廣建築設計事務所｜三重県鳥羽市

平成の冒頭は、昭和末期のバブル経済の浮き足立った状況を引き継ぎ、誰もが浮かれ切った状態にあった。そんな中で、原点回帰ともいえる、作家性と削り込まれたモノづくりを実現した、平成における孤高かつ異色の作品。

関西国際空港旅客ターミナルビル
[現・関西国際空港第1ターミナルビル]
1994年｜レンゾ・ピアノ・ビルディング・ワークショップ・ジャパン、パリ空港公団、日建設計、日本空港コンサルタンツ｜大阪府泉佐野市

平成の始まりには、昭和の名残のバブル経済のなかで大規模コンペが乱発され、建築家による東京都庁舎や国際フォーラムなどの大型建築が林立。一方でバブル崩壊後、大型建築は「悪しきもの」となり、建築家の撤退が始まる。その時代の頂点が、この作品。

京都駅ビル
1997年｜原広司＋アトリエ・ファイ建築研究所｜京都市

公有化されていた基幹施設を民営化し収益施設への転換を図るという平成の課題に対して、駅という建築形式を変貌させることで解決を図った先駆的な建築。これ以降、TOD（公共交通指向型）関連開発、地下鉄駅、空港、バスターミナルなどへの連鎖が起こる。

せんだいメディアテーク
2000年｜伊東豊雄建築設計事務所｜仙台市

ドミノシステムに始まりモダニズムの中で脈々と育まれ、誰もが完成を疑わなかったカルテジアングリッド（直交座標）的空間。建築化した柱とスラブとコアからなる形式に、あえて挑み、新たな図式の発見に至った稀有な作品。

金沢21世紀美術館
2004年｜SANAA｜金沢市

円形の平面の中に展示空間を離散的に配置することで、必然的に順路を持たねばならないという呪縛から美術館を開放し、建物の全周にわたって周辺コンテクストの連続性を生み出すことに成功。ムンダネウム（ル・コルビュジエとポール・オトレの構想による世界文化センター、1929年）以後、久々に新しい展示空間を提示した作品。

ふじようちえん
2007年｜手塚建築研究所｜東京都立川市

平成になって、建築の平断面形式は、そこで営まれるアクティビティーに着目して決められる時代となった。だが、アクティビティーが形へとブリッジングされ、新たな形を生み出しているものは少なく、千葉市立打瀬小学校、森山邸など数作品に限られている。

10 SELECTIONS

犬島アートプロジェクト「精錬所」
2008年｜三分一博志建築設計事務所｜岡山市
京都議定書の採択や、「不都合な真実」の出版・上映により、環境への関心は高まり、多くの環境建築が試みられ、建築における環境側面のボトムアップを果たした。一方で、いまだに金字塔が模索されている状況で、現時点でその位置に一番近い作品。

豊島美術館
2010年｜西沢立衛建築設計事務所｜香川県土庄町
平成の建築家たちは、建築とランドスケープ、土木、アートとの境界を積極的に解体することで、新しい建築の在り方を模索した。横浜港大さん橋国際客船ターミナル、葛西臨海水族園や展望台、イサムノグチ庭園美術館、モエレ沼公園などに見られる姿勢の一つの極致。

東日本大震災による津波で
被災した建築群
2011年｜―｜岩手県、宮城県、福島県
9.11、そして3.11の惨状をテレビでリアルタイムに見ながらも、なすすべがない敗北感を経験。平成は、つくること以上に建築の崩壊が強烈な意味を放つ時代となった。その超克や、間仕切りシステムなどによる支援活動が時代の課題となる。

あべのハルカス
2014年｜竹中工務店｜大阪市
六本木ヒルズや泉ガーデンに代表されるように、アーバンコンプレックスが組織設計事務所やゼネコン設計部の課題となった。この作品は、既存コンテクストに接ぎ木をするように超高層タワーを計画し、その状況をデザインモチーフとしても環境計画としても生かしている。

磯達雄

建築ジャーナリスト
いそ・たつお｜1963年埼玉県生まれ。名古屋大学工学部建築学科卒業。日経BP社日経アーキテクチュア編集部を経て、編集事務所フリックスタジオ共同主宰。桑沢デザイン研究所非常勤講師、武蔵野美術大学非常勤講師。著書に『ポストモダン建築巡礼』『菊竹清訓巡礼』『日本遺産巡礼』（以上、日経BP社）、『ぼくらが夢見た未来都市』（PHP新書）、『東京スカイツリー公認634の魂』（徳間書店）など

亀老山展望台
1994年｜隈研吾建築都市設計事務所｜愛媛県今治市
「反オブジェクト」を志向して、施設の大部分を地下へと埋め込んだ作品。バブル後に広まった、建築を消去しようとする試みの代表例と言える。

葛西臨海公園展望広場レストハウス
1995年｜谷口建築設計研究所｜東京都江戸川区
1990年代を席巻したガラスによる透明建築の白眉。この傾向を捉えた展覧会「ライト・コンストラクション」が1995年に米MoMAで開催された。

京都駅ビル
1997年｜原広司＋アトリエ・ファイ建築研究所｜京都市
不況が続いた平成期だが、駅ビルという商業施設の形態は発展を続けた。中でも建築的に高く評価できるのはこれだろう。地形を内包したような大空間を、世界中から訪れた人が通り過ぎて行く。

アニ・ハウス
1998年｜アトリエ・ワン｜神奈川県茅ケ崎市
周囲を丁寧に観察することによって、悪条件の敷地にポジティブな要素を見いだしていく。狭小住宅のテーマに社会性を持ち込んだ作品。

ルイ・ヴィトン名古屋栄店
1999年｜青木淳建築計画事務所｜名古屋市
建築家による有名ブランド路面店の流行を先導。ファサードのみによる設計にもかかわらず、その表層に深さを感じさせた。

せんだいメディアテーク
2000年｜伊東豊雄建築設計事務所｜仙台市
異なる機能を持つフロア群が積み重ねられ、それを網目状のチューブ柱が揺れながら貫く。レム・コールハース的な即物主義の先を行った建築。

横浜港大さん橋国際客船ターミナル
2002年｜foa｜横浜市
床や壁が滑らかにつながりながら、多様な場所をつくり上げている。コンピューターの発達によって可能になった、流動的な建築のデザイン。

金沢21世紀美術館
2004年｜SANAA｜金沢市
正円の平面で、ウラもオモテもない建築を実現。「スーパーフラット」と称された美術・デザインの流れを象徴するものとなった。

神奈川工科大学 KAIT工房
2008年｜石上純也建築設計事務所｜神奈川県厚木市
新しい世代による大胆な建築的挑戦。繊細な柱を無数に散らばらせることによって、構造の論理にのっとりながらも、詩情性あふれる空間を達成している。

ソニーシティ大崎［現・NBF大崎ビル］
2011年｜日建設計｜東京都品川区
平成期の全体を通じて、建築が向き合わなければならなかった最大のテーマは地球環境問題であった。このオフィスビルはバイオスキンの技術により、建築が都市環境の向上に寄与できる道筋を示した。

五十嵐太郎

建築史家、東北大学教授
いがらし・たろう｜1967年パリ生まれ。90年東京大学工学部建築学科卒業。92年同大学院修士課程修了。博士（工学）。中部大学講師・助教授、東北大学大学院助教授を経て、2009年-同教授。08年のヴェネチア・ビエンナーレ国際建築展では日本館コミッショナー、13年のあいちトリエンナーレでは芸術監督を務めた

アサヒビール吾妻橋ホール
［現・スーパードライホール］
1989年｜フィリップ・スタルク｜東京都墨田区
ポストモダン×バブルの時代だからこそ成立した、外タレのデザイナーによる強烈なランドマーク。今でこそ世界各地でアイコン建築が増殖しているが、それに先駆けて登場した。

「ゼンカイ」ハウス
1996年｜アトリエ第5建築界｜兵庫県宝塚市

阪神淡路大震災の記憶を引き受けた建築として最も重要な建築。また21世紀に注目されたリノベーションを過激に実践している。東日本大震災の後、こうした事例が少ないのが気になる。
ー
ルイ・ヴィトン名古屋栄店
1999年│青木淳建築計画事務所│名古屋市
公共建築が保守化していくなか、21世紀に入り、「ファッションブランド×建築」が万博のパビリオンのように増えていったが、その潮流を最初につくり出し、成功した商業建築である。
ー
馬頭町広重美術館
[現・那珂川町馬頭広重美術館]
2000年│隈研吾建築都市設計事務所│栃木県那珂川町
隈研吾はその後、さらなる洗練と多作へと向かうが、地産の材料でルーバーを反復するという「グローバル×ローカル」を同時に抱え込む必勝のデザインパターンを確立した記念碑的な作品。
ー
せんだいメディアテーク
2000年│伊東豊雄建築設計事務所│仙台市
コンピューターが設計の現場に普及し、情報化時代のドミノを意識してつくられた実験的な建築。このプロジェクトを契機に伊東豊雄が、さらにデザインの進化が速くなったことも特筆される。
ー
金沢21世紀美術館
2004年│SANAA│金沢市
SANAAの出世作は、真に開放的かつ透明感あふれる公共空間をつくり、建築の力によって都市における人の流れを大きく変えることを実証した。また街中に美術館を設立する傾向ももたらした。
ー
ニューヨーク近代美術館MoMA
2004年│谷口建築設計研究所、MoMA Project Team（デザインアーキテクト）（基本設計、実施設計）、KPF（エグゼクティブアーキテクト）│米国ニューヨーク
平成は日本人の建築家が海外で大活躍した時代として後から振り返られるだろう。近代以降のアートシーンを牽引した美術館を谷口吉生が手掛け、本家以上に優れたモダニズムの空間を出現させた。
ー

森山邸
2005年│西沢立衛建築設計事務所│東京都
筆者が関わっていた建築系ラジオでは、ぱらぱらぽこぽこ系と呼んでいたが、分節したボリュームをちりばめるデザインは建築界に大きな影響を与えた。一番印象に残った平成の集合住宅。
ー
神奈川工科大学 KAIT工房
2008年│石上純也建築設計事務所│神奈川県厚木市
コンピューターがなければ計算不能な複雑性と不規則さを抱えた柱のデザインが自然の森のような空間に近づく、極北の建築。パビリオン建築史の大事件である。同時に「かわいい」の感覚も備えている。
ー
太田市美術館・図書館
2016年│平田晃久建築設計事務所│群馬県太田市
地方都市の駅前において、独自の建築概念を具現化し、新しい空間体験を生み出した。ワークショップを組み込みながら、建築的なアイデンティティーの強度を維持したことも特筆される。
ー

金田充弘

構造エンジニア、
東京芸術大学美術学部准教授、
アラップシニアアソシエイト
かなだ・みつひろ│1970年東京都生まれ。94年、カリフォルニア大学バークレー校環境デザイン学部建築学科卒業、96年、同校工学部土木環境工学科修士課程修了。同年よりArup東京事務所・ロンドン事務所にて勤務。07年より東京芸術大学美術学部准教授。主な仕事にメゾンエルメス（東京・銀座）、ぎふメディアコスモス（岐阜県）、台中国家歌劇院（台湾・台中市）など。17年に豊田啓介氏（noiz共同主宰）、黒田哲二氏（UDS執行役員）と共にgluon（グルーオン）を設立

関西国際空港旅客ターミナルビル
[現・関西国際空港第1ターミナルビル]
1994年│レンゾ・ピアノ・ビルディング・ワークショップ・ジャパン、パリ空港公団、日建設計、日本空港コンサルタンツ│大阪府泉佐野市
過去30年間で環境に対する意識は大きく変化した。平成に改元されて間もなく設計された関空では、空気の流れを可視化したカタチが屋根架構のデザインに昇華。近年の「環境配慮型建築」の後付け感、言い訳感と違い、圧倒的に先駆的。
ー
紙の教会
1995年│坂茂建築設計│神戸市
建築家が災害復興に見える形で貢献した世界的にも先進的な事例。その後、坂茂さん本人のボランティア活動も継続的に展開するが、多くの建築家がライフワークとして災害復興・地域発展に関わる時代となった。建築家の職能の変化を象徴する。
ー
せんだいメディアテーク
2000年│伊東豊雄建築設計事務所│仙台市
徹底的に薄いスチールのフラットスラブ（近代建築の究極）とメッシュ化されたチューブ構造の柱（新しい建築の方向を示す）が共存する、時代のターニングポイント。陸に上がった造船技術によって実現。
ー
横浜港大さん橋国際客船ターミナル
2002年│foa│横浜市
国際コンペで無名の若手が時代の先を行く（先を行き過ぎてコンセプトと技術が融合していない）デザインで最優秀となり、その提案を曲がりなりにも実現してしまう勢いが日本にあった時代の象徴。連続する断面図の衝撃。
ー
プラダ ブティック青山店
2003年│ヘルツォーク＆ド・ムーロン（デザインアーキテクト）、竹中工務店│東京都港区
平成の折り返し地点で、意匠・構造・ファサードの融合が最高点に達した作品。外観デザインと耐火・環境性能の両立のためのファサード技術が卓越。海外ブランドが建築の重要クライアントになったことを象徴。
ー
神奈川工科大学 KAIT工房
2008年│石上純也建築設計事務所│神奈川県厚木市
平成は、「スーパー〇〇」や「メガ〇〇」といった、「より大きく、より高く」の右肩上がり思考と決別し、小さな材の集積的な構造システムが台頭した時代だった。KAIT工房の分散化され極限まで研ぎ澄まされた構造は、その象徴的存在。
ー
豊島美術館
2010年│西沢立衛建築設計事務所│香川

10 SELECTIONS

県土庄町
建築家は異なれど、構造家の佐々木睦朗さんが開拓してきた自由曲面シェル構造の金字塔。構造体そのものが空間の質を生み出している稀有な例。土を盛って型にするという構法も温故知新。施工者の貢献も大きい。

東京駅丸の内駅舎（保存・復原）
2012年｜ジェイアール東日本建築設計事務所｜東京都千代田区
阪神淡路大震災後に急速に普及した免震構造。災害後の機能維持、ストックとして建物を長く使うという意識の変化。近代遺産を守る手法として、既存建築物を使用しながら免震化した代表的事例。

グランドプリンスホテル赤坂［旧・赤坂プリンスホテル］解体工事
2013年｜大成建設、西武建設｜東京都千代田区
丹下健三設計の高さ140mの超高層ホテル建築。東日本大震災後に福島の被災者を受け入れ、その後2011年7月から美しく静かに解体された。解体工法がユニークで、今後必ず必要になる超高層建築建て替えの先進的事例。

平成の五重塔
平成は五重塔ブームの時代でもあった。平成の30年間で30基以上が新築され、多くが木造なのも昭和との違い。2000年に施行された限界耐力計算法で設計する流れが確立されてきた。直交集成板（CLT）など新工法も注目を集め、木造復権時代が到来。

小堀哲夫

小堀哲夫建築設計事務所代表
こぼり・てつお｜1971年生まれ。97年法政大学大学院工学研究科建設工学修士課程修了、久米設計入社。2008年小堀哲夫建築設計事務所設立。「ROKIグローバルイノベーションセンター」（13年）、「NICCAイノベーションセンター」（17年）を設計。

植村直己冒険館
1997年｜栗生明＋栗生総合計画事務所｜兵庫県豊岡市
自分も山を愛し、植村直己を尊敬している。ほぼ地中に埋まり、光だけが感じられる空間は、自然の美しさ厳しさを考えることができる。建築は空間だと素直に感じられる。

風の丘葬斎場
1997年｜槇総合計画事務所｜大分県中津市
建築はランドスケープの一部なのだと初めて感じさせてもらった。空間、形、光、全てにおいて丁寧かつ真摯な姿勢。槇文彦さんの建築で代官山ヒルサイドテラスに次いで好きな建築。

イサム・ノグチ庭園美術館
1999年｜イサム・ノグチ（ランドスケープデザイン）｜香川県牟礼町
蔵に隠されているエネジーボイドの骨太の存在感とそこに差し込む光の粒子が、彫刻とは環境である、また地球やランドスケープが彫刻であると認識させてくれる。そうした環境はそんなにない。何か懐かしい匂いがする。

牧野富太郎記念館
1999年｜内藤廣建築設計事務所｜高知市
当時大学生だった自分は、牧野富太郎記念館の模型を内藤廣さんのアトリエでつくっていた。その時の事務所やたくさんの模型を製作している雰囲気が、今でも自分の事務所の原風景になっている。その後に訪れたこの建築は、山並みと大屋根が地面に突き刺さるうねりが有機的で生命感があると共に、圧倒的な場の力を感じることができた。

国会図書館関西館
2002年｜陶器二三雄建築研究所｜京都府精華町
深く埋め込まれた大地に面して切り取られた静謐（せいひつ）な庭と光の空間は、襟を正して本を閲覧する気持ちになる。間接光を扱った天井は、何も見えないように注意深く工夫されており、ディテール全体が凛とした空気を放っている。

金沢21世紀美術館
2004年｜SANAA｜金沢市
公園に面して全方向の建築は、裏方の活動をも表に出し、市井の人間活動こそが建築の成立する要素であると思うようになった。何度行っても建築は活動の場であると感じさせられる。

地中美術館
2004年｜安藤忠雄建築研究所｜香川県直島町
光と闇と空間が人間を丸裸にしている感じがする。建築は空間のみで成立するということが分かると共に、アートと建築の絶妙な緊張関係にある環境は、ホワイトキューブとは違う新しい美術館の在り方を示している。

豊島美術館
2010年｜西沢立衛建築設計事務所｜香川県土庄町
光、風、水に祝福されている建築。人間の根源や環境の根源を感じさせられ、風の動き、水の変化、雲の動きは何時間でもたたずむことができる。素直に建築と環境と人間を強く感じる場は他の建築にはないと思う。

鈴木大拙館
2011年｜谷口建築設計研究所｜金沢市
本多の森の存在や、雁行するアプローチや経路、モダニズムの素材やデザインを用いながらも、なぜか懐かしい感じがする空間。自然観は完成された垂直の世界によって、より際立つことを示す例。まさに自然の増幅装置としての建築。

台中国家歌劇院
2016年｜伊東豊雄建築設計事務所｜台湾・台中市
建設現場がダイナミックに進み、出来上がったのは洞窟のような空間、降り注ぐ光、市民活動。全てにおいて可能性を大きく引き上げた建築。人間は最後には穴倉に戻る。

倉方俊輔

建築史家、大阪市立大学准教授
くらかた・しゅんすけ｜1971年東京生まれ。早稲田大学大学院博士課程満期退学。伊東忠太の研究で博士号を取得後、著書に『東京モダン建築さんぽ』、『ドコノモン』、『吉阪隆正とル・コルビュジエ』。共著に『大阪建築 みる・あるく・かたる』などがある。建築公開イベント「イケフェス大阪」、「Ginza Sony Park」の委員などを務める。

梅田スカイビル
1993年｜原広司+アトリエ・ファイ建築研究所、木村俊彦構造設計事務所、竹中工務店｜大阪市

特異な連結超高層ビルとして都市のスカイラインを書き換え、日本の建設技術が建築家の構想力を通じて実体化された。日本のバブル期が残せた、最大の遺産ではないか。

京都駅ビル
1997年｜原広司+アトリエ・ファイ建築研究所｜京都市

外国人3人を含む指名建築家7人による国際コンペを制した当選案が、ほぼそのまま実施され、都市の新たな空間表現となった。もし今現在、京都の駅を建て替えたら、どのように惨憺(さんたん)たるものになるだろうか。

せんだいメディアテーク
2000年｜伊東豊雄建築設計事務所｜仙台市

原理的な思考と建設技術の格闘から成立した建築の全体性が、単なる並列ではない、プログラムの融合という理想を建築によって後押ししている。これを成立させ、有名にした関係者が後年の公共施設に果たした役割は大きい。

横浜港大さん橋国際客船ターミナル
2002年｜foa｜横浜市

世界では建築ないし建築的思考を通じた港湾都市の再活性化が大きな主題となった平成という時代、日本では見るべきものがほとんど無いなか、従来の都市像・空間像を塗り替え、実現までの労苦と紆余曲折も世界レベルの作品。

プラダ ブティック青山店
2003年｜ヘルツォーク&ド・ムーロン(デザインアーキテクト)、竹中工務店｜東京都港区

形態と素材と構造とが一体となった現象としての美しさによって、差別化のラベルで済むブランドではない、超越的なハイブランドの建築に求められる資質に応えている。ブランドと建築家との出会いの中でも最良のもの。

金沢21世紀美術館
2004年｜SANAA｜金沢市

シンプルで原理的な思考に基づく建築が、イメージの良い街の重要な地点に対して、開放的な内外の関係を与えている。平成という時代における、単体の建物とまちづくりとの関係の最大の実りだ。

青森県立美術館
2005年｜青木淳建築計画事務所｜青森市

地下という空間だからこそ、時間の流れや空間の感覚が変わり、生は充実する。美術館という制度も同じようなもの。社会とつながることではなく、分断されることの価値を具現化して、今も読解の深化を待っている。

神奈川工科大学 KAIT工房
2008年｜石上純也建築設計事務所｜神奈川県厚木市

原寸のような模型のような、観念的なようでいて実際に訪れないと分からない。公共的な場所の新しいつくり方を出現させた才能の生起は、平成の事件と言えるだろう。「才能」という言葉があったことを思い出させる意味でも。

豊島美術館
2010年｜西沢立衛建築設計事務所｜香川県土庄町

一般的な機能も無ければ、純粋な内部空間もない。それでも建築は存在できること、またアートとこのような融合が可能であることを実感させた。地域とアートの取り合わせは平成の潮流の1つだが、それを特異に突き抜けた存在。

ラ コリーナ近江八幡
草屋根−栗百本
2015年−17年｜藤森照信｜滋賀県近江八幡市

オフィスや商業施設や外部空間の組み合わせだが、それ以上に一つのワールドが出来上がっている。見た目でも多くの人々が訪れ、雰囲気を呼吸して人間同士の関係が良くなり、皆幸福そう。設計者自身も地域も幸せな、新たな手法を発展させた。

豊田啓介
noiz共同代表

とよだ・けいすけ｜1972年生まれ。96年東京大学工学部建築学科卒業。2000年まで安藤忠雄建築研究所に勤務。02年コロンビア大学建築学部修士課程修了。ニューヨークのSHoP Architectsを経て、07年に建築デザイン事務所noiz(ノイズ)を蔡佳萱氏と共同設立(07年より酒井康介氏もパートナー)。17年に金田充弘氏、黒田哲二氏とともにgluon(グルーオン)を設立

潟博物館［水の駅・ビュー福島潟］
1997年｜青木淳建築計画事務所｜新潟市

建築デザインは、モダニズム的整合性と目地やユニット、グリッドなどの偏執狂的な調整、予定調和的な美的バランスなどに閉塞しつつあった。それに対して、海外ではコールハースなどが提示していた、あえて調整を行わない構成主義的な評価軸を日本で提示し、画一化しつつあった評価軸に小さな風穴を開けた。

直島家プロジェクト
1998−｜安藤忠雄など｜香川県直島町

既存の古い街並みから古屋を離散的に抽出、改修もしくは一部は新築し、現代アーティストとの協働により街やコミュニティー全体を活性化させ、地域にプライドを与え、新たなツーリズムやアクティビティーの創出にまで成功した先駆的かつ稀有な事例。

明石海峡大橋
1998年｜本州四国連絡橋公団｜神戸市−兵庫県淡路市

圧倒的な技術力とスケール、自然に対峙し得るだけの存在感など、人知を超越した力を感知させ得るプロジェクト。施工中の巨大地震による1mものずれにもかかわらず、予定通りに完成。土木と建築という境界を越えてこれを実現する英知に乾杯。

神奈川工科大学 KAIT工房
2008年｜石上純也建築設計事務所｜神奈川県厚木市

柱や梁や壁、床という建築的な常識や構成を問い直し、通常建築構造としては成立しない板の離散的な集合で構造と機能を成立させるアプローチは1つの解法。離散的なプレートの系としての構造・配置プログラムは徳山知永による。

ロレックス・ラーニング・センター
2009年｜SANAA｜スイス・ローザンヌ

床が水平、平面が矩形などの常識を拡

10 SELECTIONS

張し、新しい機能と形態の関係性を建築的に紡ぐ事例として1つのマイルストーン。ただし、本当に現在面白い領域である、アイデアを実装可能なデジタルデータと工法に接続する部分を、外部のDesign to Productionに委ねた点は残念。

浅草文化観光センター
2012年｜隈研吾建築都市設計事務所｜東京都台東区

3Dモデリング時代ならではのある種、軽薄な立体の扱いとあくまで現代的な構成、ステレオタイプな和風要素をシンプルに織り込み、新しい都市型ペンシルビルの可能性を提示したという意味で秀逸。隈建築の軽さだからこそ持ち得た世界。

東京大学T-ADSの一連のパビリオン
2014年-｜T-ADSほか｜東京都文京区

継続的に大手建設会社を巻き込んで、毎年デザイン手法としても施工方法としても非常にチャレンジングなテーマでデジタルデザインとファブリケーションの実装を継続した。日本のデジタル建築教育が瞬間最大風速的にしても世界の先端と肩を並べた稀有な事例。

新国立競技場案［ザハ・ハディド案］
2015年｜ザハ・ハディド・アーキテクツほか｜東京都新宿区

日本の建築業界が、新しいデジタル技術や知見を一気に導入する分水嶺を越えるきっかけになり得た機会であり、それを日本建築界自ら叩き潰したプロジェクト。米国の建築家、ルイス・サリバンがシカゴ万国博覧会（1893年）のボザール復古を見て、米国建築が半世紀遅れたと嘆いた気持ちが分かる。

STORY
2015年｜ライゾマティクス｜米国・オースティン

2015年に行われたイベント「SxSW（サウス・バイ・サウスウエスト）」でのパフォーマンス。会場の3Dスキャンやモデル化、実写とCGとのシームレスかつリアルタイムな合成やPerfumeのダンスのライブスキャンとプロジェクション合成を行うなど、本来建築業界が持つべき実空間とデジタル空間の融合技術を複合的に実装した拡張的な建築。

Pokémon GO
2016年｜Niantic（川島優志、野村達雄ほか）｜世界各国

まだ低解像度で実際のARとしてのインタラクション精度は低いとはいえ、実際の都市空間をスキャンしてデジタル化し、パーソナルに編集可能な体験空間を物理とデジタルをまたいでインタラクティブに社会実装した業績の価値は計り知れない。日本発コンテンツというのみでなく、実際の技術開発をリードしたのも日本人というのもポイント。

藤村龍至

東京芸術大学美術学部建築科准教授、RFA主宰

ふじむら・りゅうじ｜1976年東京生まれ。2008年東京工業大学大学院博士課程単位取得退学。05年藤村龍至建築設計事務所（現RFA）主宰。10年東洋大学専任講師。16年より東京芸術大学准教授。17年よりアーバンデザインセンター大宮（UDCO）副センター長｜ディレクター、鳩山町コミュニティ・マルシェ総合ディレクター

日本コンベンションセンター
［幕張メッセ］
1989年｜槇総合計画事務所｜千葉市

完全空調の平土間の巨大空間は今、日本型インターネットサービスが主催するイベント「ニコニコ超会議」の会場となりネット普及以後の若者の公共空間の型を示す。その平面はかつての大衆娯楽施設「船橋ヘルスセンター」（1955-77年、千葉県船橋市）に似る。

東京都庁舎
1990年｜丹下健三・都市・建築設計研究所｜東京都新宿区

丹下健三が手掛けた超高層は良くも悪くも時代の空気をまとい、強過ぎる象徴性が大衆に嫌われ、青島幸男都知事を生み、その後、長く都政の混乱をもたらす遠因となった。公共がリードした都市開発の終焉を象徴しているように見える。

京都駅ビル
1997年｜原広司+アトリエ・ファイ建築研究所｜京都市

戦後史のピークの1つである1987年の国鉄解体から、10年をかけて生み出されたJR建築。巨大な吹き抜けに内包された階段状のボリュームは、原の自邸をそのまま拡大したような構成である。時代の変わり目に介入し、実現した奇跡の建築。

馬頭町広重美術館
［現・那珂川町馬頭広重美術館］
2000年｜隈研吾建築都市設計事務所｜栃木県那珂川町

CAD世代的な反復表現に、素材の表現が加わり地域主義との両立を成し遂げた決定的作品。構造は一般的な鉄骨造で、表層を堂々と分離した。どんな構造、規模でも表現が成立するため、以後は飛躍的に活躍の幅を拡張していくこととなる。

せんだいメディアテーク
2000年｜伊東豊雄建築設計事務所｜仙台市

ゼネコン汚職による現職市長逮捕という事件の後で、名誉挽回を期して審査を最後まで公開する透明度の高い審査方法が採られた。徹底的に薄いスラブをチューブが貫く、リテラルな透明性を持った建築が提案され、公共建築での「透明性」の確保を象徴する建築となった。

横浜港大さん橋国際客船ターミナル
2002年｜foa｜横浜市

フランスの哲学者ジル・ドゥルーズらの哲学と設計の情報化を背景に、床・壁・天井を区別せず3次元で設計していくコンティニュアス・サーフェイス（連続的表面）に関する議論のピークでいち早く決定打を示し、世界の思想的潮流の最先端に位置付く作品となった。

金沢21世紀美術館
2004年｜SANAA｜金沢市

グリッドの上のランダムネス、ヒエラルキーのなさなど、2000年前後に現代美術家の村上隆が提起した「スーパーフラット」と感覚を共有した、CAD世代のマット・ビルディングである。表現の成立には構造設計の進化が大きく関与した。

大阪ステーションシティ
2011年｜西日本旅客鉄道、JR西日本コンサルタンツ、安井建築設計事務所｜大阪市

京都駅での成功を受け、鉄道の上に人工地盤と大屋根を架け、大きなオープンスペースを創出した。そこからエスカレーターで上階に誘導する街のような巨大建築。人工地盤、エスカレーター、丸い穴は大阪

万博のお祭り広場と共通する。

旭川駅
2011年｜内藤廣建築設計事務所、北海道旅客鉄道、日本交通技術｜北海道旭川市
鉄道高架化と駅、街を一体で開発する手法の原点であり、ここで内藤廣は篠原修と出会う。多職種が連携して景観デザインを行う手法はその後、高知駅や日向駅などを経て東京駅丸の内口や渋谷駅など多くの場所で応用された。

新国立競技場案［ザハ・ハディド案］
2015年｜ザハ・ハディド・アーキテクツほか｜東京都新宿区
建築評論家の神代雄一郎が新宿三井ビルを商業主義、非人間的と糾弾した1970年代の「巨大建築論争」に似た構図で、ザハ案について議論が起こった。建築界の外へ議論が拡大し中止に到達した点で一つの事件であった。設計者に反論の機会は与えられず、案の概要は中止後に明らかになった。

成瀬友梨
成瀬・猪熊建築設計事務所代表取締役
なるせ・ゆり｜1979年愛知県生まれ。2004年、東京大学大学院工学系研究科建築学専攻修士課程修了。05-06年、成瀬友梨建築設計事務所主宰。07年、東京大学大学院工学系研究科建築学専攻 博士課程単位取得退学。07年、成瀬・猪熊建築設計事務所を共同設立。東京大学助教、東京理科大学非常勤講師などを歴任

湘南台文化センター
1990年｜長谷川逸子・建築計画工房｜神奈川県藤沢市
女性建築家が大規模な公共建築の公開設計競技で勝利し実現した建築。大きな地球儀と自然を連想させる屋根形状の組み合わせ、中庭のパーゴラなど、大胆かつ喜びにあふれた設計が魅力的。

熊本県保田窪第1団地
1991年｜山本理顕設計工場｜熊本市
家族＝コミュニティーが一般的な家族観だった当時、家族は個の集合体であり、個それぞれが社会との接点を持つという、異端の発想を集合住宅として結実した建築。

ベネッセハウス
［直島コンテンポラリーアートミュージアム］
1992年｜安藤忠雄建築研究所｜香川県直島町
自然、アート、建築を存分に味わうことのできる場所。ベネッセアートサイト直島は、アートによる地域づくりの先駆けだが、直島以上に成功している事例は世界にもまだないのでは。その記念すべき最初の建築。

紙の教会
1995年｜坂茂建築設計｜神戸市
建築家発で募金やボランティア、企業の協力により地域の場をつくったプロジェクト。災害後の建築家の動き方に大きな影響を与えた。震災で崩れたコンクリートの瓦礫と紙の軽やかな構造体の対比が象徴的。

せんだいメディアテーク
2000年｜伊東豊雄建築設計事務所｜仙台市
自由な床に有機的なチューブが場をつくり、利用者が自由に動き、とどまり、思い思いに過ごしている。その全てが見えているのに心地よい、都市の立体公園のような、新しい公共建築の在り方を示した。

金沢21世紀美術館
2004年｜SANAA｜金沢市
プランは直径113mの円。巨大なボリュームを、ラウンドする透明なファサードにより消し、複数の中庭によって円の中心に行くほど明るく建物の厚みも消している。存在自体が優しい、開かれた美術館。

Sayama Flat［狭山フラット］
2008年｜スキーマ建築計画｜埼玉県狭山市
どこにでもある古びたマンションの内装を引き算で価値化させた。新しい美意識を提示し、その後のリノベーションシーンに多大な影響を与えた。

代官山T-SITE［代官山蔦屋書店］
2011年｜クライン・ダイサム・アーキテクツ、アール・アイ・エー｜東京都渋谷区
書店の在り方に革命を起こした建築。オープン後代官山駅の乗降者数が劇的に増加し、代官山の街ににぎわいを取り戻した。

エストニア国立博物館
2016年｜ドレル・ゴットメ・田根／アーキテクツ（DGT.）｜エストニア・タルトゥ市
奇抜な形によってではなく、民族の歴史をひも解き、場所の記憶から建築を構想し世界に衝撃を与えた。当時無名の若手建築家をスターダムに押し上げた建築でもある。

喫茶ランドリー
2017年｜ブルースタジオ、石井大吾デザイン室｜東京都墨田区
コミュニティーという口当たりの良い言葉を超えて、年齢も属性も多様な人が自然と一緒にいられる場を実現した建築。ソフト・ハード両面から利用する人の能動性を最大限尊重し、背中を押してくれる場所。

エピローグ 2019

INTERVIEW 8 | インタビュー——8
2019— | 平成の騒がしさは無駄ではない

| プロローグ 平成前夜 | PART 1 災害・事件・社会 | PART 2 建築デザイン | エピローグ 建築の未来のために |

建築の
未来のために

2019—

内藤廣氏インタビュー——8

平成の騒がしさは無駄ではない

INTERVIEW 8
2019—

平成30年間の出来事と建築デザインについて、
計10時間以上、内藤氏に語ってもらった。
最後に、30年間の総括と、「ポスト平成」の建築界について聞いた。
内藤氏は「平成の30年間に建築界が
達成できたことは何もない」と言いつつも、
「この30年間の騒がしさは無駄ではなかった」と続ける。

ものづくりの変革

—— 最後に平成の30年間を振り返って、達成できたことや積み残した課題を探りたいと思います。平成後期には震災復興や五輪需要で、建設現場の人手不足・人材不足が顕著になりました。現場の技術力は落ちていると思いますか。

トータルとして見ると、明らかに落ちています。頑張っている人たちもいますけれど。

80年代にイヴァン・イリイチ(オーストリアの社会評論家)が「シャドーワーク」という言葉を使いました。例えば、Aという主婦は、部屋の隅々まで掃除をしないと気が済まない。Bという主婦は、まあ、そこそこ気にならない程度に掃除をする。この差は、いかなる経済的な指標にも乗らない。この差をシャドーワークと呼びたい、というわけです。

隅々まできれいにしないと気が済まないというのは文化のことです。文化は経済指標には乗らない。むしろ無駄なわけですから、経済行為とは逆のベクトルの営みです。この弁で言えば、残念ながら建築におけるシャドーワークはかなり目減りしてきています。

—— 建設現場のシャドーワークとはどのような部分でしょうか。

建築についてはあらゆる面について言えると思います。これは比喩ですが、例えば大工さんは、1日の仕事が終わったときに自分の仕事場を徹底的にきれいにして帰る人と、そのままにして帰る人がいます。徹底的にきれいにして帰る人がすごく少なくなった、ということは言えるでしょう。それは左官職人にしても、

とび職人にしても同じことです。要するに、仕事に対する向き合い方や感覚が薄くなったということでしょうね。

本当は、そういうものが減少するのを食い止めなくてはいけません。でも、それは経済にはカウントされないので、一生懸命やればやるほどもうからないことになります。今のこの国は経済中心で動いているから、そういうものに対して、あなたはモノにこだわっているので賃金を2割増しで払いましょう、という話には絶対にならないはずです。

現場の「シャドーワーク」が目減りしている。

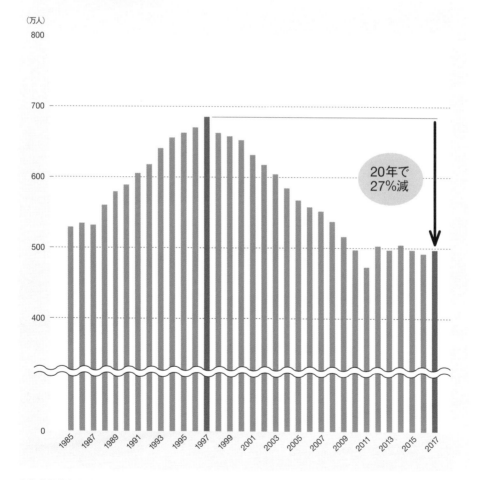

建設業就業者総数の推移

建設業就業者総数は1997年の685万人をピークに減少に転じ、近年は、建設景気の活況もあり横ばいの状態だが、今後さらなる減少が懸念される。2011年は岩手県、宮城県、福島県を除いたデータ［資料：総務省「労働力調査」より］

2019—

INTERVIEW 8

現場の意地とプライドに対価を払ってこなかった。

仕事のプライドが評価されない時代

　以前から状況はさして変わったわけではありませんが、なぜそういう人たちがいたかというと、意地やプライドでやっていたわけです。金にはならないけれど、俺はこう考える、と。そこは意地とプライドの世界です。
　メディアも含めて社会がもっとそれを評価しなくてはいけないはずだったのに、あまり評価してこなかった。対価も払ってこなかった。そうすると、だんだん減っていきますよね。
　職人の息子たちは、親父のやっている仕事を見て、意地でやっているのは分かるけど、もうからないし、つらいし、世の中的にもカッコ悪いし、自分はやめておこう、みたいになるわけです。そうすると、例えば工業高校を卒業した子たちが何になりたいかというと、職人になりたいのではなくて現場監督になりたい、と考えるようになる。ホワイトカラーになりたがるんですね、ほぼ全員が。そうしたらいい職人がいなくなりますよね。

―― いつごろからそういう価値観を持つ人が減ってきたのでしょうか。
　バブルまではぎりぎり持ちこたえていたんでしょう。その後、景気も落ちたりして仕事が激減して、良い仕事の意味や意義が分かる現場所長もみんなリストラされてしまいました。
　そういうことが分かる現場所長というのは、経済ベースの評価では利益率は低い傾向にあります。社内では金でしか評価しないとなると、あいつはもういいか、みたいな話になってしまいます。私が知っている素晴らしい現場所長がバブル崩壊後に何人も辞めました。それが今の状況を招いているのです。そういうことに対する社会的認識や社会的評価を確立できなかったこの30年、と言えるかもしれません。
　例えば、杭の未達問題にしても、免震ゴム偽装にしても、ダンパー偽装にしても、最後のところで、それはやってはいけない、という倫理的な判断で止められる可能性がいくつもあったはずです。部長なのか課長なのか、その下なの

か。仕事に対する意地やプライド、その歯止めが利いていれば起こらなかったはずなんですが、それが希薄になっているから、ストンと下まで落ちてしまった。

　似たようなことはこの業界の至る所で起こっているはずです。私も現場をやっていて怖いという気持ちが強くなってきています。

―― どういう怖さですか。

現場所長は人によりけりですが、それでも、直接顔を合わせるので、どんな人かは分かります。けれどもサブコン、メーカー、メーカーの下請けとか、末端になればなるほど、どこまで本当に分かっているんだろう、とすごく不安になります。人の顔が見えにくくなっていきますからね。

　例えば、鉄筋コンクリートって建築のなかではものすごくローテクノロジーですよね。どちらかというと耐力的な余剰もあるので、多少のミスがあっても何とかなるような構造体なんですよ。鉄骨も一般的な構造体なので、まあ、そこそこ。ところが、ポストテンションをやろうとか、少し高度なことをやろうと思うと、そこのところはよほど気を付けないといけません。それは構造だけでなく設備に関しても全部そうです。

2018年10月に発覚したKYBと子会社カヤバシステムマシナリーによる免震ダンパー偽装事件の謝罪会見の様子［写真：日経アーキテクチュア］

INTERVIEW 8

300年かけてつくり上げた職人の意識

―― 内藤さんが優れた現場所長だと思うのは、どのような人でしょうか。

僕は現場所長には恵まれていて、何人も素晴らしい人に出会うことができました。

　特に記憶に残っているのは、海の博物館の収蔵庫(1989年竣工)の現場所長を務めた鹿島名古屋支店の小林能史さん。立派な人でした。

　当時、バブルだったので、ゼネコンは東京の現場のために地方まで人買いに走って、札束でほっぺたをひっぱたいて連れてくる、というような引き抜きをやっていました。でも、小林さんが声を掛けると、鳥羽に一流の職人が集まってくるんです。小林さんにどうして一流の職人を集められるのか聞いたら、「職人って職種によるけど、3日か4日いるとほかの現場へ移ってしまうでしょう。自分のやった建物の完成した姿を見た職人は、実はほとんどいないんですよ。だから私は建物が竣工したら、その建物の写真をプリントした置き時計をつ

海の博物館・収蔵庫の建て方の様子［写真：内藤廣建築設計事務所］

「江戸時代の尻尾」を100年かけて使い尽くした。

くって各業者に配るんだ」と。

　そういう精神的なつながりみたいなものがあるから、小林さんから言われたら、ほかでは賃金を倍ぐらいくれるかもしれないけど、小林さんの現場に行く、となる。それはちょっと古いタイプの建設業なのかもしれないですが、今そんな話はあまり聞かないですね。

　そういうコンテンツが欠けていると同時に、現場レベル、メーカーレベルの意識が低くなっています。そうなると、いわゆるセーフティーネットがどんどん弱くなって、上で転ぶと地面まで落ちてしまう、みたいな話になっているのではないかと思います。意地とプライドにかけて止めてくれる人が少なくなっています。そんななかでは、何か起こっても仕方がないですよね。

―― そういう人が減っていくのは止められなかったのでしょうか。

これはメディアの責任（笑）。生きがいだとか、やりがいだとか、誇りだとかというのをもっと取り上げて、カッコいいとか、みんな見てくれているんだなとか、そういう意識を建設業界全体でつくっていく必要がありました。もはや手遅れです。そういう人がほとんどいなくなって、次の100年に向けて、またゼロから組み上げるんでしょうね。

―― 100年ですか。

シャドーワーク的なものを「江戸時代の尻尾」と呼んでいます。江戸時代の300年でつくり上げた、いわゆる町場の職人の意識。そういうものを100年くらいかけてみんなで使い尽くしたんですよ。みんなそれに甘えてきたんです。あれこれ指示しなくても大工がちゃんと仕口をつくってくれるとか、何も言わなくても左官屋は素晴らしい仕事をしてくれるとか。じゃあ、次の100年に向けて、今度は全く新しい技術でつくり上げることになるのでしょうが、やっぱり根っこにはそういうこだわりがないと文化としては滅びるかもしれない。

　私が勝手に言っているだけですが、親子3代ぐらいまではぎりぎり精神として伝わるんじゃないでしょうか。じいちゃん、親父、俺みたいな。だから、伝わるのは大体80年からぎりぎり100年くらいだろうと思うんです。

　江戸時代につくり上げたモノに対する意地とプライドを、建設という経済行

INTERVIEW 8

為のなかでみんなで蕩尽(とうじん)してきて、その最後の生き残りが前のバブルだったというわけです。今は、とうとう尻尾まで来て、ついになくなりました、みたいな感じですね。

—— 再びゼロからつくり上げなければならないと。

基本的には私はそう思います。技術的な話でも、ひょっとしたら今、シャドーワーク的なこだわりなんていうものは中国や台湾の方があるかもしれません。一時的に、海外に頼るのも手かもしれませんよ。その次は、「やっぱりそれではまずい」となって、日本独自の技術開発なり、そのなかで生まれてくるモノに対するこだわりが生まれてくるかもしれない。

　バブルのときには、取り戻す可能性があると思っていました。今はもうゼロからつくり上げないと無理だなと思っています。次のことを考える時代に来ている。それまでの足りない部分を補っていくのがデジタル技術なのかもしれませんね。

—— デジタルで補える可能性はあるんですね。

あるでしょう。問題は実際にやれるか、です。例えば大工の仕口の話にしても、左官技術にしても、それからそのほか窯業技術とか、AI(人工知能)とかIoT(モノのインターネット)でどこまでできるかというチャレンジは始まっているんだと思います。

　それでも、そのなかで育ってくるモノに対するこだわりみたいなものは必要です。それは、極めてヒューマンなものです。かつての職人がモノに対してこだわっていたのと同じようなこだわりを、オペレーターがモノに対して持てるかどうかではないかという気がします。

トータルにつくることを教えない教育

—— どのように人材を育成していく必要があると思われますか。

これまでの建築教育は、基本的には間違っていると思っています(笑)。それを

これまでの建築教育は、基本的に間違っている。

どうしていくのかが難しいところですね。建築雑誌に2－3回載ると、大学から講師の誘いがあって、それで大学の先生になって教えて……という拡大再生産をやっているわけでしょう。そのなかで生まれてきた人たちは、それがいいと思っています。同じように、構造とか設備とかに対しての教育自体もおかしいと考えています。あの短い時間のなかでできるだけ教え込もうとすると仕方がないのかもしれませんが。

—— 具体的にどういう点がまずいと。

例えば構造の講義があります。Aという先生は鋼構造が専門です。すると、このAという先生はコンクリートのことには触れません。もし、このAという先生がコンクリートのことまで講義をしたら、コンクリートを専門とする先生からクレームが来ます。コンクリート構造は私の専門で、それに口を出すのか、と。そうすると、トータルにモノをつくる、あるいはトータルに力をどう考えるのか、そういうふうになっていきません。それが大きな問題です。

明治以来の講座制の縦割りのカリキュラムでは、それぞれ分担して教えていきます。ばらばらに分かれているけれど、意匠というのは、本来そういうもの

左は内藤氏が東京大学教授時代、建築学科の学生に出した課題（伊東・織りの家）を実際のクライアントにプレゼンテーションする日の様子。上は社会基盤学科の課題の最終講評会の様子。自分が作製したスツールの模型に座る。座った瞬間に壊れる課題も少なくない［写真：2点とも東京大学大学院社会基盤学専攻景観研究室］

2019—

INTERVIEW 8

を人のためにいかに統合するか、というところにあったはずです。技術と文化と、そういうものをトータルに教えられればいいのですが、そうなっていない。ある意味、解体していると感じています。

　若い子はかわいそうですよね。それがいいと思って世の中に出て、出た世の中は「江戸時代の尻尾」を通り過ぎていて解体しているし、セーフティーネットはなくなっています。本来だったら、教育こそがそういうことを教え、意識を高め、それぞれの分野に散っていく子たちに知恵と誇りを与えなくてはならないはずです。だけど、どうもそうなっていない。この何年かは好景気で、誰でも就職しやすい状態になっているので、しばらくは、危機意識は遠のくばかりなんでしょうね。

—— 次の時代に生き抜けるようになるためには、教育から変える必要があるのでしょうか。

どうでしょう。この国は中から変えようと思うと、とんでもないエネルギーが要るとずっと思っているんです。実際、大学とかで、いわゆる改革しよう、変えようとすると、ものすごくエネルギーが必要になります。それは役所も会社もそうです。3.11でもそうでした。

　いつも外力によって変わってきた社会だと思うんです。例えば、明治維新では、外国勢力がなければあんなには盛り上がらなかったでしょう。内部改革だけでやろうとしたら、みんな首を切られて、腹を切ったりして収まったでしょうね、きっと。それから農地改革とか明治以来の大きな懸案事項を解決できた

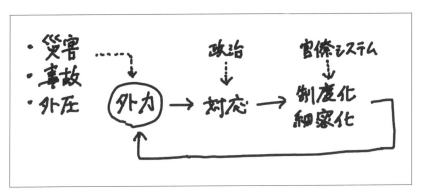

内藤氏がタブレット端末に描いたイメージ図

のは、第2次大戦に負けたからです。外からの力によって変わる。しかし、その変わり方は実に巧みで驚くほど鮮やかです。逆に、平時に中から変えようと思うと、ものすごくエネルギーの要る社会なんですよ。

　南海トラフ地震や富士山の噴火、国家の財政破綻のような経済パニック……そうしたことが起きたときに、やる気のある人材が残っていれば、その人たちが次の時代をつくるでしょう。だから、そのための教育であるべきだと私は思うんです。

大きな変化に備える思考訓練

—— 東日本大震災も、それに匹敵するような災害だったのでは。
そう思ったけど、あの災害でも変わらないぐらいこの社会は強靭だったということです。変わりませんでしたね、この国は。しかし、南海トラフ地震はそうはいきません。規模が大き過ぎる。既存の仕組みが瓦解するだろうから、そのときに考えるんでしょうね。

—— 変化を起こすほどの外力を待つしかない？
そうですね。だから準備しましょう（笑）。想像力を豊かにしておくのです。建築家が何をするのか、何ができるのかということを。特に、若い世代が本当に真剣になって議論してもいいのではないでしょうか。議論すると同時に、そういうことを自分の思考の射程内にちゃんと入れておく。思考訓練です。

　30年を振り返ってみるというこの企画も、ひとつの思考訓練ですよね。そのときにできたこと、できなかったこと、変わらないこと、変わったこと、というのを思考してみる。南海トラフ地震が来ることは分かっているのだから、そのときに役に立つ話が、この30年のなかにいくつもあるはずです。

　デジタル技術の話も、そのときにはもっとCAD／CAM（CADで作成した形状データを加工用のコンピュータ上で活用するシステム）やBIM（ビルディング・インフォメーション・モデリング）が進化しているとしたら、その状況でBIMをどう使える可能性が

> 南海トラフ地震では、既存の仕組みが瓦解する。

2019—

INTERVIEW 8

「VR」で建て主を喜ばせるのは本質論ではない。

あるのか、というのも必要な議論かもしれません。

　それから、労働者がすごく少ないなかで、どうやって再建するのか、再建の仕方にはどういうものがあるのか、という思考訓練も必要でしょう。

「VR」は本質論ではない

―― 平成を振り返って、デジタル技術の進展はここまでの早さと予想されていましたか。

予想以上です。1990年代の最初に構造事務所が手書きの計算書からコンピューターに変わった、というのがまず大きい。建築においてコンピューター技術の恩恵を最初に受けたのは構造解析だと思います。私の予想とちょっと違ったのは、その次は空気のCFD（数値流体力学）解析だと思っていたところです。現実には、その前にBIMの話が出てきました。

　空気というのは構造ほどシンプルじゃないんですね。温度、湿度、風速、輻射、そして人の体感など、いろいろな要素が絡むので。やっぱり難しいんでしょうね。

　90年代は、自動車の開発でCFDが入ってきて、仮想で街の中に車を走らせるとか、流体シミュレーションをするとか、そういうことが始まっていた時期です。そうすると次には建築にCFDとかそういうシミュレーションが広まるかなと思っていました。CFDが進化すれば、内部環境の解析と外部環境の解析がシームレスになるはずで、それに期待していたのです。建物内部の空間とその外部、さらにはその周りに広がっている環境や都市、それらがシームレスに捉えられる可能性があります。BIMがかなり広まってきた後になって、ようやくCFDが実用段階に入ってきた。順番が私のイメージと逆になりました。

―― VR（バーチャル・リアリティー、仮想現実）の技術が進化していますが、VRは新しい空間づくりの助けになるでしょうか。

空間は体感しないと分からない。それがやっぱり大きい。VRの技術が追い

付くには、あと50年くらいかかるんじゃないですか。人間のセンサーというのは私たちが考えている以上にデリケートで有機的で複雑なんですよ。体感というものの中には、音の問題もあるし、においの問題もあるし、触覚の問題もある。そういうものが全部含まれています。VRは視覚を中心に要素的なものをピックアップしているだけです。

　1954年にオルダス・ハクスリー（英国出身の作家）が『知覚の扉』という本を書いています。その中で言っていることが面白い。彼が言うには、人間は生存のために自らの機能を進化させてきた。視覚情報によって生き残る生存確率が高くなるんだったら視覚情報を進化させよう、ということで、私たちの感覚的な器官の中では視覚情報に頼るところが非常に大きくなった。実はそれ以外の感覚もセンサーとして残っているけど、それらが機能し過ぎると生きていけないので、それらの役割を遮断したり最小にしたりして私たちは生きている、というのです。

　その一方で、実は記憶というものは、視覚情報でないものの方が脳の中に残りやすいといわれています。例えば、母親の乳房の感覚だとか、母親と接したときの感覚だとか、体温だとか、においだとか、そういうものを私たちは普段は思い浮かべないけれど、無意識の深いところにそれを持っています。建築で生み出される空間が、何かしらそういうものとシンクロしたときに、すごくかけがえのないものとして体験されます。VR技術がそこまでいくのにはずいぶんかかるでしょう。50年くらいすると、コンピューターも脳科学もそこまでいくかもしれないけれど、今はまだまだ子どもかなという気がしています。

—— VRを使うと建て主との合意形成が早い、という話を聞きます。

それはそうでしょう。でも、合意ではなくて、だまされているだけです（笑）。今、うちの事務所でVRを使ったとして、本当はこんなものではないんだけどな、でもVRを見ると建て主が喜ぶ、みたいなことはあるでしょう。でも、全く本質論ではありません。人間自体が複雑であると同様に、空間というのはVRで理解できるよりはるかに複雑かつ豊穣なものだと思っています。

　それを体感させるレベルには、コンピューターはまだまだです。でも、最近の進化スピードを見ると、私の予想を超えて進んでしまうかもしれませんが。

INTERVIEW 8

平成を総括する

—— 建築界が平成の30年間で達成できたことに何があると思われますか。

建築の世界でいうと、平成は、大した時代ではなかったかもしれませんね(笑)。いくつも超高層は建ったけれど、次の時代に厄介者を残したようなネガティブな印象を持っています。

　アメリカもそうですが、郊外を開発して、次に真ん中が駄目になって、その次に真ん中を再開発して人が戻ってきたら、今度は郊外が駄目になって。都市の興隆は外と内との繰り返しみたいなことを呼吸のようにやっています。東京も同じでしょう。そうすると、これからは都心から人が出ていって、そして超高層スラムが出現することになるのかもしれない。

　今見えている超高層が廃墟になっていくという光景ってどうでしょう。それをロボットが自動で解体するとか、超高層解体技術なんかが進化するのかもしれません。それは見てみたいですね。

—— 情報化、IT技術は次の時代に向かってどのように変わるでしょうか。

建築以外のところでは不思議なことが起こる可能性があります。割と近い将来、駅の改札ゲートがなくなると思います。顔認証か指先にチップを付けておくだけでアドレスが取れるようになって、駅が変わってくるはずです。一方で、顔認証が進むとプライバシーの問題が出てきて、これは建築に直接返ってくるかもしれないという気がします。

—— プライバシー問題と建築が、どのように関わるのでしょうか。

至る所で見られているわけだから、建築とか都市の在り方は変わるんじゃないでしょうか。建築の外にはプライバシーがなくなる可能性があるので、プライバシーを最終的に担保するのは建築なのかもしれません。そうすると、それに合った建築の在り方みたいなものが出てくるでしょう。見られないような場所をどうつくるかが求められるとか。それも次の時代のテーマかもしれません。

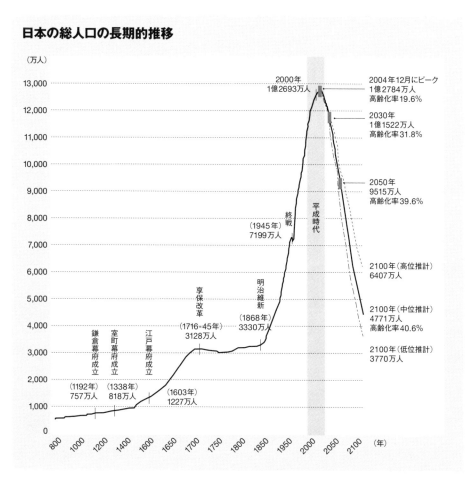

日本の総人口は2004年をピークに、今後100年間で100年前(明治時代後半)の水準に戻っていく[資料:国土交通省作成の資料に加筆]

次の時代は、地方をどうするかが大きな課題。

情報技術への期待と怖さ

―― 平成が積み残した課題で、大きなものとしては何があると思われますか。

次の時代、地方をどうするのかが大きな課題だと思います。復興では、災害公営住宅も一般の地域再建も、住宅がずっと並んでいて立派なものですよね。だけど、住む人たちの多くが高齢者。20年後、壮大な廃虚になっていく可能性がある。

INTERVIEW 8

　実は一般の郊外住宅も同じことです。ひょっとしたら、そこを情報化がカバーアップするのかもしれません。それこそ医療の情報化が、そういうところにでも住む可能性を広げるかもしれない。あるいはセカンドモビリティーや自動運転が地域の空洞化をカバーするかもしれない。それは成り立つ可能性がありますね。

　近未来においては、コンピューターと情報ネットワークの進化と、建築とか街とか都市とかの在り方とがリンクしていると思います。ただし、それは今とは全く異なるコミュニティーのはずです。

—— 情報技術は、平成の30年間は人を騒がせるばかりだったけれど、次の時代はもっとポジティブな方向に機能するかもしれない、と。

　そう期待したい。けれども、情報技術は恐ろしいエネルギーを持っているから、コントロールできないといけません。今はまだ序章で、情報技術の本番はこの後。怖いですよ。新しい技術が出てくるときというのは、ある種の恐怖感を伴うものです。

　今まで多くの人は情報技術に対して心底「怖い」とは感じていないでしょう。かつて蒸気機関が出てきたときに、みんな怪物のように恐れたと思うんですよ。その感じを今まで抱かなかったということは、情報技術はまだ本番ではなかったということです。

　例えばドストエフスキーやチェーホフの小説で、機関車がある種の不安要素として時たま出てきます。今まで来なかったような人が突然やってきて、何か事件を起こす。そういう鉄道が入ってきたときのちょっと薄ら寒いような、確かに便利になるんだけど、同時に感じる怖さみたいなものを彼らは書いています。そう考えると、今の情報技術は、まだそこまではいっていない。でも、そろそろ、そういう怖さみたいなものが見えてきています。

　例えば、健康診断に行くとバイタルデータやDNAの情報も全部取られる。そういうようにして、すべてのデータが取られてしまう社会って、便利なんだけどかなり怖い。

—— 新しい時代のコミュニティーのために情報技術を活用するには、その恐怖を克

「平成」は時代の変曲点だった。

服しなければならない？

正面から向き合って、どう付き合い、どうコントロールするか。想像して備えることですね。想像をたくましくして感じるんでしょうね。新しいものが入ってくることによって何かが変わる、それに対する予知能力と感性を鍛えることです。

メニューは出そろった

—— 改めてうかがいますが、平成の間に"達成"できたことはあるでしょうか。

うーん、建築界は何が達成できたのかな。何もできませんでしたね（笑）。もちろん私自身も含めて。ある種、人々の希望になるようなものが生まれませんでした。

ひょっとしたら、平成って"混乱"なのかもしれない。時代の変曲点であり、人口の変曲点であり、技術的なトレンドの変曲点だったのかな。加速度的に増えるコンピューターの能力の話と、それらがミックスされて混乱している時代。ぐちゃぐちゃの平成30年と言えるかもしれませんね。

—— 世界から見た日本の建築界はどうでしょう。

最近、妙な話を聞きました。海外に行く人が増え始めているそうです。戻ってくるというのではなく、向こうで生活する前提で。それはエクソダス（大量の国外脱出）ですよね。つまり、日本でこのまま働き続けるのはやばいというので、いよいよ逃げだし始めたぞ、と（笑）。

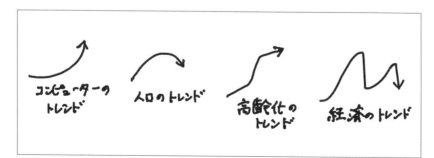

内藤氏がタブレット端末に描いたイメージ図

INTERVIEW 8

予告編を見ていた30年。これから本番が来る。

―― そうすると、人材がさらに減ってしまいます。

ますます薄くなる。でも、悲観的にならなくてもいいでしょう。私は、この国の底力を信じています。

―― その底力は何が支えているんですか。

だって騒がしい国じゃないですか。世界中を見渡しても、災害発生率が格段に高い。そういう環境にさらされて、われわれは暮らしの知恵や文化をつくってきたというのが根っこにある。それは結構しぶといと思います。だから、意外と私は楽観的に見ています。むしろ旧態依然としたものが命脈を保っていることの方が危ないような気がします。

次の時代は、もっと勇敢に前の時代のものを壊して、新しいものを受け入れてしまってもいいと思います。この国の文化の包容力の大きさは、それを可能にするはずです。

―― 平成30年間の騒がしさは無駄ではなかったと。

そう思いたいですよね。失われた何十年とか言われたりもしますが、この30年でメニューは出そろったような気がします。社会の崩壊の隙間に出てきたオウムの事件、都市の大規模災害の阪神大震災、国土の大半を占める中山間地の中越地震、それから3.11の津波。そろっていないのは火山だけ。大体みんなそろっています。

―― メニューは出そろったので、新しい動きのために備えよ、と。

そう。特に、志のある若者は備えよ、と言いたいですね。お前の出番はもうすぐだから、といった感じでしょうか(笑)。映画でいうと予告編を見ていた30年という感じです。これから本番が来るぞ、と。たぶん本編は楽しいと思いますよ。

| プロローグ 平成前夜 | PART 1 災害・事件・社会 | PART 2 建築デザイン | **エピローグ 建築の未来のために** |

内藤廣氏。事務所にて[写真:山田慎二]

2019—

AFTERWORD

あとがき

内藤廣

　明るく大きな表通りを歩くのではなく、その脇にある古い住宅街の少し湿り気のある裏の小道を歩くのが好きだ。機会を見つけてはそんな裏路地に入り込んで回り道をする癖がある。自分の生き方も似たところがある。

　昭和の最後の辺りで海の博物館の石原義剛館長に会って、時代とかけ離れた道に引き込まれた。平成に入ってしばらくして、篠原修さんに導かれて土木の世界に足を踏み入れることになった。回り道はさらに建築の表通りから遠くなっていった。この2人は、私の人生を裏路地に引き入れ、大きく変えた人たちだ。

　その結果、大学で教壇に立ち、揚げ句は大学の執行部の一員となり、GSデザイン会議を立ち上げ、グッドデザイン賞の審査委員長になり、丸の内や渋谷の都市計画に巻き込まれ、そして3.11の復興にも深く関わることになった。どれも建築そのものとは間接的な関わりしかない。

　建築の表通りからは離れるばかりだったが、裏路地は面白い。つながっていないと思われる道がつながっていたり、思いもかけない場所に抜け出たりする。そして、裏路地の良いところは、表通りの喧噪が聞こえてこないことと、表通りの騒ぎをある程度冷静に見られることだ。そんなわけで、この企画が私のところに舞い込んだのだと思う。

―

　最近、無関係に見えるいろいろなことが頭の中でつながってくる、という感じがある。ぼやけて見えていた遠くの点景の一つひとつが意味を持ってつながり合い、構図がハッキリ見えてくるような不思議な体験だ。

　例えば、[生命論、自然災害、吉本隆明、オルテガ、近代国家、戦後社会]という流れと、[情報化、デザイン、建築、都市、土木、環境、地方、高齢化]という流れの幾つかのポイントを、連想しながらつなげてみることができるようになってきている。これも、停滞した平成という時代の良い点なのかもしれない。あるいは、歳のせいで衰えてきた思考が、蓄積した物事の関係性で生き延びようとしているだけなのかもしれない。

　何にせよ、平成という景色も、まだその中にいるわけだが、私の頭の中ではだんだんと像を結びつつある。そして、訳も分からず必死でこの時代を生きてきた自分自身の姿も、ようやく振り返ることができそうな気がしてきている。その意味で、この企画に感謝している。この企画がなければ、この時代の区切れ目も、

単なる元号の掛けかえとしてなんとなく過ごしていたかもしれない。

―

本書の企画の1つとして、平成の建築を10件選んで振り返ったが、これに倣い、平成で山のように読んだ本の中で、小説などを除いて強く印象に残っているものを10冊挙げてみたい。

『生命とは何か』エルヴィン・シュレーディンガー
『この時代に想うテロへの眼差し』スーザン・ソンタグ
『技術にも自治がある』大熊孝
『物には心がある。』田中忠三郎
『自死の日本史』モーリス・パンゲ
『ツナミの小形而上学』ジャン・ピエール・デュピュイ
『国土交通六法』
『昭和史』半藤一利
『原子力発電』武谷三男編
『大衆の反逆』オルテガ・イ・ガセット

本当は30冊くらいは挙げたいのだが、本書の企画と同様、10という数字には厳しいものがある。これらは一見バラバラに見えるが、興味を持って読み、そこから受け取るものがあったわけだから、ここから私の歩いた裏路地の風景が見えるはずだ。私にとっては、これが平成なのだ。

　思い返してみれば、事の大小はあるものの、とにかく騒がしい30年だった。世間の騒がしさに比べて、建築としては比較的おとなしい時代だったかもしれない。しかし、インタビューでも述べたが、やはり映画の予告編を見ているような感覚は否めない。要素は出そろっている。それが大きな物語になる本編はこれからだろう。この国がそれをうまく乗りきってくれたら、と切に思う。

―

最後に、この企画を持ってきてくれた『日経アーキテクチュア』の編集部にお礼を申し上げたい。私で良かったのか、と自問しつつ、良い機会だと思ったので、問い掛けられる質問にはできるだけ正直に答えた。俎上に上げられた方々からはお叱りを受けると思うが、少し静かになりかけている建築の表通りに、裏路地から投げられた石つぶて、のように思っていただければ幸いである。

2019年2月25日記

編集を終えて

　私(編集長の宮沢)が大学を出て日経アーキテクチュアに配属されたのは、バブル最盛期の1990年(平成2年)でした。それからすぐにバブルが崩壊。「失われた10年」「失われた20年」ともいわれる低成長時代になります。2004年に人口が減少に転じ、08年にはリーマン・ショック、11年には東日本大震災……と、学生時代には考えもしなかった厳しい状況が続いてきました。

　平成を振り返って「失われた30年」と言われたりすると、自分が責められている気持ちになります。おそらく現在50歳前後の読者の多くは、平成という時代に私と似たネガティブなイメージを持っているのではないでしょうか。

　そんな人に向けて、「イメージ」ではなく、「データ」と「証言」によって平成30年間の意味を示したい。それが仮にネガティブな答えであったにしても、その理由を深く考えることで前に進む原動力になるのではないか。そんな自分自身への問い掛けから企画したのが本書です。辛口な内藤廣さんの口から「平成の30年は無駄ではなかった」という言葉が出たとき、腰が抜けそうなほどの安堵感に包まれました。　日経アーキテクチュア編集長　宮沢洋

　蝉が鳴く夏の日に、内藤廣さんの事務所を訪れたのがインタビュー初日でした。それから書籍校了まで、約8カ月。これほど長い間、答えを模索し続けたテーマはなかったかもしれません。

　平成とは何だったのか。振り返っても、なかなか時代の特徴が定まらない。1つずつ過去の記事や記憶をたどれば、阪神大震災や構造計算書偽造事件など当時の空気感がよみがえります。でも、どの事件、どのプロジェクトが平成時代を表すのか、絞り込むまでに特集班で何度も議論しました。

　そうして選んだのが、検証の6テーマです。結論の出ないテーマが多いものの、当事者の足跡をたどり、次に託された課題を示しました。まとめてみると、あらゆることが進化途上。それが私の平成のイメージになりました。

　「日々のニュースが積み重なり、1つの歴史になる」。先輩記者からもらった言葉です。新しい時代を迎えても、事件や災害、技術の進化、働き方改革など、社会の課題に立ち向かう建築界の姿を伝え続けたい。本企画で平成を振り返り、改めて思いました。
　　　　　　　　　　　日経アーキテクチュア記者　菅原由依子

執筆者一覧

010	インタビュー1. 1985-1988「今の状況は1988年と似ている」	
	構成：宮沢洋	
024	インタビュー2. 1989-1998「コンピューターはリスクを高めた」	
	構成：菅原由依子	
048	インタビュー3. 1999-2008「暴走し始めたブラックボックス」	
	構成：菅原由依子	
070	インタビュー4. 2009-2019「社会との距離が招いた建築の挫折」	
	構成：宮沢洋、森山敦子	
108	検証1. 阪神大震災 建築界を一変させた「震度7」	
	執筆：池谷和浩（ライター）	
	初出：日経アーキテクチュア2019年2月14日号	
118	検証2. 設計コンペ バブルが招いた黒船の余波	
	執筆：守山久子（ライター）	
	初出：日経アーキテクチュア2019年2月14日号	
128	検証3. 構造計算書偽造事件 性悪説転換でもやまぬ不正	
	執筆：菅原由依子	
	初出：日経アーキテクチュア2019年2月14日号	
138	検証4. 六本木ヒルズ 再開発変えた新興デベの挑戦	
	執筆：菅原由依子	
	初出：日経アーキテクチュア2019年2月14日号	
148	検証5. 東日本大震災 釜石の復興を支えた「建築の力」	
	執筆：森山敦子	
	初出：日経アーキテクチュア2019年2月28日号	
158	検証6. 新国立競技場問題 集大成としての「世界初」の挫折	
	執筆：森山敦子	
	初出：日経アーキテクチュア2019年2月28日号	
168	データで見る平成の変化	
	構成：宮沢洋、菅原由依子	
	初出：日経アーキテクチュア2019年2月14日号、同2月28日号	
174	インタビュー5. 1989-1998「ポストモダンは進む方向を誤った」	
	構成：宮沢洋	
208	インタビュー6. 1999-2008「模索のなか『挑戦』が実を結ぶ」	
	構成：宮沢洋	
226	インタビュー7. 2009-2019「弥生的建築の先に見えるもの」	
	構成：宮沢洋	
241	目利きが選んだ「平成の10大建築」	
	各記事に執筆者を記載	
298	インタビュー8. 2019-「平成の騒がしさは無駄ではない」	
	構成：宮沢洋、森山敦子	

THE HISTORY OF ARCHITECTURE IN THE HEISEI ERA

検証 平成建築史

2019年4月1日 初版第1刷発行
2019年6月7日 初版第2刷発行

—

著者｜内藤廣、日経アーキテクチュア
編者｜日経アーキテクチュア
発行者｜望月洋介
編集スタッフ｜宮沢洋、佐々木大輔、菅原由依子、森山敦子
発行｜日経BP社
発売｜日経BPマーケティング
〒105-8308 東京都港区虎ノ門4-3-12

—

装丁・デザイン｜刈谷悠三＋平川響子／neucitora
印刷・製本｜図書印刷株式会社

ISBN978-4-296-10217-4
©Hirohi Naito, Nikkei Business Publications, Inc. 2019
Printed in Japan

本書の無断複写・複製(コピー等)は、
著作権法上の例外を除き、禁じられています。
購入者以外の第三者による電子データ化および電子書籍化は、
私的使用を含め一切認められておりません。
本書籍に関するお問い合わせ、ご連絡は下記にて承ります。
https://nkbp.jp/booksQA